U0107740

闲坐小窗读《周易》

刘轶/著

上海社会科学院出版社

# 作者简介

刘轶：上海社会科学院文学研究所研究员，上海视觉艺术学院教授，上海周易研究会理事。

出版有《四库全书本〈青囊奥语〉初解》《蒋平阶研究》等论著。

# 代序：《易》在铜山灵钟间

《易》与天地准，故能弥纶天地之道。

——系辞上

魏晋之时，名士清谈之风兴盛，大家对形而上的问题很有兴趣，常常在一起聊聊玄理，交流一下学习心得和人生感悟。有一次，东晋大臣殷仲堪问名僧慧远："《易》以何为体？"慧远回答："《易》以感为体。"殷仲堪反问："铜山西崩，灵钟东应，便是《易》耶？"殷仲堪的意思是：西边的铜山崩塌，东面的灵钟就有感应，这就是你说的《易》吗？这话大有质疑的意味。慧远对此笑而不答。

殷仲堪在这里反问慧远的"铜山灵钟"，引用的是西汉之时，未央宫前殿铜钟无故自鸣的典故，意指气类相感。慧远大师是有名的高僧，净土宗的祖师。净土宗提倡念佛求生西方净土，后来在中国广为流行，影响极大。慧远学识渊博、智慧超凡，当然明白殷仲堪说的是什么意思。他在这里笑而不答，自然有他的深意。

后世有学者认为慧远法师说的"感应"有多种含义，认为他以易理通佛理，对殷仲堪"笑而不答"，既是期望殷仲堪能自悟，又恐怕"不答"不能起到启示效果，因此"笑而不答"，给殷仲堪留下接引上升的一个机缘。但这些都是后人的体悟，未必全然是慧远的"深意"，也未必就是当时两人对话时的真实状态。况且，史书称殷仲堪"少奉天师道，又精心事神"，说他是五斗米教的信徒，对侍奉鬼神之事虔诚得很，所以后人的这种推测，恐怕暗中有高扬佛法、贬低他教的意味。

慧远大师不俗，他的谈话对手也不弱。殷仲堪才气极高，担任过荆州刺史等要职，是东晋重要的人物之一，又是历史上有名的大孝子。孝武帝曾将自己写的诗拿给殷仲堪看，又生怕殷仲堪看不上自己的小清新作品，就特意嘱咐说："你不要因为你的高才而讥笑我这样的水平。"这让人觉得殷仲堪像是文艺界的一枚大神，而孝武帝就像是一个忠实"粉丝"。

不过，我关注的重点倒不是两位智者的机锋到底表达了什么，而是从殷仲堪与慧远法师的这一段对话里，可以发现人们对如何看待《易》有着各自的观点，而且大多数时候大家都很固执，谁也说服不了谁。这就像现在大家为一个热点话题在网络上互喷，你说我理解能力有问题，我说你智商堪忧，互相还扔给对方几个愤怒的表情包，最后也喷不出个子丑寅卯来。所以我们今天要寻找一个《易》究竟是什么的标准答案，恐怕也超越不了慧远法师当时回答殷仲堪的水平。况且《易》在其本身的历史发展过程中，又呈现出多姿多彩的变化。《四库全书总目提要》说《易》分两派六宗，又讲《易》道广大、无所不包，"旁及天文、地理、乐律、兵法、韵学、算术以逮方外之炉火，皆可援《易》以为说，而好异者又援以入《易》，故《易》说愈繁"。就是讲《易》道深奥得不可思议，不但有正儿八经讲易理学问的，还有旁门左道稀奇古怪的，什么天文地理、行军打仗、唱歌娱乐、算卦风水、修仙打怪，都可以在《易》里面找到安身立命之地。当代学者则说，近三千年来为阐述易理而留下的易学著作不下三千种，历代学者对其都有种种解释，这些千差万别的解释，形成了一套同中有异、异中有同的理论体系。从历史的角度来读《易》的、从文学的角度来读《易》的、从哲学的角度来读《易》的、从科技的角度来读《易》的、从方术的角度来读《易》的，各种领域、各种方式、各种流派、各种滋味，不一而足。这说明古往今来，读《易》的人不知有多少，解读《易》的人也不知道有多少，如果一定要用一个权威的、单调的方式来要求人们读《易》，就像某些领域的某些公式一样，一定要有一个完全相同的答案，这不但在客观上无法做到，而且这样来读《易》、解《易》，极无趣、极呆板。罗素讲："参差多态乃幸福的本源。"在我看来，读《易》也应该如此吧。

就自己而言，我主要想以情感的角度来读《易》。有人或许会说："难道上述那些历史的、哲学的角度就没有情感吗？"我在这里所说的情感角度，主要是指个体在读《易》的过程中，注重个体感受、非系统、散发式的阅读方式。这种以情感为主的阅读方式不是要从中挖掘多少学术研究价值、形成什么学术思想，而是在阅读的片言只语中激发自己内心情感与这个世界、与自己生活的呼应，努力在这个充满偶然性的世界中认识到自己的价值、意义和归宿所在，建立起自己独特的生命体验。借用李泽厚先生的话，就是"使自己在这个偶然存在、生存的人生道路和生活境遇中，去实现自己的超感性的实存"。我相信，一个读者在进行"情感阅读"之时，必然能够激发自己内心的热切情感，能直接达到个体体悟的最深处。早在半个多世纪以前，钱穆先生在《人生十论·自序》中讲过一件往事：同事与他谈及《论语》"子之所慎，斋、战、疾"之时，他"眼前一亮，才觉得《论语》那一条下字之精，教人之切……临有用时不会用，好不愧杀人"。这就是我心目中"情感阅读"的典范。

回到读《易》的多样性话题。从某种意义上来讲，读《易》就像读莎士比亚的剧本，一百个读者有一百个哈姆雷特，公说公有理、婆说婆有理，谁都有长处，但谁也不能说自己就是绝对正确。因此，如果我们在读《易》的时候能够获得一些感受和启发，就已经足够了。正所谓"弱水三千，只取一瓢饮"，在这小小的一瓢水中，我们就能看到日月更替、消息往来，能够体会到许多永恒的美好，这个时候，你会刻意去在意究竟铜山指的是什么、灵钟指的是什么，以及法师的笑而不答又指的是什么吗？

宋人有一首诗《题妙寂寺》，诗里写道：

　　　　　　　　　　　　　　　　闲坐小窗读《周易》

寺古静还僻，小窗幽更深。

观时知句眼，读易见天心。

　　一个人，在寂静偏僻的古寺庙，从它的小窗看出去，世界显得那么幽远。在这里观察着时光的流逝，体悟着经典的意义，或许在一刹那，天地忽然停顿下来，虚空粉碎、山岳不显，你顿时明白了天地之间的大道，看到了平素自己未曾留心、未曾凝望过的一切。你和原来的你似乎没有什么变化，但心境从此不同；你自信而愉悦，知道了自己会如何面对那些已知的过往和未知的将来。或许，这就是读《易》最好的状态和最大的利益吧！

# 目 录

# 学《易》不是为了当妖精

天地设位，圣人成能。人谋鬼谋，百姓与能。

——系辞下

人们一说到《易》，往往觉得很神秘。比如，民间传说《易》有辟邪的功能，因此在很多地方，人们会在家里放一本《易经》，寄予它能够镇宅、趋吉避凶。类似的做法还有家里放一本《金刚经》，希望能够给家人带来福德智慧。这些都是民间流传的说法，和《易》《金刚经》本身可能关系不大，但它们往往寄托了老百姓的某些美好愿望。美好的愿望总是让人更加期待明天的到来、给人以精进的力量，这是值得赞赏的。

京戏里，诸葛亮总是身穿太极八卦袍，象征着他的智慧和神机妙算，这小小的细节反映出一般人对《易》的观感：神秘莫测、无所不知、无所不能。鲁迅先生评价传统小说描写诸葛亮是"状诸葛多智而近妖"，就是讲把诸葛亮写得太神奇了，足智多谋到近乎妖异了。有趣的是，人们常常把诸葛亮这种足智多谋与《易》

的典型象征符号联系起来，可见《易》在许多人眼中也近乎妖异了。

不过，老话说"反常即为妖"，一个人如果样样儿都算得准、事事儿都聪明绝顶，企图在充满偶然性的世界中要把控一切、满足自己所有的欲望，这种情况就是有些不正常了。我们日常生活中常常会遇到不少这样的人，他们样样儿都喜欢算计，而且似乎也算计得准，从而一步一步达到自己的目的。从外在的成就来看，他们就是人们口中常说的"人生大赢家"。但如果仅仅是为了一己私利，不惜伤害到别人和团体的权益，这种"人生大赢家"也没有什么值得羡慕的。这种做人做事的方式也说不上有什么大恶，但总不值得推荐学习。有学者把这种人称为"精致的利己主义者"，说得很到位。

照我看来，这种做人做事的方式即是"多智而近妖"——虽然算计精明、事事儿讨巧，但在真正通透的人眼中，不过就是一个"精明的妖精"而已。当个"妖精"当然不是什么好事情，传说在修炼的过程中，越是厉害的妖精越会有麻烦，如果不改邪归正，就要遇到天雷大劫，或被打回原形，或被消灭。

"《易》与天地准，故能弥纶天地之道"，是要教人体悟天地人生的道理，绝对不是教人做"妖精"，教人学狡诈。如果抱着精心算计的想法来读《易》，其实已经走偏了；如果不但是为了看破天机，而且想在看破天机之后满足一己私利，那么更是入魔障了。

当然了，古人记载了不少故事，讲有人读了《易》之后似乎确能"开天眼"，对事物未来的趋势能精准把握，有不少神通能耐，这又是另外的话题了。比如《三国志》里记载了易学大家虞翻算卦的故事：

> 关羽既败，权使翻筮之，得《兑》下《坎》上，《节》，五爻变之《临》。翻曰："不出二日，必当断头。"果如翻言。权曰："卿不及伏羲，可与东方朔为比矣。"

这个故事讲关羽战败之后，孙权让虞翻占卜一下关羽的结局会如何。虞翻算了一卦，得到《节》之《临》卦。于是他告诉孙权，不出二日，关羽必当断头。后来情况果然像他算的一样准确。所以孙权钦佩不已，表扬虞翻虽然不如伏羲，但简直可以与东方朔相比了。不过我们要知道，这就像学习知识的根本目的是知识本身，虽然知识也会带来很多利益，但那是附加值，不等同于知识本身。如果最终的目的是这些附加值而不是知识本身，那么结果有可能是忘记了知识而只追求附加值，而到最后什么都没有得到。就如同现在很多所谓的科技企业，借着科技的口号去圈钱，徒留下一个科技的空壳，害人误国不浅。虞翻的《虞氏易》精妙深邃、流传至今，可不仅仅是因为它算卦算得准。比如历史书上记载，虞翻不但是易学名家，还是孙策的重要谋臣，而且他武艺精湛，善使一柄长矛，能徒步日行三百里，妥妥的文武双全综合型高端人才。《三国志》记载了一件事，足以证明虞翻的才智和胆魄：有一次孙策讨伐山越之人，斩了他们的首领后，命令部下去追赶逃兵，却独自骑马行走山中。虞翻偶遇了孙策，一看这情况，就觉得这事挺悬啊：山中林茂草盛，冷不防窜出一群贼人，或者遇到什么紧急情况，你孙大人岂不危险？于是赶紧叫孙策下马，虞翻自己拿着长矛在前面开路，孙策牵着马步行跟在后面。来到平坦的地方后，虞翻才又叫孙策上马先走，自己在后面掩护，一直护送到安全的地方。不过虞翻性格不大好，常常直言上谏，又不分场合与领导争辩，总是让领导下不了台，因此得罪了孙权，被贬官泾县。当时有人评价他说："虞仲翔前颇为论者所侵，美宝为质，雕摩益光，不足以损。"赞扬他如同一块美玉，虽然被人诽谤，但越雕磨越有光芒。所以即便虞翻有点小神通，我们也相信这并不是他研究《易》的目的，更不是他的人生追求。

古人讲"读易见天心"，本义是讲读了《易》之后，人便可以明了世间真正的道理，而不是追求一些小聪明和小把戏。不过到了明清之后，江湖上有一些人把这个"天心"给神秘化了，衍生出好多奇奇怪怪的意思。比如玄空学里面有一个化煞的方法，叫作"改天换心"，它认为房屋旺运有三元九运共一百八十年的变化，每二十年为一运，当每一个二十年变化之后，如果房主要继续追求旺运，就必须改造房屋，最简单的改造就是把房屋正顶上的瓦片和天井中间的砖块换掉，这就叫改"天心"。这种"天心"和古人说的"天心"相去甚远，境界高下一目了然。

宋人有一首关于《易》的诗：

双双瓦雀行书案，点点杨花入砚池。

闲坐小窗读周易，不知春去几多时。

我认为这个"闲"字很关键：一个人沉浸在《易》中，以闲适的心情和方式来读《易》，没有功利心、不急躁，这个时候他的身心彻底放松，平静而无欲求，对时光的流逝毫无知觉，如同释家常说的"空"的状态，这个时候也是人对人生和宇宙最敏锐的时候，以这个状态来学习《易》，大概最能激发出阅读者内心最深切的情感。

近代高僧虚云老和尚经常提到一个词——"说食数宝"，意思就是讲某些人没有吃过真正的美食，没有珍贵的财宝，但一天到晚嘴巴里宣扬自己有这样好吃的、有那样珍贵的，其实毫无意义。因此，如果天天讲自己如何懂得《易》，但没有自己的切身感悟，也用不到自己的生活之中，就毫无意思。朱熹老夫子曾感叹：

立卦生爻事有因，两仪四象已前陈。

须知三绝韦编者，不是寻行数墨人。

故而真正会读《易》的人，既不是泥古不化的书呆子，也不是精明而自私之人；他有毅力，能持之以恒；他有自己的原则，又善巧方便，能包容他人；他能激发出自己与他人内心中最为深切的共同情感，提出人生的价值，并用之于生活、推广于社会。这才是真正值得佩服的读《易》之人。

# 什么是"八卦"

八卦相错。

——说卦

按照朱熹老夫子的观点:"易本为卜筮而作",就是说《易》最初的目的是占卜。在易学史上,老夫子的这个观点引起不少的讨论,赞成者有之,反对者有之。直到现在,还有很多人认为《易》就是讲算卦算命的书。大家在街上散步,如果留心的话,偶尔会发现有的小店铺挂着一面广告,上面印着太极和八卦图,写着大大的"周易算卦"或者"易理取名"等字样,各个城市大概都或多或少有这样的小店,这就是依然把《易》的主要用途看作卜筮。今日研究易学的人大多认为,即便《易》最初的用途是卜筮,经过后人一代代不断注释和阐发,《易》也逐步成为一种哲学体系,且已经成为中国人文化思想的重要来源,早已超越了卜筮的用途。春秋之时,孔夫子推崇《易》,后来经过一代代学人的推动和提倡,《易》逐步成为群经之首,在后世的地位越来越显赫,原本的卜筮作用便慢慢退居二线了。

不过，古人的占卜和今天的不大一样。古人说的占卜，其实包括了今天完全不同的两种术数方法：第一种是龟卜和筮占，类似于今天的算卦占卜；第二种是日者，就是观天象言吉凶，今天从老皇历上寻找黄道吉日，就有点这个意思。《汉书·艺文志》把数术分为六类：天文、历谱、五行、形法、蓍龟、杂占。其中，蓍龟就是讲筮占、龟卜；杂占讲其余的占卜和厌胜术。现在电视里演的一些古装戏，这个妃子和那个妃子之间有矛盾，她们就会找一个巫婆扎个纸人，上面写对方的生辰八字，在纸人上扎个针诅咒对方，这就属于杂占的厌胜术。动画片《喜羊羊与灰太狼》里面，那个胖乎乎的潇洒哥生气时候常说"画个圈圈诅咒你"，这一招应该也算"杂占"。

至于"筮"的工具，古人一般用蓍草进行"筮"，有时候也用折竹。《龟策列传》把蓍草神秘化，说它下面有茯苓、上面有兔丝，或者上面有捣蓍、下面有神龟，远远看去周边青气缭绕，一看就是非同寻常的神物。当然了，你也可以说因为当时的自然环境很好、非常环保，负氧离子很高、很养生，所以才会有青气缭绕，而不是灰蒙蒙的雾霾笼罩，才会产生这种神奇的蓍草。但如果我们今天按照这种标准去找，估计一根也找不到。

关于《易》的起源，古人说是伏羲画八卦，周文王重卦和作卦爻辞，孔子作十翼；也有说伏羲画八卦和重卦，周文王作卦辞，周公旦作爻辞，孔子作十翼。汉代人说"文王拘而演《周易》"，认为周文王被商纣王关在羑里，每日忧心如焚，思索未来的道路在哪里，哪知道冥冥之中就发明了《周易》，算出自己前途光明，要革掉商朝的命，创造一个新的世界——这就是周文王的"鼎革巨变"：一个"革"卦，一个"鼎"卦，意味着他要迎来改朝换代的大变化。这些传说让《易》的起源看上去很古老、很有传奇色彩。但近代以来学者的研究给这种传奇泼了一盆冷水：虽然《易》的起源很古老，不过今日所见的《周易》古经未必是一两个人所作，也不一定是一个时期所作，大概成于西周初期，很有可能是周王室的太卜或筮人所作；而"十翼"，就是人们称之为"易传"的文字，恐怕不是孔子所作，也非一人所作，大概在战国中期之后汇辑而成。借用李零先生在《〈周易〉的自然哲学》里面的总结来说，就是："《易经》是西周筮占的经典，《易传》是战国秦汉新旧占卜杂交的产物，在《易传》的阐释下，《易经》才成为中国自然哲学的源泉之一。"

不管"十翼"是不是孔老夫子所作，一个不可否认的事实就是他与《易》有着极深的渊源，且对《易》满怀敬意。比如他曾经感慨道："加我数年，五十以学《易》，可以无大过矣。"意思是说，假如老天多给我几年的时间，我从五十岁开始学《易》，就可以保证自己不会犯大的过失了。孔夫子这句话还有其他断句方式和不同的解释，比如有人解释为"学《易》学到了五十岁，认为自己不会犯太大的过失了"，等等。在这里我们用前一种解释。孔子这样厉害的人物，到了这个年龄还认为要通过学习《易》

才能保证自己以后不会犯太大的过失，这里面大有深意。类似的情况还有卫国大夫蘧伯玉，世人都赞叹他为了不起的贤人，但他仍然常常反思自己所犯的过失，力求不断完善自我。孔夫子赞叹蘧伯玉"年五十而知四十九年非"，认为他严格要求自己，值得大家学习。今天的情况则反过来了，大部分有权有钱的人从来不会觉得自己有问题——你说我有问题？胡说八道，那都是别人的错，我这么英明，哪里会有错？就像有个笑话说的："老板永远不会错。如果老板错了，请参考前面的话。"但我们不妨想一想：这些人哪里来的这种自信？是不是因为他们掌握了世间的真理、洞察了宇宙的秘密，所以才如此自信？俗话说"钱壮怂人胆"，很多人一旦失去了钱财和地位，只怕立即就现了原形。大家留心看看身边就会明白这道理。

关于《易》卦的图像构成，大致来说每一卦最先是由阴、阳两种图像组成，一横就是阳爻，两个短横就是阴爻。不过这种一横、两短横的符号，据说最初并没有阴阳的概念在里面。有学者认为，这只是古人在龟占之时，将龟壳上那些烧出来的纹路用相应的符号长短横线记录下来，到了后来才演变为把阴阳相对的概念结合到这些符号之中，使其具有了阴阳的意义。这些阴阳爻从下往上排列起来，就成为一个完整的卦象。按照由下往上的顺序，称之为初、二、三、四、五、上；阳爻以"九"称之，阴爻以"六"称之。比如最下面的一爻，阳爻为"初九"，阴爻为"初六"；下数第二爻，阳爻为"九二"，阴爻为"六二"，其余类此。

为什么爻位要从下往上排，而不是从上往下排呢？因为《易》认为，万事万物都是从小到大、从下往上，一点点积累起来、发展起来的。《周易乾凿度》里面讲"易气从下生"，就是说易之气是从下面开始生长的。汉代的郑玄将此情况解释为："易本无形，自微及著，故炁从下生，以下爻为始也。"这就像我们的人生和世界都是由微小而壮大、由低矮而高大。例如一棵树，总是从小小的幼苗长起，慢慢成长为参天大树；一个人，总是从小小的孩童长起，慢慢长大成人。这就是由下而上、由小而大、由微而著。另外，我们的传统观点中强调人不能忘本，这个由下而上的排序，也隐含了尊重根本、尊重低微之始的意思。当然，这种尊重事物由小而大、由微而盛的观念，后来在中国的世俗生活中慢慢包含了按资排辈、讲资历不讲才干等弊端，则走向了它自身的反面。

卦的另外一个主要的构成就是卦爻辞。所谓卦爻辞，就是置于每一卦符号下面的文字，是对每一个卦最为基本的说明。卦辞是总体说明这个卦的寓意，爻辞则说明每一爻的寓意。举一个不算恰当的例子：对一个人进行总体的描述，讲这个人长得高大勇猛或者纤细文弱，这就类似于卦辞；对一个人进行局部的描述，这个人的胳膊很粗壮，这个人的眼睛很大，这个人的头发乌黑油亮，这就类似于爻辞。

卦爻辞还有一个作用，就是占筮。古人可以根据卦爻辞来判断"吉""凶""无咎""悔"等情况。比如筮到《乾》卦的卦辞"元亨利贞"，就表示大亨通、利于占卜。一般认为，卦爻辞的出现使得《易》的卦形符号与文字结合在一起，能够将文字表述与卦形符号的隐喻进行关联，使我们能够从更加广阔、深厚的角度来理解每一卦和每一爻。这个就好比我们看电影，本来看的是无声电影，只有画面，后来加上了画外音、人物对话、音乐等元素，我们对电影的理解、欣赏，一下子就丰富起来了。

前面提到《易》除了"经"之外，还有"易传"，就是"十翼"，它包括了《彖》（上、下）、《象》（上、下）、《系辞》（上、下）、《文言》、《说卦》、《序卦》、《杂卦》等文字。

"十翼"简单展开来讲，《彖》主要是用简洁明了的语言来论述一卦的卦名、卦辞和主旨，即是"断定一卦之义"的意思，比如评价一个人，说这个人心胸宽阔、行事有度等。《象》则是解释各卦的卦象和各爻的爻象，有"大象"和"小象"之分。"大象"是从每一卦的卦象中推演出人事的意义，"小象"是从每一爻中分析背后的断爻原因。它们都有"象征""形象"之意。《系辞》上、下两篇的篇幅都较长，讲的是六十四卦经文的基本义理，可以理解为早期的《周易》通论。《文言》是在乾坤二卦的彖、象的基础上，对其做进一步解说，所谓"文言"者，"文饰乾坤两卦之言"也。《说卦》是解释八卦取象的专论，论述了蓍草演卦的历史、八卦取象的特点、引证诸种象例，对探讨易象有着重要的价值。《序卦》说明了六十四卦的编排顺序，对这种排序的内在意义做了解释。《杂卦》与《序卦》不同，它打乱了六十四卦的顺序，按照另一种思路，所谓"杂糅众卦，错综其义"，主要以"错综"的关系来理解六十四卦的关系。

所以我们看待一个卦，不但有卦形、卦爻辞，还有"十翼"的各种解读方式。这一方面使得对一个卦的理解极为丰富多元，另一方面各种解读之间又可能出现不一致甚至相反的情况。这时候就需要我们根据自己的理解，用心去选择、去把握了。

在《周易》里面有基本的八个卦，我们叫"八经卦"，由它们而构成了八八六十四卦。它们分别是：乾、坤、震、艮、坎、离、兑、巽。为了方便地记住这八个卦的形状，朱熹《周易本义》里面有一个口诀，称之为"八卦取象卦歌"：

乾三连、坤六断、震仰盂、艮覆碗、坎中满、离中虚、兑上缺、巽下断。

乾卦就是三条连着的横线，所以叫"乾三连"；坤卦就是六条短短的横线，中间是断开的，所以是"坤六断"；震卦好像一个钵盂朝上仰着，地下的实线代表底部，上面的虚线代表开口，所以叫"震仰盂"。其他的卦象以此类推。

上面这些这就是"八卦"。

不过，平常我们讲"某某事很八卦""某某人很八卦"，这又是为什么呢？我猜想，因为一个卦可以出现很多种可能性，每一个卦的每一个爻也都有不同的情况，八个卦翻来覆去又成了六十四卦，这里面值得回味的内容太多了；而如果某事或者某人也复杂得很，里面弯弯绕绕，就像八卦一样翻来覆去，不容易看清楚其中的门道，值得好好琢磨，所以我们必须好好"八卦"一下。

还有，我们平常讲"错综复杂"，其实就是从卦的"错综复杂"而来。比如"错"就是指"错卦"，把原来这一卦的阴阳进行互变，如阴爻变成阳爻、阳爻变成阴爻，这就形成了"错卦"。其言外之意就是提醒我们，要看到事物隐藏的相反的可能。"综"就是指"综卦"，就是把原来的卦颠倒变成另一卦。它的言外之意大概就是提醒人们换另一个视点来看问题。我们看到有些恋人吵架，常常和对方说："你能不能考虑到我的感受？"再比如行军打仗，古人讲知己知彼，把自己设想为敌人，也就是转换角度，从敌人的角度来分析战况。这些都有"错综卦"的意味。

清初才子纳兰性德写过一首词，其中有几句我们可以用来解释这个"错综复杂"。

人生若只如初见，何事秋风悲画扇。等闲变却故人心，却道故人心易变。

"何事秋风悲画扇"一句化用班婕妤被弃的典故。班婕妤是有名的才女，又以贤淑著称，她本来是汉成帝喜欢的妃子，但自从赵飞燕姐妹受宠后，班婕妤便被汉成帝冷落。因为许皇后用厌胜术咒祸赵飞燕姐妹，被汉成帝废黜。赵氏姐妹又借此诬陷班婕

闲坐小窗读《周易》

好参与"巫蛊",但没有成功。据说在审讯班婕妤之时,班婕妤回答:"妾闻死生有命,富贵在天,修正尚未蒙福,为邪欲以何望?使鬼神有知,不受不臣之诉;如其无知,诉之何益,故不为也。"就是讲人的寿命长短乃是命中注定,人的贫富贵贱也是上天注定,一个人坦坦荡荡、正直行事尚且不能得福,那么做坏事还能希望得到什么福分呢?若是鬼神有灵,岂肯听信不正当的祈祷?如果鬼神无用,诅咒又有什么好处呢?我不屑做这样的事。汉成帝觉得她说得有理,便赦免了她。

如果班婕妤当初受汉成帝宠幸的时候,想到后面会被嫌弃的可能,这就是理解了什么是"错卦";如果没有想到这种情况,就是不懂得什么是"错卦"。班婕妤后来隐居深宫,写了《怨歌行》:

新裂齐纨素,皎洁如霜雪。

裁为合欢扇,团团似明月。

出入君怀袖,动摇微风发。

常恐秋节至,凉飙夺炎热。

弃捐箧笥中,恩情中道绝。

伤感自己如同夏天的团扇,到了秋凉之后,便被遗弃不用。后世便以"秋凉团扇"作为女子失宠的典故,又称"班女扇"。从这首诗可以看出,班婕妤可能确实还不懂"错卦"的道理。

从上面的两首诗词还可以引申出一个道理,我们谈恋爱、交朋友，感情热烈、卿卿我我的时候，似乎只觉得对方好，你好完美，你好优秀，你是最合适的人选。但时间一长，就有可能出现矛盾了。这个时候注意了，要记得"错卦"和"综卦"的道理：人心哪有固定不变的？人心本来就容易变化的，变和不变都在一显一隐之间。好的时候，要记得不好时候的悲伤；不好的时候，要记得美好时候的温暖。只有这样，才能不至于陷入迷狂的情绪而不自知。

当然，"错综"之卦也象征着我们这个世界：人与人之间看似毫不相干，事实上都有着千丝万缕的关系。不但人与人之间，人与自然之间、人和自己的内心之间，亦无不是"错综复杂"的关系。西人强调"原子性的个体"，但我们在这个世界，何尝能够做到彻底的"个体"和"独立"？正因为我们必须在种种"错综复杂"的关系中生活，才在种种关系中凸显了我们的"个体性"和"独特性"，也才建立起不同于他人的独特的生命意义。这可能才是真正的"原子性的个体"的意义吧！

# 寻找最合适自己的位置

刚遇中正，天下大行也。

——姤·彖

现在各行各业都大力提倡"匠人精神"，其实中国人历来不乏"匠人"和"精神"，我认为问题的关键是：有没有一个合适的环境让"匠人"展露才华？有没有提倡这种"精神"的良好氛围？

比如在四百年前，我们就有一位很厉害的匠人，他从小就显露出非凡的木工天赋，不但技艺高超，还颇有创新精神。他曾以乾清宫为原型，制作出三四尺高的木制缩小版模型。他发现当时的床架为求稳固而异常沉重，便潜心琢磨，设计出一套可以活动、折叠的床板和床架，使原本沉重的床便于运输和移动，可以走到哪睡到哪。他随手做的小件木器，如匣子、凳椅等，都饰以精美的鸟兽纹，装嵌名贵的宝石，实用而美观。另外，他对生漆的研究和使用在那个时代都处于领先地位。按照现在的话来讲，他属于不可多得的基础研究和实践应用复合型人才。清代人对他的

"匠人才华"和"匠人精神"评价很高，说他"天性极巧，癖爱木工，手操斧斤，营建栋宇，即大匠不能及；又好髹漆器皿，朝夕修制，不惮烦劳；学造作得意时，解衣般礴，非素宠幸，不得窥视"。就是讲他不但天赋高，而且又勤奋又专注，当投入工作时候，没有经过他同意，旁边的人不得打扰他。可以说，他将自己一生最主要的才华、精力都放在了木工制作上。

但就是这样一位有"精神"的"匠人"，在历史上不但没有被人赞赏，反而其骂名流传至今。因为这个"匠人"就是大名鼎鼎的明熹宗朱由校。与他的名字紧密相伴的，是一个不断出现在影视剧中的大 IP、大反派，那便是"赫赫有名"的大太监魏忠贤。

我们可以认为，朱由校是位好木匠，而且具有"匠人精神"，但他肯定不是一个好皇帝，也绝对不是一个好政治家。相比于关心百姓的生活和帝国的发展，他更关心手中的木料。作为一个皇帝，明熹宗的昏庸不堪，在魏忠贤的专权和残害忠良下衬托得更加明显。木匠皇帝朱由校的故事让我们不能不感慨：一个人没有在合适自己的位置上发挥才干，反而在一个不合适自己的位置上胡来，是多么令人痛心和痛恨的事情。

《周易》里面有个概念，叫"当位"或"不当位"，讲的就是这个道理。《周易》有六爻，其中初、三、五这三爻的位置属于阳，凡是阳爻在这三个位置上，就叫"当位"（亦叫"得位"或"得正"），反之就是"不当位"（或称"失位""失正"）。同理，二、四、上这三爻的位置属于阴，凡是阴爻在这三个位置上，就叫

"当位"，反之就是"不当位"。比如《丰》卦九四爻"丰其蔀"，《象传》说"位不当也"，就是指九四为阳爻，但居于阴爻的位置上，所以"不当位"。再如《旅》卦九四爻"旅于处"，《象传》说"旅于处，未得位也"，亦是指阳爻居于阴位，所以"未得位"。

在《周易》看来，"当位"象征着人事符合它的内在性质和规律，能够发挥出它的最好效用；"不当位"象征着人事不符合它的内在性质和规律，不但不能够发挥出它的效用，反而有可能阻碍它的发展和进步，得到相反的效果。

"当位"或"不当位"说起来简单，但在现实生活中往往难以把握。不但一般人难以把握，就是历史上赫赫有名的大人物也未必能处理好。前面的木匠皇帝朱由校就不说了，再比如大诗仙李白，其实也一直搞不清楚最适合自己的位置。现在我们都知道，他最合适的身份就是做一个浪漫派诗人和品酒师，可李白自己并不这样认为。他总觉得自己有匡扶乱世、周济天下的雄才大略，不当个宰相实在屈才了。可浪漫的性格和口无遮拦的风格注定了他不是当官的料。中国人当官讲究的是稳重、不冲动、多看多听少说话，他哪一条都沾不上。再说他的政治眼光也大有问题。当永王准备和他哥哥肃宗争夺皇位的时候，为了笼络人心，向李白伸出了橄榄枝，声称要重用他。李白觉得自己辉煌的政治抱负就要实现了，激动地写了不少诗，其中有两句："但用东山谢安石，为君谈笑静胡沙。"告诉永王：只要你用了我这个堪与谢安媲美的不世奇才，我会很快帮你搞定一切。可惜，没等他像谢安一样展现军事才能，永王就被肃宗干掉了，李白自己也被当作叛军的一分子抓了起来。李白不好好做浪漫派诗人，而想做谢安一样的军事家，这就是"不当位"。

当然，我们话又说回来，如果设身处地地在那个时代背景下看这个问题，也可以理解李白的选择：当一个社会、一个时代，只有"货与帝王家"才是人生价值的最佳体现时，那么凡是有理想抱负的人都一定会去追求这一价值体现。只有当一个社会和时代有着多元的价值评价，每一个人都可以按照自己的兴趣、优势来实现自己的人生理想时，那么"不当位"的人才会越来越少。

再讲得具体一点，"不当位"有两种不同的情况：一种情况就像木匠皇帝朱由校，本来自己在某一方面有天赋、有才能，但出于各种原因不能在这一方面发挥自己的优势，偏偏被放到了另一个不适合的位置上，这种情况可以称之为客观导致的不当位。比如我们现在的很多学生，本来在艺术领域很有天赋，或者在历史、哲学领域很有才华，但社会没有这么多的岗位给他们，只好改学别的专业，以便能找到工作养家糊口，但对这种工作，他们并没有兴趣，也很可能做不好。这就是客观导致的不当位。另外一种不当位的情况就是像大诗人李白，自认为是某一领域的专家，其实根本不是那么回事。真把他放到这个位置上，就会发现理想很丰满，现实很骨感。这种就是主观导致的不当位。

与"当位"相关的，《周易》里面还有一个概念就是"中"：每一卦的第二爻处于下卦的中间，第五爻处于上卦的中间，所以第二爻和第五爻在爻例里面称之为"中"。这个"中"因为是上下卦的中位，往往象征着事物的中道而行、不偏不废，所以"中"和"正"加起来，就是"中正"。具体是：如果第二爻是阴爻，属于阴爻居阴位，又在下卦中位，这就是"中正"；同理，如果第五爻是阳爻，属于阳爻居阳位，又在上卦中位，也是"中正"。"中正"象征着为人和做事的公允、平衡，不走极端、不偏颇。《中庸》讲"执其两端，用其中于民"，也就是这个意思。

宋度宗曾经写过一首诗《离卦赞》：

> 日月丽天，德备中正。
> 明以继明，圣而益圣。

这首诗讲离卦内外皆"离"，第二爻为阴爻居于阴位，所以是"中正"；因为离卦上、下两个卦都是"离"，卦象是太阳和光明，所以是"明以继明"，表示光明无限，象征着君王的"圣而益圣"。不过，宋度宗自己是个昏君，即位后不但孱弱无能，又耽于享乐，他写这个《离卦赞》宣扬"德备中正"，吹嘘自己"圣而益圣"，私下里却"说一套做一套"，不值得后人学习。

在《周易》中，"中正"之爻往往有吉祥美好的含义。李光地在《周易折中》说："唯中与正，则无有不善者。"如观卦，九五居上卦之中，六二居下卦之中，象征君臣各居其位，恪守中正之道，所以《象传》说："中正以观天下。"再如同人卦，六二爻居下卦之中，为"柔中"，象征臣子得正中之道，所以同人卦《彖传》说："柔得位得中。"

中国人都喜欢提倡"中正"。比如孔子曾经带着学生去参访鲁庙，看到一个欹器，据说这种欹器比较有意思：它空无一物时，只能斜着，无法端正。注入不多不少的水时，就能够端端正正、不偏不倚。但如果注水太满时，它就会向另一侧翻倒，把水都倾倒出来。这就是"虚则欹，中则正，满则覆"。孔子对此有感而发："吁！恶有满而不覆者哉。"世界上哪有自满自大而不失败的人呢？提醒身边的学生要注意中正之道，不可自满而导致覆亡。

有意思的是，中医里面关于健康、治病的很多观点与"中正"这一思想也有着密切的关系。如古代医家认为，人为什么能够健康？是因为"平人者不病也"。这个"平人"，当然不是大家现在说的"躺平的人"。唐代医学家王冰解释这个"平人"是："应天常度，脉气无不及、太过，气象平调，故曰平人也。"就是说这种人身心都很平和，脉气协调，没有不及，也不会太过。这就与"中正"和"中和"的观念非常类似了。医家又把这种"中正""平和"与个人道德联系起来，如《千金方》就认为："性既自善，内外百病自然不生。德行不充，纵服玉液金丹未能延寿。道德日全，不祈善而有福，不求寿而自延。"直接把人的私德与身体健康结合起来，认为人的私德决定着身体的健康，换言之，"不做亏心事，身体棒棒的"，颇具神秘主义色彩。

# 人生有缘成师徒

知进退存亡而不失其正者，其惟圣人乎。

——乾·文言

小时候看电视剧《西游记》，有一集演孙悟空在五指山下被压了五百年，一日终于等到了唐僧，此时电视机里面背景音乐响起，孙悟空双目含泪对着唐僧喊"师父"。那时候年纪小，很容易动感情，看到这个场景，忍不住热泪盈眶：在未来不断打怪升级的旅途中，他们不但有了能够相互帮助的伙伴，也多了一份精神上的支持，这是多么温馨美好的事情。想到这，就为唐僧师徒感到由衷的高兴。

中国古人讲"天地君亲师"，民国之后改为"天地国亲师"，不管怎么变，五位之中，师者占其一位，可见把老师的地位看得很重。老话讲"一日为师，终身为父"，可见民间把师徒间的感情也看得很重。且不说唐三藏和孙悟空，也不讲孔子和他的弟子们，其实古代无论学什么，比如剃头、唱戏、打拳、绘画、厨艺等、三百六十行，行行都要拜师学艺。弟子要跟着师父经过长时间的学习，不但跟师父学手艺，也跟着师父学做人。这就是"古之学者必有师"，就是中国人的一种学习"道统"。它不但传承着今日所谓的"知识系统"，更延续了一辈又一辈的精神气质，意味着上一代人和下一代人生命、智慧和风骨的承续。对一个老师来说，如果学生有出息，会发自内心的高兴，因为他的"道统"在学生这里得到了延续，意味着他一生的生命意义和精神气质在他离开这个世界后将能够延续和成长。对学生来讲，承续师门道统，不但意味着他要学习一代代人积累下来的知识，更要承袭一代代人积累下来的风骨和荣耀，并有着将其发扬光大的责任。

古人讲"名师难遇，爱徒难得"，如果能各得其所，对两人来讲都是人生可贵的机缘。就像现在招收硕士生、博士生，学生要挑选老师，要先看看这个老师的研究领域、研究风格和自己是不是比较接近；同时导师也要挑选学生，要看看学生基础扎实不扎实、学术潜力如何、人品怎么样。老师要选一个满意的学生不容易，学生要找到一个好老师也不容易。金庸笔下的武林高手，为了自己的门派能后继有人，都动足了脑筋寻找爱徒。逍遥派为找一个符合条件的接班人，不惜摆下珍珑棋局，遍邀天下武林才俊，企图从中挑出人选。还有凶狠无比的南海鳄神，一见段誉，只摸了一下段誉的后脑勺，便欣喜若狂，认为他的后脑勺非常符合自己流派的要求，铁了心要收他为徒，不惜为此大改平素的行事风格，对段誉不尊重自己的行为一忍再忍。至于禅宗里面的传衣钵，则更为严格，也更讲机缘，比如六祖慧能法师得五祖衣钵的故事，早已是广为人知，此不赘述。

古代学术传承，大抵有着这种清晰的"道统"，也有许多类似唐僧和孙悟空这样令人感动的师徒关系。如明末清初的云间派词人蒋平阶，他是著名的抗清将领、词学家和堪舆家。顺治年间，他被清廷通缉追杀，只得四处躲避，长年漂泊江湖。在如此危险艰难的境遇中，他的两个学生沈亿年、周积贤与他不舍不弃，追随他共赴艰险。蒋平阶在词集《支机集·序》中，满含深情地写道："何事牛车之旁，尚余儿女；所幸篮舆之下，犹有门生。"至今读起来，依然让人感慨万千。当老师的一生中若能有一两个这样的学生，大概也不会有什么遗憾了。

就《易》的传承而言，《儒林列传》说商瞿跟随孔子学习《易》，孔子去世后，商瞿开始传授《易》学。经过六世，传到了田何这里，田何又传授给王子仲，王子仲再传给杨何。这是一条比较清晰的路线。依黄寿祺等先生的观点，到了西汉之后，主要有四个不同流派按照不同的路线在传承，当然它们互相之间也有交叉和融合：第一个是"训故举大谊"，以周王孙、丁宽、杨何等为代表，袭先秦之易学，释六十四卦之大义；第二个是"阴阳候灾变"，以孟喜、京房、五鹿充宗、段嘉等为代表，把其中的原理运用到自然灾异和人事变动方面，用以解释当时看来比较神秘的自然现象以及政治社会较大的变化；第三个是"十翼解经意"，以费直、高相等人为代表，主要是用《易传》来解说六十四卦，这是当时民间私学，亦称为古文易学；第四个是"章句守师说"，以施雠、孟喜、梁丘贺、京房等为代表，他们遵循当时朝廷官学经师传授的《易》学方法，亦称为今文易学。

这里有个背景，汉武帝设五经博士。五经博士的设置，是汉朝廷掌握经学的重要标志。博士以家法教授弟子于太学，且师徒相授之时，必须遵循一定的师生关系，不可混乱。所谓"师法"，指一家之学创始人的说经。所谓"家法"，是指一家之学继承人的说经。例如汉武帝时，立杨何为博士，他的说经即是师法，再传下去，他的学生为章句，再衍生出小的派别，即是家法，这个规矩是不可以乱的。在那个时候如果不守师法、家法，非但不能为博士，即使已任为博士，也要被赶出太学。比如孟喜，他本是和施雠、梁丘贺等人一起向田王孙学习《易》，后来他得到了易家阴阳候灾变的书籍，自己颇有心得。但他喜欢自我吹嘘，又谎称这是自己的心得，是老师田王孙独自传给他的，众人不知实情，都纷纷向他庆贺。梁丘贺知道后，揭发这并非实情。你孟喜虽然厉害，但不能骗人，更不能更改师说嘛。孟喜因此被人鄙视，不再被人信任，颇为落寞。

到了后世，传《易》的人越来越多，比如东汉的马融、郑玄、荀爽、虞翻、魏伯阳，三国的王弼，唐代的李鼎祚、孔颖达，宋代的陈抟、邵雍、周敦颐、胡瑗、程颐、朱熹、李光、杨万里，明代的来知德、蕅益法师等，都是较有代表性的人物，因此它的流派也越来越多。

在传《易》的过程中，有的师徒故事也颇有看头。比如，汉朝有两个学生学《易》，就让老师赞赏不已，欣慰道："我的道统将开花结果了！"一个就是前面提到的丁宽，他曾在梁孝王手下当过将领，人称丁将军，他跟随项生向田何学习《易》。他才思敏捷、研究精密，深得田何器重。当他学业完成，向田何告辞东归时，田何忍不住对学生们感叹："《易》以东矣！"意思是随着丁宽的东去，他的《易》学也将在各地传播开来，会被世人所知。后来丁宽撰写《易说》，传授给田王孙，田王孙再传授给施雠、孟喜、梁丘贺。施、梁等学生都有着极大成就，果然将田何之学发扬光大。

另外一个就是赫赫有名的郑玄。他曾经拜入马融门下学《易》，不过马融学生很多，郑玄拜入门下之后很长时间没有见到过马融，皆由同门高徒代师传授学问。后来，马融有一次召集弟子们讨论学问，郑玄在问答间畅演学说，其义精湛高妙，让众人叹服。郑玄告辞老师马融后返回山东。马融感慨万分，对其他学生说："郑生今去，吾道东矣。"就是说：如今郑玄同学离开这里回山东了，我的道统也将随着他到东方而生生不息。后来郑玄声名大振，跟随他学习的人有上千人之多。马融当初的预见果然实现。

不过，相对于才华，老师更看重人品。有人可能聪明过人，但品性不佳，也会被老师拒收。据宋人陈长方的《步里客谈》记载，邵康节有一次说："天下聪明过人唯程伯淳、正叔，其次则章惇、邢恕，可传此学。"认为自己的学问高深，只有像二程那样聪明过人的才子能够传授，其次如章惇、邢恕那样的也可以学。章惇、邢恕听说后赶忙过来拜访邵康节，但邵康节一见之后便拒绝了两人。他后来说："章子厚、邢和叔心术不正，挟此将何所不为？"意思是这两人心术不端，不可以把自己的学问传授给他们，以免他们挟此学问为非作歹。有人讲，康节先生大概会看面相，觉得章、邢二人的面相不是好人。其实更有可能的是：邵康节对章、邢二人的负面传闻早有耳闻，但不知传闻是否正确。等见面之后，心中便有数了，因此才回绝了二人。

当然了，现在讲师承、讲衣钵传授早已经过时了。游走于各种时髦圈的万能学者、高端才俊，都看不上这种"封建遗风"。现在又进入了知识付费的时代，知识都成为交易，付了钱就可以取货走人，顾不上师徒感情。不过仔细想想，这种情况未必当代才有，韩愈就曾感叹过："嗟乎，师道之不传也久矣！欲人之无惑也难矣！"可见古人也遇到过类似的情况，所以我们也不必过于哀叹。

或许这个世界本就是这样：一些东西消失了，一些东西又生长出来了，对于那些消失的美好事物，我们抱以怀念、寄以赞美。这种怀念和赞美，大概本身就包含了不会消失的价值吧！

# 亨通顺利不易得

元亨利贞。

《周易》第一卦为《乾》卦。这一卦有很多我们经常听到的名言和成语，比如"天行健，君子自强不息""云行雨施，品物流形""与时偕行""朝乾夕惕"等。金庸先生武侠小说《射雕英雄传》中，丐帮帮主洪七公传授给郭靖的"降龙十八掌"，"飞龙在天""亢龙有悔"等名目，都是从这里面来的。《乾》卦的卦象全部都是由阳爻组成，所以朱熹认为它是"阳之纯而健之至也"，就像武侠小说里面的"九阳真经"，纯阳到了极致、刚健到了极致，也就厉害到了极致。有人讲，它象征着天运行周转不息，在这周转中充盈了万物赖以生长发展的阳气，有着创造宇宙万物的初始力量和阳刚因素。《乾》卦代表着阳、刚、健，所有与阳刚和健行有关的事物，它都代表了。另外从卦象来讲，它还代表了头部、年纪大的男性、首领等。现在有人在算卦的时候，看到《乾》卦，一般都会解释说有领袖气质、头脑敏捷、行动力强等，其道理就源于此。

《乾》卦的卦辞说："元亨利贞。"这四个字有很多种解释，一个较为常见的解释就是：元，大；亨，亨通；利，有利；贞，占卜。合起来就是"大通顺，占问吉利"。后世儒家学者的解读中，对"元亨利贞"的解释又不同。如《文言》说："元者，善之长也；亨者，嘉之会也；利者，义之和也；贞者，事之干也。"就是说元是善之首，亨是美之汇聚，利是义的回应，贞是事业的主干，这种解释是对原意的极大发挥，远远超出了卦辞本来的意思。

《文言》又说："君子体仁足以长人，嘉会足以合礼，利物足以合义，贞固足以干事，君子行此四德者，故曰《乾》：元，亨，利，贞。"

"君子体仁足以长人"，讲的是君子以仁义为本，施行仁政，所以能够统帅别人。中国人历来讲究以德服人，以仁义统治国家。在春秋时候，叶公向孔夫子请教怎样治理一个地方，孔子回答"近者悦，远者来"，意思是让身边的人感到温暖、快乐，远处的人慕名而来，就像现在的人看到哪个国家好，就想移民到哪里。从个人的层面来讲，有的人具有"仁心"，对人友善、非常有亲和力，别人都愿意和他亲近。唐玄宗时候，宰相宋璟做事公道，不为自己争名谋利，世人称之为贤相。同僚和老百姓都赞叹他是"有脚阳春"，意思是说宋璟宽以待人，如一缕春风，走到哪里，哪里就似春风煦物，让人倍感温暖。大家在生活中都愿意接近这样的人，这也是"近者悦"。不过，中国传统虽然总是提倡以仁义来统治天下，但从某种意义上来讲，仁义之治只能作为一种美好向往，在现实层面的管理上，还得依靠完善的法律、舆论的监督等方法，并不可能让个人的道德自律或品德感召力来完成全社会的有效治理。让制度的归制度，让道德的归道德，这才行之有效。

"利物足以合义"，它的第一层意思是君子做事有利于万物之规律，足以使之和谐相宜；第二层意思是君子做事情对别人有利，同时和所谓的义完全吻合，完全没有冲突。因为在君子这里，利和义浑然一体，哪里有什么区别。我们常讲"舍生取义"，或者说"见利忘义"，就是讲我们每个人在这个世界上，面临着利益和道德伦理等准则之间的矛盾，不得不选取其中一个，要么弃利而选义，要么选利而弃义，总之需要在两难境地中做出一个决定，这种选择的过程特别让人纠结。清代的传奇人物仓央嘉措写过一首诗，其中有几句是：

> 曾虑多情损梵行，入山又恐别倾城。
> 世间安得两全法，不负如来不负卿。

又想世间真情又想修道成佛，又想江山又想美人，内心难以取舍，真是纠结。仓央嘉措这哪里是写他自己，分明写的就是我们芸芸众生。没办法，因为都是普通人，很多时候我们都没有办法选择，也不知道如何选择。不过《文言》这里讲得好，"利物足以合义"，心底里一片澄明，毫无"利义"之分，完全可以做到潇洒自在。但具体怎么"合"？这里没有标准答案，只能由个人自己去参悟。

《文言》讲，君子"体仁足以长人，嘉会足以合礼，利物足以合义，贞固足以干事"，有了这四种品德，就可以称之为"元亨利贞"了。

有些算卦的，给人算出来"元亨利贞"，就恭喜人家说："太好了，这个卦大吉大利，你明天就升官发财、万事无忧。"实际上哪有这么简单！就算得到了"元亨利贞"，还要问问自己：我有这四种品德吗？·没有，甚至是相反，那根本得不到"元亨利贞"。为什么？因为"《易》为君子谋，不为小人谋"。

那么，又一个问题来了：什么是君子？什么是小人？这个话题很有可能被绕来绕去，扯不清楚。这里简略一些，借用钱穆先生在《中国历史上的传统教育》一文中的话来讲，就是："中国人的人品观中，主要有'君子'与'小人'之别。君者，群也。人须在大群中做人，不专顾一己之私，并兼顾大群之功，此等人乃曰'君子'。若其人，心胸小，眼光狭，专为小己个人之私图谋，不计及大群公众利益，此等人则曰'小人'。"简而言之，为大众、利大众的无私之人可谓君子，利一己、害大众之人就是小人。

《左传》里面记载了"穆姜筮往东宫"的故事，讲的就是这个道理。穆姜是齐国公主、鲁宣公夫人，鲁宣公当政时为了缓和齐、鲁两国之间的关系，娶了当时的齐国公主穆姜。穆姜出嫁前贤惠淑良，在家族中口碑良好。她又热爱文化艺术，据说对《易》还很有研究。穆姜和宣公一共生有一儿一女，儿子就是后来的鲁成公。宣公去世后，成公继位。当时在鲁国有孟孙、叔孙、季孙三大势力，其中以叔孙氏最弱。叔孙侨如和穆姜关系密切，常常出入后宫跟穆姜私通。按照叔孙侨如设想的如意算盘，他准备利用穆姜除掉季文子和孟献子，从而提高叔孙氏在鲁国的地位，增强权势。穆姜大概真心喜欢叔孙这个情人，居然听从了他的话，要求鲁成公把季文子、孟献子除掉，如果不从，她就要废了成公的君位。但鲁成公断然拒绝了母亲的请求。季氏和孟氏知道这个情况后，决定反击。他们以鲁成公的名义软禁了穆姜，叔孙侨如则逃亡到了齐国，后来又逃到了卫国，老死他乡。穆姜被软禁十年，直到去世，也没能走出后宫。因为穆姜懂《易》，所以她刚刚被囚禁东宫的时候，为自己算了一卦，得到的卦辞就是"元亨利贞"。旁边的史官说："这个好，是吉利之象，你一定会很快就离开囚禁的地方。"穆姜自己却说："不是的，元亨利贞很不错，但不可歪曲地理解它。我一个妇人参与变乱，在下位而不仁，不能说元；不忠于国家，不能说亨；自己作天作地，害了自己，不可以说有利；做出不符合自己身份的事情，不可以说贞。我没有这四德，所以不能无咎，一定完蛋了。"后来的事情果然如她所说。穆姜虽然做事不当，但她对"元亨利贞"这几个字的理解完全正确。

进而言之，传统儒家认为天道与人道相通，或天道与人道实质就是一个"道"。天道并非独立于人之外的先验的本质，而是呈现在人的行为活动中，这种行为活动以"德行"为根本，是"天行健"的具体体现。所以，大通顺、大吉利需要有一个前提条件，这个前提条件就是建立在传统儒家的天道与人道是同一个"道"的原则上，而天道和人道之所以能够为同一体，是因为它们都有同样的一个"大德"。这个"大德"于天道体现为"四时行焉，百物生焉""生生不息"，于人道则体现为"善"和"廓然大公"。古人常常将人的德行有无看作能否得到天佑的决定性因素，没有"德行"这个前提条件，"人道"即与"天道"相背，元亨利贞这样的大通顺和大吉利就没法出现。

# 刚健而自省的人生

大哉乾乎，刚健中正，纯粹精也。

——乾·文言

《乾》卦似乎除了第三爻，其他每一爻都与"龙"有关。但《乾》卦的"龙"常常指代君子，第三爻恰恰讲的正是君子，如此说来，第三爻其实与"龙"也是有关的。不管这"龙"是不是传说中的神龙，也不管它是实指还是虚指，这些爻辞都很值得把玩。《系辞》讲"（君子）所乐而玩者，爻之辞也"，所以我们不认真、快快乐乐地把玩每一爻，似乎就有点对不起它的教导。

初九爻讲："潜龙勿用。"按照一般的解释就是：像龙一样潜伏着，不可轻举妄动。为什么要潜伏不动？因为时机没有到。搞经济的人都喜欢说，利好的风吹来的时候，猪都能够上天，这就是讲时机的重要性。而潜伏不动的状况又分两种：第一种是主动的，自己选择低调处事，不张扬；第二种是被动的，客观条件限制，没有办法，只好隐藏起来等待。

《乾》卦《文言》解释初九爻，说："龙，德而隐者也。不易乎世，不成乎名，遁世无闷，不见是而无闷。乐则行之，忧则违之，确乎其不可拔，潜龙也。"这就是以龙来代表君子了。它讲一个真正的君子，不轻易被周边的环境改变，也不轻易被名利束缚；在隐居避世的时候，他不会觉得苦闷，内心充实坦荡，世人对他有误解的时候，也不会感到烦恼。

古时候，颜回能够做到"不易乎世，不成乎名"。换成今天的我们，可能就难以做到，容易受周边情况变化的影响。单位里面换了一个新领导，心里忍不住就会想：完了，这个领导以前和我关系不好，以后我要被穿小鞋了。换了一个新部门，心里又会忍不住想：完了，这个部门的同事看上去都很凶，不好相处。

我们大部分人除了"易乎世"，还有就是"成乎名"。现在各种圈子，各种争名夺利，一片喧嚣不宁。商场争名而求财，官场争名而求位，学界争名而求虚荣。就像老子讲的，天下熙熙攘攘，大家跳来跳去，都跳不出"名利"二字。孙悟空算是厉害的，跳出"酒色财"的圈子，但跳不出"气"这个圈子。"德而隐者"不追求这些，很值得佩服。我们普通人做不到这点，能稍微看淡一点，也就不错了。

"遁世无闷"，讲的是隐居避世没有丝毫的苦闷，不憋屈、很坦然。这可能和人的先天性格还有点关系，天性淡泊的人做到这点还是比较容易的。但接下来一句"不见是而无闷"就比较难了。人家背后说我的坏话，我知道了会生气，就算不表现出来，心里也会有一股怒气乱窜。有的人度量大，发过脾气就算了。就怕有一种人，把怨气藏在心里，什么时候觉得不爽快了，偷偷报复别人一下。所以人要做到"不见是而无闷"，非得有大修养、大气度不可。古修道人曾说过一句话："自古神仙无别法，只生欢喜不生愁。"遇到别人不理解、不亲近、不尊重，我不怨不恨，自在自然，只有一股欢喜之心荡漾着。能做到这一点，那就算得上神仙的境界了。

接下来说"乐则行之，忧则违之"。对高兴的事情就去做，对忧虑的事情就坚决避开。这个话容易被误解：既然这样，好啊，工作上的事情，我高兴就去做，不高兴我就不干。这就成为推脱和偷懒的理由了。其实不是这样，它是指人在面对选择的时候，如果觉得某件事违背了自己的原则，宁可放弃所谓的机遇和利益，也要坚持这一个原则。所以后面一句紧接着说"确乎其不可拔，潜龙也"——能够坚定不移的维护自己的原则，这就是潜龙啊。

从这里可以看出，一个人有德而隐，他的大气度、大修养能够让他跳出世俗名利，不纠葛于世间利益，因此被人忽视也好，被人误会也好，也不会起怨恨心、苦恼心；他过着欢欢喜喜的大自在日子，他愿意做有益有趣的事情，而对违背自己原则的事情绝对不会去做。这种"隐居着的君子"，就像是"潜伏着的龙"。

九二爻说："见龙在田，利见大人。"龙从深深的渊底出来，来到了大地上，这个时候不但能够见到大人，而且见到大人是有利的。这里的"龙"当然也指世间才俊。比如张良刺杀秦始皇失败，躲避江湖之中。传说有一天他遇到了黄石公，黄石公在桥上伸出一只脚拦住张良的去路，故意把鞋踢到桥下，对张良说："小子，把我的鞋捡回来。"等张良把他的鞋捡回来，他又踢到了桥下。一而再，再而三，连续三次这样。照现在来看，这就是一个典型的碰瓷坏老头，寻衅滋事嘛。黄石公用这种特殊的方式面试了张良，见孺子可教，便传授他太公兵法。张良日夜研习，终成一代名将大臣。按照一般的理解，张良这便是"见龙在田，利见大人"，黄石公就是他的大人。

这里的"大人"，可以理解为今日所说的"贵人"。如李零先生就认为，"利见大人"有点类似后世占卜书上的"贵人"，指有身份地位的人。"我今天遇到贵人了"，这样的说法我们今天还常常听到。不过，在这里应该仔细想想：什么是贵人？为什么见贵人是有利的？在现实生活中，对自己人生有帮助的人，我们一般就叫他们贵人。但需要继续思索的是：对人生真正的帮助究竟是什么？从世俗生活来说，你遇到一个领导，提拔你做一个处长、厅长，或者遇到一个大款，给你投资几千万、几个亿，这些当然是好事，我们会认为这个领导、这个大款就是我们的贵人。但读了《周易》就知道，凡事都会有变化，这个时候的好事未必后面就是好事。比如当初提拔你的领导因为腐败出了问题，这个时候你大概率会想方设法和他撇清关系，当年的"贵人"此时就变成了"拖累人"。大款投资给你几千万、几个亿，对你当然有要求，这个要求能不能完成？完成要求之后利益分配有纠纷怎么办？诸如此类。生意场上，为了利益问题反目成仇的例子太多，贵人很可能会变成仇人。再从历史上看，帮助刘邦的那些文臣武将，后来不知被刘邦杀了多少。张良算是聪明人，功成身退，专修黄老，得以全终。所以讲，真正的贵人，未必就是提拔你、给你现实利益的人。或许，能够帮助你安身立命、身心安泰的人，能帮助你得知识、开智慧的人，才是你真正的贵人。达摩是慧可的大贵人，孔子是七十二贤人的大贵人，可作如是观。

《文言》解释九二爻说："闲邪存诚，善世不伐，德博而化。"这就是讲，要把不好的想法放到一边，保留诚心诚意；虽然有功德于世，但一点都不骄傲自得，德行广大能够感化别人。换作释家的话来讲："植众德本，是菩萨行。"全力帮助每个生命种植根本的福德和智慧，但就算功德再大，也不觉得自己了不起，从不贡高我慢，这才是菩萨行。当然这也就是"善世不伐，德博而化"的大境界。

九三爻："君子终日乾乾，夕惕若，厉，无咎。"成语"朝乾夕惕"就是从这里来的。这一爻意思是说君子终日勤勉不息，到了晚上警惕自省，能够做到这样，即便艰难困顿，也不会有大害处。"无咎"还有个意思，指善于纠正自己的错误，所以这里也可以解释为：即便情况不利，但善于改过补救，故而也不会有什么危害。

宋真宗时候的大臣晏殊，小时候是个神童，十四岁就直接保送参加进士考试。要知道，这可是有人一辈子都触不到的高峰。

他入仕之后才华出众，表现优异。宋真宗为太子选老师，钦点了晏殊。这下子大臣们都不干了，觉得晏殊虽然才华横溢，毕竟嫩了点，当太子老师资历不够。宋真宗淡定地说："朝中大员，虽也有才干，但下了班不是纵酒高歌，就是流连花丛，怎么教育得好太子？只有晏殊，下班了还在安安静静地读书学习，空闲时间也不去串门聊天、喝酒撸串，只有这样一个朝乾夕惕的醇厚人，才能教得好太子。"这一下，大臣们都没话说了。后来晏殊知道了此事，特地跑去对宋真宗解释说："皇上，我是因为家里穷，没有闲钱和同事去聚会，如果有钱，我恐怕也会去的。"这个回答很妙：说到底，皇帝本来就相信晏殊的勤奋和纯正，听到这种解释，更加会坚定自己的观点，认为他不但勤奋，而且老实、有一说一。因此晏殊的朝乾夕惕，为他带来了皇帝的垂青。

我们现在每天都很忙，也不知道忙些什么，这勉强也叫"终日乾乾"。晚上回到家累得半死，刷刷手机、看看电视，没空"夕惕若"了，我们大部分时间就这样"终日乾乾，夕刷手机"过去了。

《文言》九三爻还讲"居上位而不骄，在下位而不忧"，君子居于上位的时候，没有任何的骄横自得，在卑微之地，也不会有任何的忧愁和埋怨。这是非常难得的胸怀。现在的情况不是这样了。一个人在台上的时候，人人都在仰望他，一句话吩咐下去，下面的人抢着帮他做好，甚至他还没有想到的，下面的人都帮他想到且做好了。不过，大家这样奉承他，可能不是因为他个人的人格魅力，而是他在这个位子上。别人奉承的不是他，而是这个位子。一旦下了台，就人走茶凉、门庭冷落了。李白《古风》中写道：

> 青门种瓜人，旧日东陵侯。
>
> 富贵故如此，营营何所求。

大家不要小看那个在青门种瓜的老头子，人家当初可是秦国的东陵侯。可惜秦亡后沦为平民，家贫无以自给，只好靠种瓜谋生。自古所谓的富贵繁华无不如此。所以要看透这一点，不要在乎台上台下，唯其如此，才做得到"上不骄，下不忧"。

九四爻："或跃在渊，无咎。"龙在深深的水底潜伏了很久，然后出现在大地上，有利于各种行动；到了这个境界，龙再回到深深的水底，亦没有任何害处。这里以龙喻君子，指君子勤勉做事、自我反省，不断坚固自己的德行，不管进退都不会有太大的问题。

孔夫子解释这一爻的意思是："上下无常，非为邪也，进退无恒，非离群也。"像龙一样可以随意上下飞升，没有固定的路径，非妖非邪；进退没有固定的模式，但没有离开群体，依然在这一世界中与众同忧乐。这是讲君子无论处于什么样的状态，都会与民众在一起。"我从未忘记，我是人民的儿子"。真正的君子不会特意把自己搞得很高深、很厉害，他是"和光同尘"，不会在自己头上搞个光环，让大家来膜拜。孔夫子讲："吾有知乎哉？无知也。"就隐含了这一个意思：我有什么智慧、知识吗？没有。我有什么与众不同吗？没有。我不过尽自己所能去探求问题的本质而已。相反，有点小能耐的人处处显得与众不同，要突出自己、放大自己，把自己放到一个很高的位置供人敬仰，对人动辄颐指气使。正印证了俗话讲的："一等人，本事大，脾气小。二等人，本事大，脾气也大。三等人，本事小，脾气也小。末等人，本事小，脾气大。"

九五爻："飞龙在天，利见大人。"龙飞翔在天上，有利于拜会贵人。值得注意的是，这里第二次提到了"利见大人"一词。为什么九二、九五两爻都说"利见大人"？

从爻位来讲，《周易》里面每一卦的六爻都隐含着天、地、人三个位置，其中第一爻、第四爻属于地位，第二爻、第五爻属于人位，第三爻、第六爻属于天位。第二爻、第五爻又为中正之爻，正所谓"正人君子"，所以称之为"大人"。第五爻又是"九五之尊"，在人位之中极为尊贵，属于地位极高之爻，尤其值得推崇。《乾》卦这一爻象辞说："飞龙在天，大人造也。"就是比喻一个人处于高位而将有所作为。这一爻因为象征着帝王之尊位，强调的是天子之德应当大治于天下，所以才有《文言》说的"位乎天德"。

另外，我们不要轻易把这一个"大人"读过去了：这里的"大人"，这个帝王之尊的人，是从哪里来的？莫名其妙出现的吗？当然不是。这个时候的"飞龙"，就是当初伏在深渊的"潜龙"；这个时候的"大人"，就是当初尚未得志的"君子"。换而言之，今日的你就是当初的你，不过你的勇猛精进，造就了今日成就斐然的自己；因为现在的你已经是"大人"，所以眼中见到的都是优秀杰出的人士。正如当初王阳明的学生王汝止回来，王阳明问他："游何见？"学生说："见满街都是圣人。"王阳明说："你看满街人是圣人，满街人倒看你是圣人。"说的就是这个道理。平常我们都想见到对自己有帮助的贵人，其实只要我们不断提高自己，终究有一日，也会发现满大街都是贵人，你也是别人的贵人。蕅益法师解释这一句时，认为它讲的就是："我为大人，则所见无非大人矣。"套用佛家常说的一句话："何期自性，本自清静。"你自己本来就自性圆满，真正能帮助你的就是自己，还到外面妄求什么呢？这个话，换作《乾》卦的《文言》来讲就是："夫大人者，与天地合其德，与日月合其明，与四时合其序，与鬼神合其吉凶。先天下而天弗违，后天而奉天时。天且弗违，而况于人乎？况于鬼神乎？"——如果自己能够做到这一点，不是比依靠别的贵人更加可靠吗？就算有一个外在的贵人，也不是特地求来的，是跟随你自己来的。你就是自己最大的贵人，还到处去求什么别的"贵人"呢？

上九爻："亢龙有悔。"最常见的解释是：处于最高处的龙有困厄。在《周易》卦爻辞中常见"吉、凶、悔、吝、咎"等字，按照高亨先生的意见，"吉"就是福祥的意思，表示很吉祥、有福气，"凶"就是不吉、祸害的意思，"悔"就是困厄、不顺利的意思，"吝"就是艰难的意思，"咎"就是灾患的意思。

那么，为什么到了最高处的龙反而会有"困厄"？这就是提醒人们要注意凡事皆不可太过。《周易》后面还有两卦与此相关，就是"满招损，谦受益"的《损》卦和"谦谦君子，利涉大川"的《谦》卦。前者讲太自满、太过分了，就会招来损减；后者讲谦虚谨慎，就会得到补益。从历史上来看，一个人、一件事，到了不留余地的时候，就得当心了，所谓"穷极必反"，一定会有翻转过来的可能，事物由好变坏或由坏变好，都是如此。《文言》解释这一爻说："亢之为言也，知进而不知退，知存而不知亡，知得而不知丧，其唯圣人乎？知进退存亡，而不失其正者，其唯圣人乎？"（此处"圣人"，高亨先生《周易大传今注》云："《释文》云：'王肃本作愚人。'按，王肃本是也。愚人、圣人相对为文。愚人承亢者而言，圣人承不亢者而言。今依王肃本释之。"）意思讲，只知道进而不知道退，只知道积累而不知道适当削减，只知道获取而不知道放弃，这大概就是愚蠢的人吧；知道进退存亡而且不失去正确的道路，这大概就是圣人吧。可惜，现实生活中大多数人只懂得进，而不懂得退，将原有的一手好牌打得稀巴烂，空叫旁人叹息。

最后，还有一个用九爻，是："见群龙无首，吉。"用九爻主要是在卜筮的时候，《乾》卦的阳爻全部变为阴爻，《乾》变成《坤》，这个时候就要看这一爻了。有人把这句话解释为：好像群龙飞翔高空，只能看见尾部，看不到头，吉。还有一种解释是：看见很多群龙，但没有龙王，吉。在这里我认为后一种解释更有趣味。

平常我们评价一个单位或者一个地方乱糟糟的，大家各行其是，没有一个能全盘管理的人，称之为"群龙无首"，表示不好的意思。但在《周易》这里"群龙无首"反而是吉利的，为什么？这是因为"天德不可为首"。天德是自然均衡的，每个人、每一事物都自性俱足，不需要有个首领来指挥、统帅。一旦需要一个东西来统管、指挥，那说明天德已经有问题了。这有点像老子《道德经》说的："大道废，有仁义；慧智出，有大伪；六亲不和，有孝慈；国家昏乱，有忠臣。"因为真正的东西没有了，才有那些替代的东西出来。就类似现在有的理论讲的，当一个社会大力提倡和宣扬什么的时候，正是它缺乏什么的时候。所以《周易》认为"群龙无首"才是真正的吉利，才真正符合"天德"的本意。

# 做人慈悲，处事厚道

安贞吉。

——坤·卦辞

《坤》卦全部为阴爻，因此称之为全阴之卦。它揭示了阴柔元素的发展变化情况，认为阴柔元素是创造宇宙万物的第二种力量。现代天文学发现，我们宇宙间有着大量的、还未完全知晓的"暗物质"和"暗能量"，不妨畅想一下：从某种意义来讲，它们对应的是不是《坤》卦呢？

我们有时候会误解，以为《乾》卦为阳、为刚，代表着君子与光明，《坤》卦则为阴、为柔，代表着小人与阴暗。其实完全不是这样。两者阴阳互济，实为一体，共同生成和养育万物。打个比方，《乾》《坤》二卦，就好像是一个家庭，父母都在尽心尽力地养育子女，只不过一个为严父、一个为慈母，在家庭中的功用不同，但功德相同。

《坤》卦《象》辞："坤厚载物，德合无疆，含弘光大，品物咸亨。"赞扬《坤》卦的伟大，说它滋养万物、包容万物，让万物顺畅发展而不背离本性，养育万物而不居功自傲。对所有的众生，它如大地母亲一般，都用平等心来看待，用慈悲心来关怀。《坤》卦这些品性也完完全全地在母亲身上得以体现。我们常见的观世音菩萨塑像多以女身示相，就是以伟大的母性形象显示慈悲，这也可以比作《坤》卦至高的外在形象。

因为《坤》卦象征着老妇、母亲，在后天方位中属于西南方，所以有些算卦的或者看风水的，往往会根据西南方位来判定一个家庭的主母情况，其原理就是从这里来的。《坤》卦在躯体中又代表着腹部、脾胃，所以有的人会根据这一卦象来判断身体的脾胃功能好不好。

《坤》卦辞："元亨，利牝马之贞。君子有攸往，先迷后得主。利。西南得朋，东北丧朋。安贞吉。"此处依周振甫先生《周易译注》的解释，意思是大亨通，女性占问有利。君子要去某个地方，先迷失了方向，后来得到主人的招待。往西南方有利，往东北方不利，占问有利于安居乐业。

它在这里不像《乾》卦讲"元亨利贞"，而是讲"元亨，利牝马之贞"，利于女性、阴性。这就是古人的智慧：它首先承认了阴阳之别，在这一区别的基础上承认阴阳各自的功用；又强调，在特定的时空中，有时是利于阳刚的一面，有时是利于阴柔的一面，这个不是以人的主观为转移的。《坤》卦这里强调的就是有利于阴柔、女性。

"西南得朋，东北丧朋"这一句有多种不同的解释，略举一二。第一种解释是：在西南方会得到朋友，在东北方会失去朋友。第二种解释是：古人的"朋"为贝，十贝为"朋"，往西南方能够赚钱，往东北方要亏本。第三种解释是：周朝之时，西南诸方是盟友，东北鬼方之国是敌人，因此"西南得朋，东北丧朋"。第四种解释是：以"朋"为"明"，月亮在西南方位时最亮，在东北方位时最暗，因此"西南得明，东北丧明"。第五种解释是：从象数来看，《坤》《巽》《离》《兑》为阴，以西南为核心；《乾》《坎》《艮》《震》为阳，以东北为核心，故对《坤》卦而言是"西南为朋，东北丧朋"。

《坤》卦初六爻："履霜，坚冰至。"鞋底踩着薄薄的冰霜，就知道极寒冷的时节快来了。《象》辞："履霜坚冰，阴始凝也。驯致其道，致坚冰也。"就是讲要从细微之处看到重大的变化，根据事物的规律，推测出未来的可能性。核心就是要防患于未然。

《左传》里面有很多有意思的故事，开篇就是个宫斗戏加家庭伦理剧。这个伦理剧的故事与"履霜，坚冰至"很贴切。里面的男二号叫段，是郑庄公的弟弟，因为后来逃到了共地，所以被称为"共叔段"。因为他曾住在京地（今河南荥阳附近），又是郑庄公的第一个弟弟，因此还有个帅气的名号叫"京城大叔"。这个"京城大叔"说起来命运其实有些悲催。当年他妈妈姜氏嫁给郑武公，生了哥哥庄公和他。姜氏生庄公的时候难产，因此心里不喜欢庄公，偏爱"京城大叔"。姜氏是如此疼爱"京城大叔"，还曾经动过歪脑筋，想劝说武公废庄公而改立"京城大叔"为太子，幸好武公没有听她的话——古代这种妈妈偏爱某个儿子、想让某个儿子做太子的事情并不少，比如明朝的万历皇帝，就差点听信了郑贵妃的话废了太子，几乎闹出大事情——庄公即位以后，妈妈姜氏为共叔段索要封地。第一次索要的是个要害之地，庄公没有答应。姜氏转而索要京地，庄公只好答应了。但这个分封不合传统礼制，大臣祭仲提出了不同意见，认为不可以如此实施。庄公做出一副柔弱的样子说："我妈妈要求这样的，我又能怎么办呢？"祭仲说："照这样下去，你老妈姜氏帮你弟弟，何时才能满足啊？不如早点动手除掉他们。"庄公又是一副柔弱的样子说："多行不义，必自毙。且等等看吧。"什么叫挖坑？这就是高级挖坑。但"京城大叔"不知道坑已挖好、薄霜至，还僭越要求西鄙、北鄙两地的长官除了听从庄公的命令外，还必须听从自己的命令，又擅自把自己的封地扩大到廪延。这个时候庄公的手下沉不住气了，劝庄公早点动手："再不动手，他势力大了就不好办了。"庄公继续一副柔弱的样子："没事，他没有得到正义，势力越大，越容易崩溃。"京城大叔大概真以为庄公是人畜无害的糊涂虫，公然开始秣马厉兵，准备攻打庄公，妈妈姜氏还私下打算作为他的内应，到时打开城门迎接儿子的大军。庄公听到这个消息后，完全抛弃了柔弱的假象，简直有些迫不及待地说："太好了，终于可以动手了！"然后，他命令子封帅兵攻打"京城大叔"。一听到庄公出兵的消息，京城的人全都叛离了"大叔"。"大叔"顿时傻了眼，这才发现自己被当猴耍了：说好的不离不弃呢？说好的同生共死呢？后来的故事想必大家都猜到了：庄公胜出，"京城大叔"远逃共地。

所以说共叔段的悲催，不仅仅是因为自己的不自量力和糊涂，更是不知晓"履霜，坚冰至"的道理，由此而让自己陷入险境。我们也不能不承认，他有个被爱蒙蔽了双眼的老妈和阴险的大哥，这两人某种意义上都在帮他挖坑和补冰霜，这也是共叔段很悲催的另一个原因。

《坤》卦《文言》讲"积善之家必有余庆，积不善之家必有余殃，臣弑其君，子弑其父，非一朝一夕之故"，又说"善不积不足以成名，恶不积不足以灭身"。这就是我们老百姓平常说的："善有善报，恶有恶报。"古往今来，这个道理都一样，不会因为时代变化、社会背景变化而有不同。我们有时似乎看不到这个规律，便认为这个规律是假的。其实，它并不假，而是因为我们所见的时间还不足够长久，未能看到事物发展到后面的结局而已。

遥望南北朝之时，刘裕为了自己当皇帝，先是杀死晋安帝，立其弟司马德文即位，就是晋恭帝。然后又强迫晋恭帝禅让，自己称帝，建立刘宋王朝。刘裕称帝后，晋恭帝司马德文被降为零陵王，仅在一年后，刘裕便派亲兵将其用棉被闷死。在刘裕代晋建宋前，前代的禅位君主不管如何，大多能保全性命，但刘裕起了一个坏开端，杀了禅让之君。后世胡三省感叹："自是之后，禅让之君，罕得全矣。"就是说，从此以后禅让之君都难以保全自身了。但颇有讽刺意味的是，刘宋末年萧道成要求宋顺帝刘准禅位，派部将王敬则率军进宫。刘准一看这架势，对王敬则说："难道你们想要杀死我吗？"王敬则说："不要害怕，我们只不过让你先搬个地方住住。"但又话里有话地讲："况且，你们家先前取代司马氏一家不也是这样做的吗？"萧道成称帝不久后，年仅十三岁的刘准便被杀害。而接下来萧齐一朝皇室之间自相残杀的事，更是数不胜数。等到萧齐末年，另一个姓萧的权臣萧衍崛起，逼迫齐王萧宝融禅让，随后逼退位后的萧宝融吞金自尽。这些事情，都可见"积善之家必有余庆，积不善之家必有余殃"并非虚言。明朝蕅益法师看到这一爻，就感叹说："积善积恶，皆如履霜；余庆余殃，皆如坚冰。"到了近代，印光法师也说："人积善与积不善，因也；余庆与余殃，则果也。"就是讲，人做的好事和坏事，都是自己做的，好与坏都需要自己去承担这个果。西方哲学家萨特讲过，一个人要对自己的自由选择承担责任。换个角度来看萨特的哲理，虽然其出发点不同，但和"善恶庆殃"的逻辑有着某种一致之处。

当然，我们还可以把这种"履霜，坚冰至"当作自觉的意识、主动的反省。曾子在临终前把弟子召唤过来，说："战战兢兢，如临深渊，如履薄冰，从今以后，我终于知道我能够免于祸难了。"曾子直到最后才敢说保全了自己，这在某种意义上也是提醒大家不可以不谨防"履霜，坚冰至"，不要等到外面的形势来强迫自己被动改变，而是要以积极主动的反省态度来对待人生的每一步。

# 真真假假寸心间

君子黄中通理，正位居体。

——坤·文言

《坤》卦六二爻说："直、方、大，不习，无不利。"意思是端直、坦诚、广博，就算处于不熟悉的环境中，也没有什么不利的。《象》辞解释说："不习，无不利，地道光也。"就是认为，地的品性广大无边，所以顺着它的广博品性来处事做人，没有不利的。

直、方、大，是形容大地之象。不过，我们可以把这几个字衍生开来看。如"直"，就是坦荡、正派，或不掩、不假、不邪。孔子认为人性的根本应该是端直的。他说过："人之生也直，罔之生也幸而免。"一个人正直的活着，这才是正常、正确、正当的；人不正直的活着，其实不是常态，是侥幸。《文言》里面解释这一爻的时候，也说："君子敬以直内，义以方外，敬义立而德不孤。"君子诚敬，内心正直，故而做事无所障碍；有了诚敬，处事无碍，因此提倡的道德才会有人愿意信仰、实施。诚敬和忠义既然确立了，对待君主则会忠诚，侍奉亲人则让他欢心，结交朋友就会顺利，做人做事不欺人、不欺心，哪里会怕被孤立、怕无人跟随呢？不过这个说起来简单，其实很难做到。我们在日常生活中，会发现有的人当面说一套背后做一套，私下小动作不断，是"两面人"。这就是"伪直"。

"伪直"还有一种情况，是为了所谓的面子而曲心不直。比如春秋时候的微生高，平素人们认为他很直。一次，有人向他要一点醋，他自己没有，就从邻居那里讨来再给那个要醋的人。孔夫子认为，微生高没有醋，直接告诉别人就行了，何苦还要向邻居辗转借来？有了这一个曲折的小心思，微生高就谈不上直。现在我们社会上有些人好面子、好吹牛，不管做得到做不到的事情，都要包揽，喜欢和别人拍着胸口说这件事包在他身上，结果做不到，这就成了笑话。这种拍胸口的把戏，算不得端直。

六三爻："含章可贞，或从王事，无成有终。"直译过来就是：大地蕴含着极大的文采（或指江山如画、风景怡人），占问是有利的；有人跟随着做大事情，虽然没有成功，但依旧有好的结局。

大地有着极大的丰富性、多元性，它滋养万物，不管在人类看来是好的还是坏的，都一视同仁，让它们蓬勃生长，就像孔子感叹"天何言哉？四时行焉，百物生焉"。这种多样性、丰富性，正如翩翩的文采一样。《文言》说"地道无成而代有终也"，类似老子说的"万物作而弗始，生而弗有，为而弗恃，功成而不居。

夫唯弗居，是以不去"。

从现实生活来讲，这一爻有点像我们很多人的创业经历。大部分人只看到创业成功的一面，媒体宣传的也大多是这一类，没有看到或者忽略了不成功的一面。其实不成功的一面才是真正值得尊敬和学习的。创业失败者虽然最终出于各种原因没有成功，但这种经历已经成为他们人生的一部分，就已经是他人生中的财富。这就是"无成有终"。

说到这里，想到美国作家海明威的小说《老人与海》。老渔夫圣地亚哥连续八十四天没捕到鱼，最后在第八十五天终于钓上一条大马林鱼。这条鱼大到什么程度？大到把他的小船在海上拖了几天，它都没有死去。大鱼拖着船往海里走，老人死拉着不放，即使没有水、没有食物、没有武器、没有助手，人已经极度疲劳，他也毫不放弃。最后他终于杀死大鱼，把它拴在船边准备归航。在回来的时候，许多鲨鱼前来抢夺他的战利品。圣地亚哥与鲨鱼拼命搏斗，阻止鲨鱼吃掉大鱼，但大鱼仍难逃被吃光的命运。老人最后筋疲力尽地拖回了一副鱼骨头。作者描写道：

在街灯的反光中，看见那鱼的大尾巴直竖在小船船艄后边。他看清它赤露的脊骨像一条白线，看清那带着突出的长嘴的黑乎乎的脑袋，而在这头尾之间却一无所有。

这种一无所有，就是我们讲的"或从王事，无成"，看上去白白辛苦了一场，没有任何成果，但对自己的人生经历来讲，却依然是收获满满，这就是"有终"。我们看老渔夫圣地亚哥，在"无成"的奋斗过程中，他依然成就了自己。

六四爻："括囊，无咎无誉。"字面上的意思是把口袋扎紧，东西不会掉出来也不会钻进去，没有害处也没有好处。《象传》解释说："括囊无咎，慎不害也。"讲的重点则是因为小心谨慎，所以不会有害处。《文言》又讲："天地闭，贤人隐，盖言谨也。"天地不通，贤人隐居，就是要求人们谨慎从事。这讲的是历史的经验，也是人生的经验。孔子说："邦有道，危言危行；邦无道，危行言孙。"国家兴旺，有道理可讲，就直言直行，不用多顾虑；国家要是没道理可讲呢，就保持自己正直的行为吧，但说话一定要小心了，免得带来灾患。

乱世之中的很多人物，都以谨慎不言来避祸。竹林七贤之一阮籍，对司马氏集团心怀不满，但又感到世事已不可为，于是闭门读书、游山玩水，做"沉默的大多数"了。司马昭的心腹钟会曾多次探问阮籍对时事的看法，阮籍都假装大醉不醒，不判一词。司马昭本人也曾数次同他谈话，试探他的政见，阮籍也总是故作不知。阮籍生有一个女儿，不仅长得非常的漂亮，文化素养也很高。司马昭想与阮籍联姻，以形成政治上的联盟，但每次去阮籍家提亲，阮籍不是正在喝醉中，就是已经喝醉，总之没有一次是清醒的。司马昭对此也心知肚明，故而评价阮籍说："天下之至慎，其惟阮嗣宗乎？"阮籍在他六十多年的生涯中，大多数时候都牢牢扎紧了自己的嘴巴。但阮籍内心充满了悲愤，偶尔在"穷途而大哭"中，才表露心迹。这种境遇想想就很令人窒息：当一个社会不能让人表达自己的意见，要"终日不开一言"，大醉三个月才能保全自己，这个社会是何等不正常。

当然，也有人认为"括囊"的意思非常糟糕：它反映了中国人性格懦弱，不敢表达自己真实想法，喜欢做老好人等弱点。但这种说法也并不全面。我们要看到，一个民族的性格（李泽厚先生称之为"文化心理结构"）的形成，必然是经过较长历史阶段的积淀和塑形。在这一长时间的过程中，包括社会形态、自然环境等种种因素的交织冲击，才最终形成这一民族性格。这一种民族性格必然有它合理性的一面，有它优秀的一面，也必然有它不足的一面，不能因为它的弱点而将其全盘否定。正如钱穆先生所论，一个民族的文化在发展过程中必然有它的毛病，但不能因为它有毛病而全盘否定它。同时，我们应看到，特定的民族性格不是停滞的，只要人类的历史和这一民族的历史没有停滞，它必然还会不停地发展和变化，在未来会出现各种可能性。

另外，在谈"咎"和"誉"这一问题的时候，蕅益法师引苏眉山之言说："咎与誉，人之所不能免也。出乎咎，必入乎誉；脱乎誉，必罹乎咎。咎所以致罪，而誉所以致疑也。"过失和赞誉，凡是人都不能免掉。有了过失，就容易带来罪罚；有了赞叹，就会带来别人的怀疑。别人看到你做事做得这么好，经常被领导表扬，心里就会想了：这个人，是不是拍领导马屁了？是不是给领导送礼了？是不是有什么后台？说到底，责备和赞赏都是我们常人不能避免的负担，所以还是"括囊"吧，管它赞誉与责备，自己问心无愧就好。

六五爻："黄裳，元吉。"穿着黄颜色的衣服，大吉利。这里的黄裳主要指穿在罩衣里面类似裙裤一样的黄色中衣。古人的"裳"是裙和裤的意思，古人穿长衣，长衣里面就是下裳。古人说"衣正色，裳闲色"，就是把外面的罩衣和里面类似裙裤的裳分开来，外面的衣颜色要正式一点，里面的裳颜色可以丰富一点，衣裳的颜色都各有讲究。周朝的人认为黄裳是尊贵的衣服，代表着吉祥如意，所以占卜时得到这一爻是很吉利的。《象传》说："黄裳元吉，文在中也。"像古人穿衣服那样，外面有罩衣，里面穿着黄色的下裳，把尊贵吉祥的色彩藏在里面，比喻一个人拥有美好的品德，就像我们现在说的"心灵美"，或者说"不靠颜值取胜，靠才华取胜"，所以大吉利、很吉祥。

这个世界上有人天生就漂亮、聪明，漂亮、聪明的人或多或少都会得到一些先天的机会和利益，这就是我们常说的天生的福气。但这种天生的福气，到底能保持多久？能够帮助他们到什么程度？这就很难讲了。到了一定年纪，颜值不占优势了，还是要靠我们平常经常说的"内在美"。六四爻强调的就是"内在美"，认为只有这个"内在美"才是真正的吉祥。《文言》就讲："君子黄中通理，正位居体，美在其中而畅于四支，发于事业，美之至也。"君子身穿黄颜色的衣裳，明于道理，居于正当的位置，恪守礼制；美德藏于内心，表现到外在的行动，并发挥到他的事业上，这是多么美好和吉祥。这就好比一个人，衣着得体、谦和宽容、品格高洁，做事公正有原则、事业蒸蒸日上，这样的人让别人一看就觉得很美好和吉祥，换成佛家的话来讲就是"相好庄严"。天生的漂亮，人们很难求到，但这种"美在其中""相好庄严"，每一个人都可以去努力追求。

上六爻："龙战于野，其血玄黄。"龙交战于大地之上，整个天地晦暗不明，流出的血黑黄色。以前小孩子的识字课本《千字文》，第一句就是"天地玄黄，宇宙洪荒"。《康熙字典》解释"玄黄"的意思是："黑而有赤色者为纁，有黄色者为玄。"《说文解字》上说："幽远也，黑而有赤色者为玄。"古人认为太阳落下去了，月亮还没有升起来，这个时候天上的颜色就是玄色。《象传》说这一爻"其道穷也"，意思是说上六爻居于高位，再没有向上的可能性，其道路已穷尽，因此不是吉利的。就像一个人当处于绝境的时候，没有大定力，大多会铤而走险。这个时候争斗、纠纷、阴谋、陷害等情况都会产生，"龙战于野"就出现了。

这一爻变为阳爻，就成了《剥》卦。这个《剥》卦一阳高居群阴之上，不但高处不胜寒，而且有阴盛阳衰的迹象，象征着君子被小人逐步攻击而退缩的形势，就是"小人道长，君子道消"。明朝的风水书里有一个说法，如果卜居遇到这种卦象，那么一般都是阴盛阳衰，象征着小人强势，做营业场所不会太兴旺，不过作为寺观、庙宇倒不错。从《周易》来看，真到了这个时候也不要紧，只要坚持不懈，"置之死地而后生"，再次转变回来就会"一阳来复"，这个时候虽然阳气很衰弱，但就像万物慢慢复苏，一切都会逐步好转起来。

最后还有一爻是用九"利永贞"。这一爻是当占卜之时，全部阴爻都变成了阳爻，就用这一爻来判断吉凶悔吝。这一爻的意思是"有利于长久的占卜"。为什么利于长久的占卜、利于长久的吉祥呢？这就如《象传》所说的"用六永贞，以大终也"，是因为它获得了最终的成就——《坤》卦阴爻全部变化为阳爻，成了《乾》卦，意味着地道、臣道完全与天道、君道融为一体，不分彼此。阴阳虽然是二，但此刻又是一，即我即彼、无我无彼，无始无终、即始即终，所以达到了最终的成就，是"究竟圆满，故曰大终"。

古人常讲"天地人三才"，从《乾》卦到《坤》卦，阴阳互相变化，天地之象在这一过程中转换出现。在这一过程中，人巍然屹立在天地之间，通过自己的努力，将人道与天道地道贯通，让天地人三才融为一体，也让人类在这一艰辛卓绝的过程中最终获得吉祥圆满。这也就是"利永贞"。

# 谦谦君子，吉祥如意

尊而光，卑而不可逾。

——谦·彖

人们常说八八六十四卦，各卦或多或少皆有不足，都不完美，如《乾》卦有亢龙有悔，《坤》卦有龙战于野，但唯有《谦》卦爻辞全都是吉祥的。用通俗的话来讲，《谦》卦大义就是："谦谦君子，诸事大吉。"

《谦》下卦为艮、上卦为坤，有人认为这个卦象象征着高高的山峰卓然挺立，但又把自己深深藏于大地之下，与大地万物和光同尘，有着大隐者的风范。山东某地有一座静山，大概只有半米多高，像一块在田地里露出头的石头，还没有旁边的田埂高，但不管你怎么挖、推，都没办法挪动它。这就有点类似《谦》的卦象了。

《谦》卦辞："亨，君子有终。"意思是大亨通，君子有好结果。这里特意点明了是"君子有终"，不是"小人有终"，可见这一卦与君子紧密相关。外面很多算命的、看相的，给人家看了相、算了命之后，轻易就说很好啊、不错啊，这就忽视了《周易》强调人的品德和命运之间的密切关系。按照《周易》的道理，要是个贪官污吏、奸商恶棍，怎么可能得到这一卦或这一爻的吉祥呢？前面讲过穆姜筮往东宫得"元亨利贞"之事，旁边的史官说这是吉利之象，穆姜却说不利，就是这个道理。

　　中国古代笔记小说里面有不少讲的都是这个道理。如宋代洪迈《夷坚志》记载，熙宁年间有个叫丁湜的人，他才华横溢，但喜欢赌博和嫖妓，这有点像老上海一些被鲁迅先生称为"才子加流氓"的作家。后来丁湜以贡生资格参加考试，考试前到相国寺去算命，算命先生说他此次大考能够得第一名。算命先生还写下了"今年状元是丁湜"的大字条贴在墙上，表示对自己的算命功夫很自信，在这里先立个"Flag"，以后有据可查。听算命先生这样一讲，丁湜心里很得意，觉得状元这件事稳操胜券，便老毛病复发，又去聚众赌博。这次赌博的手气好，一天就赢得了好几万。猛玩了两天后，想到考学的事，心里还是有点不踏实，于是又去相国寺。谁知那位算命先生一看到他，马上大惊失色，说他面相怎么变了，莫非这两天干过什么事情使命运变差了？哀叹丁湜今年状元是当不成了，而且还影响自己"神算子"的声誉。丁湜忙苦苦哀求，请算命先生指条明路。算命先生让丁湜将赌博赢的退掉，说这样可能还有挽救余地。丁湜按照算命先生说的做了，后来科考开榜，还算有幸排在甲科第六名。这个故事影响较大，后来被明人又转录在《二刻拍案惊奇》里面。这里当然不是说算命先生技艺高超，而是说"君子有终"，不是君子先不要谈这个问题，你先把自己变成君子，再来谈这个的问题。

《谦》卦《象传》强调："天道亏盈而益谦，地道变盈而流谦，鬼神害盈而福谦，人道恶盈而好谦。"前面两句讲的是"沧海桑田"，讲天地的大变化，后面两句讲的是"人情世故"，讲常见的世间法。从社会经验来讲，人们一般都会讨厌那些骄傲自大的人，喜欢那些谦虚谨慎的人。《象传》接下来讲："谦尊而光，卑而不可逾，君子之终也。"一个君子谦逊而有原则，如果处于高位则更加光明正大；如果处于卑微之地，但做人正直、谦逊有礼，也不会轻易被人侮辱和欺凌。孟子讲"贫贱不能移，威武不能屈，此之谓大丈夫"，《周易》则更进一步讲，这种大丈夫不管尊贵还是卑微，如果坚守君子之道，最终都会有好结果。

当初南朝刘宋手下的权臣檀道济，听闻陶渊明的大名，去拜访他，赠以梁肉，并劝他出仕。陶渊明断然拒绝，所赠梁肉也没有收下。陶渊明虽然贫穷，但坦坦荡荡，就像他诗中所写的："贫富常交战，道胜无戚颜。"他这种品行让后来人倾倒。到了唐朝时候，白居易还忍不住要赞叹：

我生君之后，相去五百年。

每读五柳传，目想心拳拳。

尽管过去了五百多年，但一想到先生的品行，都让后来者心潮澎湃。今日，我们回想起品德高尚、大公无私之人，也会自然生起敬仰的心情。此情理百年不变，千年不变。

初六爻："谦谦君子，用涉大川，吉。"谦逊的君子依靠着这种品德，可以跋涉大江大河而没有任何问题，吉祥如意。这是讲如果一个人为人正派，做事靠谱，又好施乐善，大家肯定都乐于结交他，他也会得到很多人的帮助，人生故而会吉祥顺意。

在某种意义上讲，人生其实就是一场旅行，我们大部分人都知道，如果旅伴是一个斤斤计较、自私自利的人，这个旅途肯定不会开心。如果遇到一个随和、办事周到、乐于助人的同伴，你的旅途肯定不会差到哪里去。因为"谦谦君子，用涉大川"，怎么可能差呢？

当然了，谦谦君子不是刻板的、冷淡的，真正的君子一定会让人感到亲切温暖。子夏称赞孔子："君子有三变，望之俨然，即之也温，听其言也厉。"老夫子看上去有点威严，实际上一接触就会感到很亲切，听他讲话能学到不少知识。说到这里，想起一篇回忆历史学家顾城先生的文章，讲顾先生对学生极为严厉，学生到他家得规规矩矩地坐着，老老实实地听课，不敢乱动，否则会被顾先生当场批评。可等毕业出了师门，每次学生去登门拜访，顾先生都亲自给学生倒茶，离开时顾先生必定送到楼下。这也是"望之俨然，即之也温"。

君子不像我们想象的那样，时刻板着脸准备训斥别人。道貌岸然的人，不一定是君子，很有可能是伪君子。像岳不群就很喜欢一本正经板着脸训斥令狐冲，洪七公就喜欢和大家打成一片。前者是个伪君子，后者才是真君子。洪七公不拿着一个碧绿的打狗棒，谁会知道他竟然是丐帮老大？当然，洪七公还没有更上一层，要是连打狗棒都不拿了，不要搞什么八袋长老、九袋长老，那就更厉害了，就是"诸法无相"的大君子了。

这一爻的《象传》说："谦谦君子，卑以自牧也。"谦和的君子，永远以谦卑来约束自己。但这种约束带来的不是苦恼，而是吉祥和快乐。就如《诗经》说的："南山有栲，北山有杻。乐只君子，遐不眉寿。乐只君子，德音是茂。"赞美君子如同南山的栲树，北山的菩提树，做个君子真快乐，不但高寿，而且美德充满天地，让人敬仰。

君子以谦卑来约束自己，或许在别人眼中看来还有一点傻：如此的谦卑姿态还有什么值得快乐的？至于这一点，我想到犹太作家辛格写的小说《傻瓜吉姆佩尔》。小说的主人公吉姆佩尔是人们眼中的傻瓜，似乎所有的人都在欺骗他，侮辱他，都想在他那里占到便宜。吉姆佩尔以一个傻瓜的形象出现在人世间，接受所有的不公和屈辱，虽然他可以报复这些欺负他的人，但最后他还是选择宽恕。我想真正的"谦谦君子"，面对同样的问题也必定会是选择宽恕；而选择宽恕，其实就是选择了超越世俗利益之后的乐和福。所以"君子乐胥，受天之祜；彼交匪敖，万福来求"，终究会得到吉祥圆满。

六二爻："鸣谦，贞吉。"一个人有声望而依然谦虚，占卜吉利。就是我们常说的有名气，还很谦虚，没有丝毫的架子，就会很吉利。此爻《象传》说："鸣谦，贞吉，中心得也。"中，中正之意；心，内心之意。六二爻从爻位来说，为人位，又居中，所以叫"中心得也"，意味着心中得其正，毫无闪失。"鸣谦"的反面就是居功自傲。一个人没有名气的时候，往往还很谦虚，因为没有骄傲的本钱嘛。等稍微有点名气，很多人就会骄傲起来了，就是现在说的"膨胀"了。比如某些明星还没有出名的时候，对人对事都很谦虚，一旦有点小名气，不得了，整个世界都是他的了，出门带十来个助理、保镖，还觉得派头不够。

清代名臣曾国藩的弟弟曾国荃率军轰开天京城，将太平天国彻底镇压，其时功劳极大，声名赫赫，朝廷赏加太子少保衔，赐一等伯爵。曾国藩为了提醒曾国荃保持低调，在其四十一岁生日时写过几首诗，其中一首写道：

左列钟铭右谤书，人间随处有乘除。
低头一拜屠羊说，万事浮云过太虚。

就是让自己的兄弟要记住：一边是国家级表彰，一边是匿名或不匿名的告状信，人生加加减减，不过如此。得意的时候，要学习当年跟随楚昭王逃难的屠羊说，不要居功自傲、自以为是。

当然，也有号称谦虚其实很骄傲的人，比如《倚天屠龙记》

里面的金毛狮王谢逊，在王盘山上横扫群雄，但上场时介绍自己说："不敢，在下姓谢，单名一个逊字，表字退思。"名字好谦虚，但身手武功可不是一般的骄傲。同样的例子，杨绛先生曾经翻译过英国诗人兰德的小诗，其中有两句："我和谁都不争，和谁争我都不屑。"这表明看起来是谦让，但诗里面"不屑"二字，隐隐反映出了骄傲的味道：我不和你们争，不是我不如你们，而是懒得和你们一般见识。这也是号称谦虚实质骄傲的表现。

这里六二爻变为九二爻，则成为地风《升》卦。《焦氏易林》说这一变化是："七窍龙身，造易八元，法天则地，顺时施恩，富贵长保。"从它这几句话也看出，这一变化也是非常好、非常吉庆的。

九三爻："劳谦，君子有终，吉。"此处"劳谦"的解释大致有两种：一种把"劳"解释为"勤劳"，指勤劳而谦虚；一种把"劳"解释为"功劳"，有功劳而谦虚。我在这里取第二种解释，就是君子有了功劳但又很谦虚，会有很好的结果，很吉祥。用老子的话来解释就是："吾有三宝，曰慈，曰俭，曰不敢为天下先。"一个人有很大的功劳，本可以高高在上，但自己放下身段，不认为自己有多了不起，毫不骄傲自满，这样就会有吉利的结果。要做到这点，当然和一个人内心的境界有关。譬如我们登山到了高处，朝四下一望，天地是如此广阔浩瀚，世界是如此博大无边，而自己是如此渺小和微不足道，还有什么值得骄傲自得的呢？有一部天文科学纪录片，其中有个镜头是从遥远的光年来看宇宙、看地球，在这镜头中，不但人类世界显得极渺小，整个地球、太阳系、银河系也显得非常渺小。在这样一个浩瀚无际的宇宙视野下，更让人觉得区区个体不值一提。

这一爻的《象传》说："劳谦君子，万民服也。"真正做到了有功劳而不自居这一点，万民都钦佩你，愿意服从你。古往今来"劳谦"的人不多，"劳傲"的人则太多。"劳傲"的人还特别想要别人钦佩他、服从他，这样一来，往往结局都不大妙。三国时候，许攸跟随曹操平定冀州，看到自己功劳这么大，许攸感觉特别好，每见到曹操，不分场合就叫着曹操的小名显摆自己的功劳："阿瞒，没有我，你可没有今天啊。"曹操也算是大气量的英雄，大多数时候忍忍就算了。但后来许攸在邺城东门，又得意扬扬地对旁边的人说："阿瞒这家伙，没有我的帮助，进不了此门。"曹操虽然气量大，但还是越来越不爽，后来终究找了个机会杀了许攸。所以罗贯中感叹："堪笑南阳一许攸，欲凭胸次傲王侯。不思曹操如熊虎，犹道吾才得冀州。"你许攸以为自己很厉害，仅仅凭着自己的才干就能得到冀州？也不想想曹操是什么样的英雄人物，没有了他，你许攸又算得了什么呢？所以每个人都不要把自己看得太重要，无论再大的人物，离开了你，地球都照样旋转。

六四爻："无不利，㧑谦。""㧑"同"挥"。这里的"㧑谦"也有好几种解释：第一种是"㧑"为"奋"，意思是奋勇向前而谦虚；第二种是"㧑"为"明智"，指一个人明智而谦虚；第三种是"㧑"为"施"，指施惠于人、帮助别人，又很谦虚。这里取最后一种解释，讲一个人施惠于人、帮助别人，但又很谦虚，因此无往不利。像旧时代的江湖大哥、袍哥、青洪帮的带头人，对手下的人都比较豪爽大度，钱财上从不吝啬，唯有这样才会有人跟随，才坐得稳江湖地位。旧上海滩的杜月笙，待人的原则是"钱财用得光，交情用不光"，因此积累了丰厚的人脉，终成为上海滩第一豪客。据说同盟会元老饶汉祥曾为杜月笙写过一副对联"春申门下三千客，小杜城南五尺天"，将他与战国四公子之一的春申君相提并论，是对杜月笙很高的评价了。

六五爻："不富以其邻，利用侵伐，无不利。"为什么不富裕？是因为邻国常常来掠夺资源财富，此罪过在邻国，故而出兵讨伐是符合正义的，可以获得胜利。在当代国际关系学中有一个理论，认为所有的国际关系都是主权国家在国际交往中通过各种手段获得资源的行为，都离不开国家利益的争夺。随着人类科技的发展，从石油、稀土这些实体资源到金融、媒体这些软资源，从大陆、海洋到月球、火星和外太空，无不是每一个国家想要争夺的。站在正义一方的国家要如何反抗压迫？这个问题似乎很复杂，但按照《周易》的意见，最后的结果是"无不利"，就像大家经常说的那个口号："胜利最终属于正义。"

上六爻："鸣谦，利用行师征邑国。"有声望而谦逊，出兵征讨邑国，有利。古代的诸侯国有了声望，人才便会聚集过去，国家会逐步强大；强大之后，就开始征伐失去民心的其他国家，这样做容易获得胜利。《中庸》说"柔远人则四方归之"，《大学》又说"有德此有人，有人此有土，有土此有财，有财此有用"，就是讲一个国家假如能够怀柔四方，心胸开阔，就能吸引人才；有了人才，便能富民强国，用现在的话说，就能"立于世界民族之林不败"。按照约瑟夫·奈的软实力理论，一个国家的强盛不衰，除了军事、科技、工业等硬实力的强盛，还有制度、精神、文化等软实力的强盛。其中人才的作用很关键。强国之所以强大，一个很大的要素就在于它们能够吸引全世界高层次人才去聚集和发展，为它们的发展提供智力支持。总之，不管一个国家还是一个企业，优秀的人才为什么会归服到你这里，心甘情愿为你所用？因为"士为知己者死"。你有声名且有地位，又真正以谦逊、从善如流的态度对待这些人才，那么这些人才肯定愿意跟随你，你也肯定会无往不利。

归纳起来看，《谦》卦总体讲的就是：一个人如果谦逊，有声誉、名望、功劳而不自居，必定会有好的结果；一个国家如果有声望而谦逊，则会"利于征伐"，大有收获。

# 否泰有反转，人生有起伏

否泰，反其类也。

——杂卦

清代戏曲名家孔尚任《桃花扇》，其中有唱词写道：

眼看他起朱楼，眼看他宴宾客，眼看他楼塌了。
这青苔碧瓦堆，俺曾睡风流觉，将五十年兴亡看饱。
那乌衣巷不姓王，莫愁湖鬼夜哭，凤凰台栖枭鸟。
残山梦最真，旧境丢难掉。

乌衣巷，说的是东晋王导家族的故事，他曾辅助琅琊王司马睿在南方立稳脚跟，功大无比。其时王家权倾朝野，风光无限，甚至有"王与马，共天下"的说法。但三十年河东，三十年河西，王家风流总被风吹雨打去，乌衣巷终究沦为废墟，让后人不由得发出"旧时王谢堂前燕，飞入寻常百姓家"的感慨。

这一唱词与《泰》《否》两卦同看，意味更为悠长。在《周易》中，《泰》卦在前，《否》卦紧接而来，两卦如影相随，毫无喘息间隔。我们常讲"否极泰来"，就是某个人在某个阶段，倒霉到了极点、绝望到了极点，突然"柳暗花明又一村"，仿佛在极幽暗的地方有了一道亮光，运气便开始转好，逐步达到顶峰。比如有的人创业，在某个时候艰苦卓绝，天天吃泡面，付不起房租，看不到丝毫成功的希望，人生落到了极低处。这个时候咬紧牙关，不要放弃，很可能就会挺过来，开始转向成功的一面。这就是"否极泰来"。

但《周易》的安排很有意思，《泰》卦在前面，《否》卦在后面。它意味着辉煌、荣耀在前面，然后慢慢变得暗淡起来，最后步入一个闭塞不通、悲催的境遇。这里面大有深意：一个人在悲催倒霉的时候容易陷入绝望，这个时候只要给他一个帮助、一点希望，只要他听得进意见、足够努力，一定就会慢慢振作起来。而一个人在极其得意、样样都顺利的时候，往往更容易迷失自己。此时他往往听不进别人的意见，和他讲什么都没有用。他觉得自己最厉害、最优秀，为什么要听别人的？所以我们常常发现，一个人不是被困难打倒，而往往是被胜利打倒。《周易》把《泰》卦放在前面，把好的一方面放在前面，然后紧接着把《否》卦放后面，把不好的放在好的后面，就是提醒我们注意"福兮祸之所伏"。"凡夫畏果，菩萨畏因"，真正有大智慧的人敬畏的是带来这个果的因，而不仅仅在这个果上面。

明白这一个顺序之后，我们来具体分析《泰》《否》两卦。

　　《泰》卦总体而言是亨通、顺畅的意思。卦辞说："小往大来，吉，亨。"表示小的离去，大的归来，吉利、亨通。这是指事业由小而大、由衰而盛。《泰》上卦是《坤》卦，代表地；下面是《乾》卦，代表天。"天下地上"，这个卦象很有意思。一般情况下，不应该是天在上面、地在下面的吗？为什么倒过来，反而是好的呢？这当然不是像小说里面讲的，现实世界的另外一面还有一个和我们这个世界颠倒的平行世界。这里是指本来高高在上、奔腾在上的阳气，能够沉下来，而本来在下面的阴气，能够慢慢升腾上去，这样的话阴阳二气就能相交相合，如《彖传》辞所说的"天地交而万物通也，上下交而其志同也"，天地万物能够相交、相合、生长，上下能够通畅沟通，所以才能够同心同德、一起发展，这样才是吉利的。

　　《泰》的卦象还象征着不同社会阶层相互沟通交流，高高在上的达官贵人，能够俯下身段与底层的社会民众进行沟通，倾听民意，民间的声音才能传达上去，这样才能做出符合真实客观的决策。如果上层人士永远高高在上，不与下面的民众接触沟通，就不能做出符合全体社会利益的决策，这个社会将越来越撕裂，普通民众与上层人士的矛盾也会越来越大，直到革命发生。这就像孟子所说的："君之视臣为犬马，则臣视君如国人。君之视臣为土芥，则臣视君如寇仇。"如果达官贵人把下面的人仅仅当作干活的劳动力、无知的愚民，那下面的人就把上面的人当作陌路人；如果上面的人把下面的人当作卑贱的草民，那么下面的人也会把上面的人当作仇人。

国家如此，企业也是如此。当一个企业丧失了对员工起码的尊重，觉得企业怎么压榨员工都可以，反正企业都付给员工薪水了，就对得起你们了；如果这样想，那么也不要指望员工会从内心深处对企业有忠诚感。有的人做企业，把企业的发展和员工的人生结合起来；有的人做企业，仅仅把企业作为谋生发财的手段，并不长远地考虑企业和员工的关系。这两种方式，也不能绝对地说哪一种好、哪一种不好。但从《周易》的角度出发，可能第一种更有人情味，也更能持久、有利。

《泰》卦六爻，别的不多讲，九三爻特别值得注意。它说："无平不陂，无往不复。艰贞无咎。勿恤其孚，于食有福。"就是讲宇宙间的事物，没有只平坦而不倾斜起伏的，没有只永远朝前进而不返回来的；有时候，暂时会有艰难困窘，但也终将无咎；也不要担心会失去很多东西，灾患终将离去而幸运亦会来到。这个九三爻说得非常好，它认为宇宙万物都有着从不好到好的可能，也有从好到不好的可能，提醒我们要从眼前的局限之中跳出来，看到这个后面的可能。

如果说《泰》卦讲亨通、泰达，那么《否》卦讲的就是上下闭塞、时运艰难。《否》卦上为天，下为地，看上去似乎天地各居其位，很妥当啊，但仔细想想：天永远在上面，地永远在下面，阴、阳二气永远没有交融的可能性，因此万物不生、天地闭塞，所以为"否"。

但《易》又认为，《否》卦虽然总体是讲闭塞不通，但也不是完全不利，只要坚持原则、努力向上，就能转变为好的结果。《否》卦初六爻说"贞吉，亨"，九五爻说"大人吉"，上九爻说"先否后喜"，都隐含了事物从坏变好的意思。

比如九五爻："休否，大人吉。其亡其亡，系于苞桑。"就是说：不要做坏事了，这样才会吉祥；命运都系在柔弱的桑条上面，很危险，大家需要警惕啊。（有人解释"休否"是善意的否定，"苞桑"是"绑在根深的桑树上"，指为了避免衰亡，需要有牢固的依靠。这个解释也说得通。）

黄庭坚曾经写过一首诗，就用过这个"苞桑"的典故：

明皇不作苞桑计，颠倒四海由禄儿。

九庙不守乘舆西，万官已作鸟择栖。


讲唐明皇的时候任由安禄山谋权，等他回过神来，已经是皇权不保、仓皇西逃的时候了。这就是没有明白"其亡其亡，系于苞桑"的道理。中国历史上类似的事情其实还有很多，如清朝慈禧太后当权时，当欧美列强对中国已经虎视眈眈时，她居然还挪用军费来供自己享受，实在让人无语。

《否》卦在这里告诉我们，如果谨记"居安思危"，停止做坏事，停止做那些闭塞自己发展空间和前进道路的行为，就会吉祥。

故《象传》强调："君子以俭德辟难，不可荣以禄。"在困窘局面之下，君子要勤俭崇德，才能避开灾难，断不可追求名誉、地位和财富。另外还需注意，依照《否》卦的观点，当所有的事（包括外部环境、内部人事）都不好的时候，这个时候也不要紧，一定要保持定力，只要你不放弃，定然有转机。这好比挖井，挖到很深的地方了，四处都很幽暗，但好像还没有发现有水源的希望，这个时候有可能只需再进一步，就会出现转机。

我们读《泰》《否》二卦，可以看到从《否》卦到《泰》卦，再从《泰》卦到《否》卦，阴爻阳爻相互之间不停地变化，讲透了"辩证法"。《否》卦最上面一爻是"倾否，先否后喜"，坏到了极点，把所有坏的东西、坏的事物，什么坏人、坏环境等，全部清理掉，甚至包括自己坏的念头也通通不要，这样境界一转，从最下面、最细小、最基础的地方行动起来，一点点转变，就开始了"否极泰来"的进程。《泰》卦最上面一爻是："城复于隍，勿用师，自邑告命。贞吝。"城池倒塌在护城河里面，一切都难以挽救。这个时候作为最高长官，你发布指令也好、号召行动也好，都没有用，各种危机随之不断出现。这就是讲，你以前样样通泰，到了极好的时候，坏的情况慢慢出现了，但你身处其中不知道防范，于是所有好的事情开始从最细小、最基础的地方发生变化，变得不顺畅起来，最后难以收拾。这就是《泰》卦朝着《否》卦的地方变去，"泰极否来"。

这又何尝不是人生的道路呢？有时候，人陷入绝境，觉得已经没有办法了，谁知道忽然一个变化出来，整个局势豁然开朗。反过来讲亦是如此，人以为自己到了成功的巅峰，沾沾自喜于自己的荣耀、地位，忽然一个变化出来，整个局势急转直下，不可收拾。这就是"否极泰来"和"泰极否来"的境遇变化，也是"无平不陂，无往不复"的人生变化，如此而已。

概言之，《否》卦是提醒人们在闭塞悲催中有奋起转好的可能性，《泰》卦是提醒人们在通泰顺畅中有倾覆不安的可能性。如此看来，人生的好坏起伏都在不停地变化之中。我们一般人最怕生活平淡，哪晓得真正的平淡才是最难求得的清福。就像《否》《泰》二卦点明的，不是因为这个事情否极泰来，就是因为那个事情泰极否来，难得片刻宁静。能够在否极泰来、泰极否来之间，不为所动、不起波澜，做到"君子素其位"，实为甚难。

# 浪漫恋爱，认真生活

二气感应以相与。

——咸·彖

《周易》上经以《乾》《坤》开端，下经以《咸》《恒》为首，大有深意。《乾》《坤》讲天地之道，有天地，然后有万物；《咸》《恒》讲夫妇之道，有夫妇，然后才有人类各种社会关系。《序卦》把夫妇之道放在天地万物与社会礼制之间，将夫妇之道作为联系天地和社会的重要纽带和伦理道德的根基。《中庸》讲："君子之道，造端乎夫妇，及其至也，察乎天地。"认为君子之道起始于夫妇关系（或认为起始于夫妇之间最浅显的相处之道），对这一关系的理解达到精微深奥的最妙之处，就能够举一反三，可以明察天地之间的一切事物。孔子曾问伯鱼："汝为《周南》《召南》矣夫？人而不为《周南》《召南》，其犹正墙面而立也与。"康有为注此为："诗首篇名，所言皆男女之事最多，盖人道相处，道至切近莫如男女也，修身齐家，起化夫妇，终化天下。"这也是说世间一切起始于夫妇之道，然后敷衍铺陈为各种社会关系。《诗经》以《周南》《召南》二篇为首，说明夫妇之道的重要性。

《咸》卦上为兑、为泽，下为艮、为山，卦象是山上有泽。卦辞说："亨，利贞，取女吉。"就是说亨通、利于占卜，娶媳妇是吉利的，开宗明义讲了这一卦与婚嫁大有关系。《彖传》进一步解释："咸，感也。柔上而刚下，二气感应以相与，止而悦，男下女，是以'亨，利贞，取女吉'也。"《咸》卦这个"咸"就是"感"的意思，这里的"感"可以认为是"交感""感动""感应"，当然也可以说是两情相悦的"感情"。前人认为这个"感"是人类最真诚的交感。在今日倡导恋爱自由、追求个人幸福的环境下，两情相悦是婚恋的基础。当然，谈恋爱除了感情因素，别的因素也有，比如权势、金钱等。不过从恋爱的本源来看，还是这个"感"字：男女二人有"感应"而相处，才能够有"悦"，这就是"二气感应以相与，止而悦"，否则就是相处不顺、好好坏坏。

没有感情当然也可以在一起过日子，但那是勉强相处，不会幸福。哪怕你是皇亲国戚，权势熏天，也逃不脱这一规律。遥想嘉祐二年，宋仁宗为了限制曹皇后家族的权势，毅然将福康公主嫁给了李家，以保证皇室权力的平衡。其实宋仁宗知道自己特别疼爱的这个女儿，根本不喜欢她的那个丈夫李玮。宋仁宗为了安慰福康公主受伤的心灵，破格册封她为兖国公主，拨钱十万修造府第，特令宦官梁怀吉陪嫁驸马府。但宋仁宗没有想到的是，权力平衡的目的或许达到了，但他的女儿和驸马只能生活在痛苦之中。据说嫁到李家后整整三年，福康公主没有让驸马爷碰过一下自己。驸马李玮也是一个可怜人，他听说福康公主的兴趣爱好后，苦练书法、搜罗字画、养殖名贵花卉，都是为了讨福康公主的欢心。李玮就像一个单相思的青年，为了心爱的人，采取各种办法苦苦讨好对方，然而一切都没有用。据说，福康公主和宦官梁怀吉的关系非同寻常。有一次，在被婆婆偷窥之后，福康公主与婆婆发生了严重矛盾，连夜返回皇宫，与丈夫再不见面。这个桃色官司还打到了宋仁宗跟前，宋仁宗为此还惩戒了福康公主。故事的结局是福康公主精神崩溃，抑郁而终。

《咸》卦《象传》还讲："男下女。"这个"男下女"可不是指男方讨好女方欢心。古时候娶亲，男方到女方家里迎亲，女方坐上车后，男方在前面驾车。到了男方家，男方要站在门口迎接女方，揖礼请女方入门。这就是"男下女"，表示对女方的尊重。但需要注意的是，这种"男下女"是古代的"礼制"，而不是我们现在讲的男女两人在谈恋爱过程中谁强势谁弱势的问题，也不是四川人讲的"耙耳朵"的问题。

在《咸》卦中，卦辞、《彖传》《象传》里的"咸"字含义都是"感应"，但爻辞的"咸"有点难解。虽然《周易本义》《周易集解》等书都把爻辞的"咸"解释为"感"，但始终有点勉强。后人把爻辞的"咸"解释为"伤"，相对畅达一些。比如初六爻"咸其拇"，大意是伤大脚趾；六二爻"咸其腓"凶，大意为伤其小腿肚；九三爻"咸其股，执其随"，大意为伤其大腿，并握住他的受伤之处；九四爻为"贞吉，悔亡。憧憧往来，朋从尔思"，大意是占卜吉利，没有害处，人们往来不断，钱财也纷沓而至；九五爻为"咸其脢，无悔"，大意是伤其脊背，但没有灾祸；上六爻是"咸其辅、颊、舌"，大意是伤其腮帮、脸颊、舌头。从以上爻辞中可以看到，"感"为"伤"的意思——当然，"感情受伤"也是"受伤"的一种，不过那是"感伤"。

这里特别有意思的是九五爻"咸其脢，无悔"——都伤到他的脊梁了，还能无悔，这是多么奇特的人——我们是不是可以这样理解：某人被感动得五体投地了，所以无怨无悔。从婚恋的角度来说，这就是为了得到真心的感情，可以付出很多，没有半点后悔，"衣带渐宽终不悔，为伊消得人憔悴"嘛！像《倚天屠龙记》里面杨逍与纪晓芙，一个是魔教光明使，一个是峨眉派女侠，双方是敌对的阵营，立场不同，他们的感情注定要遭到反对。但纪晓芙终究和杨逍相好，并生下了一个女儿。女儿的名字就叫"不悔"，表达的就是这个意思。《诗经》说："将仲子兮，无逾我园，无折我树檀。岂敢爱之？畏人之多言。仲可怀也，人之多言亦可畏也。"亲爱的小哥哥，不是我不牵挂你，是怕别人说闲话——别的女孩子怕闲话，但纪晓芙在这里就不害怕、不后悔。只要两情相悦，有什么后悔的呢？

不过，就像我们当下说的，谈恋爱是容易的，但婚姻生活是困难的。两情相悦之后，如何成就婚姻生活，又是另一个话题了。换而言之，《恒》卦就要出来了。《诗经·氓》写道：

及尔偕老，老使我怨。

淇则有岸，隰则有泮。

总角之宴，言笑晏晏。

信誓旦旦，不思其反。

反是不思，亦已焉哉。

意思就是说，我们本来恩恩爱爱的，为什么你会变心呢？算了吧，就这样结束吧。

《周易》早料到了恋爱之后可能会出现这种情况，所以《咸》卦之后就紧接着《恒》卦，就是让《恒》卦来告诉大家，两人要想长久在一起，仅仅两情相悦是不够的，还要知道如何维持感情、维护婚姻。

《恒》卦的卦名其实已经点明了这层意思：夫妇之道在于恒久，这样才与天地之道相一致。《恒》卦《彖传》说："恒，久也。刚上而柔下，雷风相与，巽而动，刚柔皆应，恒。"意思是讲，恒是经久不衰，《恒》卦上震、为雷、为刚，下巽、为风、为柔，雷、风相互交遇，顺而动，刚柔相应，所以可以恒久。

放到恋爱关系中来看，就是说恋爱中如果不珍惜对方，就很难会得到对方的真心，感情也就不会持久。我们常常看到一些爱情小说，讲的是女孩子如何喜欢一个男生，为这个男生付出了很多，但男生并不珍惜，最终女孩子抱着伤感离开了他。等前男友醒悟过来自己最爱的还是这个女孩子，但这个时候已经晚了，女孩子已经和另一个爱自己的人结婚并幸福地生活在一起了。对前男友来说，这就是没有领悟到感情的"恒，久也"。

放到夫妇日常生活中来看，夫妇之间总归会有矛盾。古人讲"事与时违不自由，如烧如刺寸心头"，夫妻之间常常会有冲突，有时候看到对方就厌烦，巴不得他赶紧走开，比对待一般人的感情都不如。这个时候需要知道，如果不是原则性的问题，就要记得"恒让"。因为夫妇间互相多让一让总归是好的，关系才不会太紧张。

宋朝的陈季常，是个挺有文化的人，他的老婆柳氏脾气很大，看到陈季常和宾客聊天喝酒就来气，会摔锅打灶地骂起来。陈季常为此很怕老婆——当然可能是太爱自己老婆，并不是真的害怕。现代社会也一样，身边好多朋友爱老婆爱得不得了，旁边人看上去就觉得是怕老婆，其实这是夫妻恩爱的另一种表达方式，你一般人欣赏不来而已。陈季常面对老婆很心虚的样子让好友苏东坡感到好玩，苏东坡于是写了一首诗来调侃他："龙邱居士亦可怜，谈空说有夜不眠。忽闻河东狮子吼，拄杖落手心茫然。"当然，后人说苏东坡这里的"河东狮吼"有佛教里面的微言大义，那是从另一个角度来谈这个问题了，我们这里不多讲。

白乐天说："偕老不易得，白头何足伤。"两人在一起慢慢变老，甚是不易。在这一个过程中，"我能想到最浪漫的事，就是和你一起慢慢变老"，所谓岁月静好，概是如此吧。

　　　　　　　　　　　　　　　　　　闲坐小窗读《周易》

《恒》卦里面值得注意的，还有九三爻、六五爻都提到"恒"与"德"的问题，要求大家"恒其德"，长久地保持德行，才能够获得吉祥。九三爻讲："不恒其德，或承之羞，贞吝。"如果不长久地保持德行，就会受到别人的羞辱。《象传》解释这一爻说："不恒其德，无所容也。"如果不长久地保持德行，那么就没有什么地方可以容纳你。要注意这一爻的"恒其德"并不仅仅指婚姻之德，也泛指各种品行。

历史上有太多"不恒其德，或承之羞"的例子。晚唐朱温当政，专横霸道，杀人如蝼蚁。诗人杜荀鹤游大梁，先献《时世行》于朱温，希望他省徭役，薄赋敛，但不合温意；后上《颂德诗》取悦于温。一日见朱温，天空无云而下雨，朱温让其作诗。杜荀鹤挥笔写出："同是乾坤事不同，雨丝飞洒日轮中。若教阴朗长相似，争表梁王造化功。"意思是朱温皇帝有造化之功，所以上天才会无云而雨。朱温大喜，开始任用杜荀鹤，授翰林学士、主客员外郎等职。世人在谈及杜荀鹤的诗歌艺术之时，一方面怜其出身微寒、才情出色，赞扬他的荀鹤体独具特色，一方面也哀其奉承朱温而失其品性，批评他"顿移教化之词，壮志清名，中道而废"，"谄事朱温，人品更属可鄙"。所以后人为其惋惜，感叹道："苦吟终成荀鹤体，何必入仕污诗名。"

# 人生艰难始

动乎险中，大亨贞。

——屯·彖

初春来临，小草从冰冻坚硬的土壤下挣扎着冒出头，在依旧带着寒意的风中挺立着身体，准备迎接崭新的启程。有唐诗称赞说："地有经冬草，林无未老松。"小草和古松的顽强和生命力都令人敬佩。不过相对古松的苍郁劲拔，小草的柔弱而顽强就显得更可贵。

《屯》卦就讴歌了小草这种顽强的生命力。"屯"字的甲骨文写法正如草木破土而出、萌生之初艰难的形状，《说文解字》说："象草木之初生，屯然而难。"即是此意。

《屯》卦上为坎、为水，象征饱含雨水的乌云，下面为震、为雷，所以其卦象为雷雨交作。同时上面的坎卦为险，下面的震卦为动，象征着险中有动、动而有险，是在天地之间有所行动但又艰难困顿之境遇。故而卦辞讲："元亨，利贞。勿用有攸往，利建侯。"大亨通，不利于盲目而行，但利于做大事业。《左传》记载秦穆公送晋公子重耳归国，重耳占筮得"贞屯悔豫皆八也"，筮史说不吉："闭而不通，爻无为也。"司空季子却说："吉，是在《周易》，皆利建侯。"就是依照上面卦辞这个意思来解释的。

在艰难困顿的环境和世局之中，确不可盲目行动，盲目行动则有危险；但正因为是艰难困顿的世局，故而又是利于建功立业的好时机，所谓"乱世出英雄"即是此意。钱穆先生评述，中国历史上总是在乱世之中多见"历史人物"和"时代人物"。比如当初曹操拜访乔玄，乔玄说他："天下方乱，群雄虎争，拨而理之，非君乎？然君实是乱世之英雄，治世之奸贼。"就是讲天下世局大乱而危险之时，人人觊觎大鼎，这个时候就需要曹操这样的人物出来安定局面。普通人在乱世之中生活极为不易，痛苦煎熬，但对曹操之类的豪杰而言，却是建功立业的大好时机，此刻对曹操等人就是"利建侯"。《周易浅述》讲这一卦"杂乱晦冥之际，宜立君以统治之。然君初立，治理犹疏，日夜不遑宁处，乃可成拨动反正之功"，也就是"世乱而利建侯"的意思。

《彖传》讲："刚柔始交而难生，动乎险中，大亨贞。雷雨之动满盈，天造草昧。宜建侯而不宁。"阴阳相交，万物生长，但起始之时便遇险境，故而是"动乎险中"。雷雨大动，百里震惊，但草木万物正在这种雷雨之动中生长发展，如春天响雷，虽有险象，却正是草树生长、虫蛇苏醒的时节，因为万物生长正需要这种"雷以动之，雨以润之"。

人的出生和成长像极了《屯》卦所说的"刚柔始交而难生"。人来到这个世界，面对的便是艰难困顿的时刻。古时候女性生育危险重重，老话说，女性生育是"生死关头走一遭"，可见其危险和艰辛。小孩子顺利出生之后，就面临着许多的成长危难，需要一一克服；长大了，又要安身立命、赡养家人，时时要奋力拼搏，去克服艰难困顿。假如生在贫寒人家，便无时不在为生计发愁；假如生在富裕人家，也一样有很多问题，要保持家族的壮大、保持事业的发展等。我们普通人也不要羡慕帝王之家，要知道"皇帝家中无亲情"，生在帝王之家的皇子皇孙，出生开始便已身不由己卷入权势之争，搞得不好便有生命之忧。圣明君主如李世民，为保证自己的生命安全和皇位稳定，也必须将亲兄弟杀戮殆尽。西方玄幻小说《权力的游戏》，里面的主要人物，哪一个不是生活在危险、恐惧、虚无之中？

　　宋人写过一首词，感叹"人生更在艰难内，胜事年来不易逢"，说的就是人生无论贫富贱贵，无时不在艰难之中，一个好的境遇、好的年代则是可遇而不可求的。佛家干脆认为人生而皆苦，如生苦、老苦、病苦、死苦、爱别离、怨憎会、求不得、五蕴炽盛等八苦：婴儿一生下来，即呱呱大哭，是为生苦；等老了，身体虚弱了，吃不香、走不动，是为老苦；生病了，是病痛之苦；无可奈何面临死亡，是死苦；爱不到喜欢的人，苦；冤家常常遇到，苦；想要的东西要不到，苦；执着于自身的感受，也苦。这些苦即体现了人生从开始到结束都不得不面对的艰难。不过，尽管佛家与《周易》都承认人世间的苦，但它们是有区别的：佛家将一切都看作苦，认为此世间并无非真实且无真实的乐处，由此而遁入"空"和解脱；《周易》虽然也讲到这种苦和艰难，但并不否认这个世界的真实性，也不认为世间就没有真实欢乐的一面，同时不认为人类看到了这些苦和艰难后就必须以遁入"空"来达到自我拯救，正如前面《乾》卦所言，它更看重的是"天行健"和"生生不息"，强调人类应该在艰难困苦中前行，由此而完成人类在这个世间应该也必须完成的使命。

初九爻："磐桓，利居贞，利建侯。"这里主要有两种不同的解释：第一种是徘徊难进，利于安居，利于建国封侯；第二种是以大石作为院墙，是为居所稳固有利之象，象征着有利于建国封侯。

先谈第一种解释，它强调的是前进路上徘徊不定、内心踌躇的难处。这种情况在我们人生的每一阶段都会遇到。少年有少年时候的彷徨，青年有青年时候的彷徨，中年有中年时候的彷徨，到老了，还有老年人的彷徨。某种程度上来讲，彷徨是人生的必然。而人生之所以多彷徨，就在于人生的不确定性和偶然性，要是我们都能确定人生的走向，还有什么好彷徨的呢？

在古今中外的小说中，描写人生徘徊的故事有许多。比如《麦田里的守望者》，写的是少年的彷徨。在成年人眼中不懂事的主人公，厌倦了这个世界，对自己和世界充满了不信任、迷茫，用各种反叛行为来表达自己的迷惘。西方二十世纪六十年代嬉皮士运动喧嚣一时，很多年轻人抽大麻、群居、摇滚，一团混乱，这也是彷徨的一种表现。再比如，厄普代克的"兔子四部曲"，写的是中年人的彷徨和艰难。主人公"兔子"人到中年，虽然取得了一定的经济社会地位，但他越来越多地沉浸在过去的回忆之中。往事如烟，父亲、母亲、情人、好友等纷纷走完人生的旅程，而他的生活还要在无休止的细琐日常中进行。人生到底是什么呢？他不得不时常陷入迷茫，这就是中年人常见的彷徨。再比如，前段时间网络上有篇走红的文章《中年人不敢崩溃》，讲当这个时代的中年人处于最为艰辛的时段，家庭的责任、社会的责任都让他们不敢松懈下来，他们的艰难和迷惘却无处可说，文章也谈到了很多中年人的彷徨心绪。

不过这个时候要注意了，不要因为"磐桓"，彷徨啊彷徨，永远彷徨而不知道走出来，或者走偏了方向，那就麻烦了。初九爻《象传》讲："虽磐桓，志行正也。"就是提醒说，虽然彷徨不定，不知道如何是好——比如很多处于低落时期的人，不知道前途在哪里、未来在哪里——这个时候一定要志向正确、行为端正，才能利于成家立业。唐初大诗人陈子昂，年轻时候也是个古惑仔，青春期反叛得厉害，比《麦田里的守望者》主人公猛多了，到了十七八岁还不知道好好学习。后来有一次因为击剑伤到了人，猛然有反省之意，觉得自己的人生不应该是这样的，开始对自己的人生有了要求，"慨然立志"，不再和狐朋狗友来往，发愤攻读，终于成就了一番事业。这就是"利居贞，利建侯"。

按照第二种解释，如果把"磐桓"解释为以大石做院墙，某种意义上讲的就是安居之艰难。古人说"长安居，大不易"，可见"磐桓"不是件简单的事情。比如白居易，三十多岁时候还在租房子居住。当年的白居易和现在北上广深的青年才俊一样，赚的钱不多，只能租廉价的小房子。书里记载他在贞元十九年春以拔萃选及第，授校书郎，然后开始到处找房子住，"始于长安求假居处，得常乐里故关相国私第之东亭而处之"，就是说他租了已故宰相关播家的一个小间，类似于我们现在大城市中面积很小的单身公寓，或者老上海的里弄亭子间。白居易曾经写过一首诗，表达了这种"磐桓"不易的心情：

游宦京都二十春，贫中无处可安贫。

长羡蜗牛犹有舍，不如硕鼠解藏身。

且求容立锥头地，免似漂流木偶人。

但道吾庐心便足，敢辞湫隘与嚣尘。

意思就是说：我在长安混迹官场这么多年，穷得没钱买套房子；真羡慕那些蜗牛啊，能够自带住房，自己还不如那些大老鼠，人家还有个洞藏身呢；恳求老天给一小套住宅就可以了，只要房产证上是自己的名字就心满意足了，免得自己东租房西租房，总是在长安城里到处流浪。

这种"望房兴叹"的感觉和我们现在是何等相似！现代人租

房也好、买房也好，压力都非常大。有人为了买套小房子，把一家三代的积蓄都拿了出来凑首付，可见"磐桓"之难。

六二爻："屯如邅如，乘马班如。匪寇，婚媾。女子贞不字，十年乃字。"人们聚集在一起，乘着马徘徊难以前进，忽然来了一群人，似乎是来抢劫的，仔细观察，原来不是抢劫的，而是婚娶之队伍；女子占卜怀孕情况，十年才能怀孕。另外，依照高亨先生所释，这一爻是占卜婚嫁的情况，"十年乃字"是"十年才许嫁"的意思。

这一爻细细想来，依然是继续讲《屯》卦的艰难之意。它讲的是感情的艰难、婚姻的艰难。古人的婚姻大多是父母之意、媒妁之言，能不能找到一个好的伴侣，完全取决于能否撞大运。偶有自己独断做主的，那还要看自己的眼光是否独到犀利，如果真能慧眼识英雄，那婚姻倒也是好的，要是不小心看错了人，就会误了终身。

先讲个慧眼识英雄的。五代十国时，后唐庄宗李存勖亡后，李嗣源继位。他要励精图治，不想沉溺酒色，就一股脑儿把庄宗的后宫妃嫔都遣散出宫。这里面有一妃子姓柴，出宫后与父母在归途中会合。那几天下大雨，路途难行，只好暂留旅店中。有个衣衫褴褛的男子路过旅店，柴妃一见之下很是惊讶，忙问旅店老板这人是谁。老板说这个人啊，是军爷郭雀儿。柴妃觉得这个郭雀儿很不一般，有大丈夫气度，便下了决心要嫁给他。和父母一说，父母都不乐意：你好歹是服侍过帝王的人，起码可以嫁节度使，怎么嫁给这种无名小卒呢？这种人要钱没钱，要地位没地位，看上去也没有什么发展前途，嫁他岂不误了自己？柴妃却很坚定地对父母说，这个人以后绝对是做大事业的人，自己非嫁不可，并表示如果父母嫌他穷，她愿意把自己的积蓄拿出来分一半给父母，自己留一半嫁人。父母见她如此坚决，只好同意了。这郭雀儿就是后来的周太祖。我们不能不佩服，这柴妃太厉害了，一双慧眼识英雄。

但不是每个人都有这样的好眼光。明人小说《杜十娘怒沉百宝箱》中的风尘女子杜十娘就看错了男人。可怜她才色双全，将自己的身心托付到李甲身上，没想到李甲是个渣男，无情无义，不但骗色、骗财，还要将她转手卖给孙富。杜十娘伤心绝望之下，持宝匣跳江身亡，终以悲剧收场，所以作者在书中感叹：

不会风流莫妄谈，单单情字费人参。

若将情字能参透，唤作风流也不惭。

虽然现代人比古人好多了，恋爱和婚姻都自由，但在实际生活中要找到合适的人并不容易。《诗经》说："嘅其叹矣，遇人之艰难矣。"就是讲：唉，找到一个合适的人怎么就如此难呢？别人介绍的，没感觉；父母看中的，不愿意；自己喜欢的，人家结婚了；就算父母天天去相亲角，也是白费功夫。

六三爻："即鹿无虞，惟入于林中，君子几不如舍，往吝。"

打猎追鹿，没有虞官的协助不可行，依照高亨先生所释，虞官是古时候为贵族掌管鸟兽的官员，在贵族行猎时帮助驱赶鸟兽；鹿跑进了森林中，君子这个时候不如放弃吧，继续追赶的话则不利。

这一爻表面意思是讲打猎之困难，但实际上讲的是人有所追求但无人相助，就是讲遇到事情但没有人能相助的艰难。蕅益法师认为这一爻讲的是欲取天下者须得贤才相助，"譬如逐鹿，须借虞人"。《诗经》说："思皇多士，生此王国。王国克生，维周之桢；济济多士，文王以宁。"当初周文王为了夺取天下，到处寻访贤人能士，将天下人才尽收囊中；有了这么多的人才，周文王才能安心治理国家。中国人俗话讲"一个好汉三个帮"，有人相助才好办事，如果做事情没有人帮助，那就比较辛苦，也比较难成功。

六四爻："乘马班如，求婚媾。往吉，无不利。"乘着马徘徊，如果是去求婚嫁，那就去吧，没有不吉利的。《象传》解释这一爻"求而往，明也"，意思是说如果明了对方的情况之后再去求婚嫁，这样就能达到目的，能够成就婚姻。这就像谈恋爱，如果一点都不了解对方，就贸然出击，那必定会有很多问题。新闻里面常常报道某人网络恋爱而被骗或者遇险的案例，这就是"求而往，不明也"，连对方的真实情况都搞不清楚就贸然见面，怎么能"吉"呢？

九五爻："屯其膏，小贞吉，大贞凶。"囤积肥肉（引申为囤积珍贵的东西），不与人分享，占卜小事还算吉利，占卜大事则凶。为什么这样说？一个人贪财吝啬，企图独占很多好东西，又不愿意和人分享，在这样的背景下，他个人做点小事情还可以，比如摆个地摊、赚个零花钱之类。如果要做大事，就不可能有人来帮助他、辅佐他了。他自私小气，没有这样的人格魅力嘛。《象传》进一步解释说："屯其膏，施未光也。"因为没有将财富、恩惠施予广大的民众，所以没法做大事。

明朝末年李自成攻打洛阳，福王朱常洵的藩府正在洛阳。早在李自成攻打洛阳之前，有大臣就上书给朱常洵，希望他能拿出钱财分给将士、招募兵勇抵抗李自成，可惜朱常洵遗传了万历皇帝吝啬的性格，爱财如命。守城官军本来就因为缺乏饷银而心有怨气，当李自成军临城下，官兵几乎没有反抗，城很快被攻破。李自成攻取洛阳之后，处死了福王。这就是"屯其膏，大贞凶"。现在很多人贪图钱财，不惜为了钱财以身试法，这也是"屯其膏，大贞凶"。

古人讲"君子爱财，取之有道"，《周易》不但要求"取之有道"，还要求"用之有道"，拿出去做事、做公益，不要一个人贪图享受，这才会"贞吉"。像东汉时候的马援，流亡北地滞居，畜养牛羊得法，收获颇丰，有牛马羊几千头，谷物数万斛。但他慨然叹道："凡殖货财产，贵其能施赈也，否则守钱虏耳。"大丈夫要这么多钱干什么？钱财贵在能施舍周济于人，否则就是个守财奴罢了。于是，他将钱财散尽于兄弟朋友，自己依然过着简单朴素的生活。佛家强调以布施来对治悭吝，从某种意义上讲，也可以理解为避免"屯其膏，施未光也"。

上六爻："乘马班如，泣血涟如。"骑着马回旋不定，哭得涕泪交流。这是讲古代抢亲的时候女子不情愿，又哭又喊，情形很悲惨。不过，在古代不要说抢亲，即便是正常的女子出嫁，离开娘家时都会悲伤痛哭，因为不知道自己以后生活会怎么样：丈夫对自己好不好，婆婆好不好相处，小姑子友善不友善，都是未知数，心中忍不住会担忧。偶尔回得娘家来看看父母姐妹，和小姐妹们欢聚几天，又不得不很快回婆家去，所以是"暂得归来，无言清泪频频堕，残妆界破，说着如何过"。

以上皆是《屯》卦里面讲的人生的艰难险阻。不过正如前面所说，虽然《屯》卦总体是讲艰难困顿，不断提醒我们要看到人生的艰苦，但它并非只停留在绝望、沮丧的层面，它还有积蓄力量、蓄势而发的含义。这两种含义交织在一起，其实就是告诉我们：人之伟大，就在于面对这些苦难、艰辛之时，仍然能够坚忍不拔地前行，如小草在雷雨大作之时破土而出，不惧恶劣的环境，顽强地生长，终能在阳光下展现它虽然渺小但不屈的勃勃生机。这就是"刚柔始交而难生，动乎险中，大亨贞"。

# 教育究竟是为了什么

蒙以养正，圣功也。

——蒙·象

大家对当前的教育现状有一些声音，有对教育资源分配不公的批评，有对考核选拔程序的批评，有对培养学生方式的批评，还有对老师教学方式、教学评价的批评等。但仔细想想，如果要谈这些问题，首先应该追问：我们的教育到底是为了什么？我们达到目的了吗？搞清楚了这些，我们的批评才能批在点子上。

据说北大钱理群先生讲过一段话，大意是我们的大学正在培养一些"精致的利己主义者"，他们高智商、世俗、老到、善于表演、懂得配合，更善于利用体制达到自己的目的。这种人一旦掌握权力，比一般的贪官污吏危害更大。钱先生后来在另一场访谈中补充说，精致的利己主义者不是精致的个人主义者，个人主义是需要的，维护个人的生命权利，满足个人的物质精神要求，这是一个人的基本权利。精致利己主义者的问题是把个人利益作为自己唯一的追求，现在很多人失去了信仰，唯一支持的东西就是个人利益，这样的精致利己主义者是最懂得权力的，因此，它实际上成为腐败的基础。钱理群先生认为培养出了这么多的"精致的利己主义者"，根本问题在于我们的教育理念出了问题。

教育究竟何为？或许每一个国家、每一个民族都有自己的看法；每一个国家、每一个民族在不同的、具体的发展阶段也都有不同的看法。但我相信，在这些不同的看法中，依然可以有相对一致的教育理念。我在这里仅仅从《周易》的角度来谈这个问题。《周易》有《蒙》卦，讲的就是教育，我觉得它所蕴含的教育理念，在今天仍有极重要的参考价值。

《蒙》卦首先讲："亨。匪我求童蒙，童蒙求我。"蒙即蒙昧，童蒙即幼稚蒙昧之孩童。不是我去求蒙昧之孩童，而是蒙昧之孩童来求我。卦辞原意是讲蒙昧之人来占卜，是求我帮助他，而不是我求他帮助。引申到教育领域，这是说学知识、习品性，不是老师去求学生来学习，而是这些学生主动来请求老师教导。这里首先就是讲学习态度的问题。

以前的教书先生，如果被请去教导小孩子，不管再穷酸、再落魄，有一套礼仪是少不了的：老师端端正正地坐在太师椅上，后面挂张孔夫子的画像，学生恭恭敬敬地给老师磕头、端茶，学生家长也恭恭敬敬地给先生送上束脩。一些大户人家就算心里对这些穷酸先生再怎么看不起，面子上也还是恭恭敬敬的。这代表着最起码的师道尊严。现在不一样了，比如在大学里面，老师早就到教室里等候着了，学生才开始一个一个的进来。老师站着上课，讲得口干舌燥、七窍生烟，有的学生在下面看手机、打瞌睡，偶尔卖个面子记一下笔记，就会让老师感动涕零；如果对某老师看不顺眼，或者不喜欢他的上课风格，还可以在评教的时候给老师打个最低分，给老师差评。这不是学生来求学，而是老师好言好语请学生来学习，与"匪我求童蒙，童蒙求我"全然相反。

古时候那些大儒、贤者，求学都极为诚恳，对老师都极为尊重。人称龟山先生的宋代大儒杨时，有次和游酢去拜见程颐。程颐当时在打瞌睡（亦说打坐），杨时与游酢就站着耐心等待。这时候下起了大雪，等程颐醒来后发现门外的雪花已经飘落有一尺多深了。这就是有名的"程门立雪"。要是换成现在的学生，恐怕早就溜掉了，可能一边溜还一边埋怨老师：老师早不睡觉晚不睡觉，偏偏这个时候睡觉，太讨厌了！投诉，差评，下次不选修这个老师的课了！

我们读武侠小说，知道武林中拜师学艺是很郑重、很不容易的事情。比如《偷拳》写杨露禅为了投师陈长兴习陈式太极，不惜装哑巴、做乞丐，在大冬天冻得昏迷过去，被陈家救醒。后来进陈家做家丁，才有机会"偷拳"学艺。正是杨露禅这样的诚心打动陈长兴，陈长兴终于答应收其为徒，将一身功夫都教给了他。按照现在的情况，不用这么郑重和复杂了：杨露禅交点学费给陈长兴，就算进师门学习了。陈长兴现场演练几次，再播放几次"PPT"，就算完成教学任务了。一个求得虚情假意，一个教得马马虎虎。哪里还有真心诚意？现今某些地方的教育改革和教育产业化，把传统的师生关系转变为市场的买卖关系，既然是买卖关系，所以大家都没必要交出真心，随便学学、随便教教就成了习以为常的状态。

说到这里，还涉及一个教育管理理念的问题。现在的学校都在号召学生给老师评教，每学期都让学生给老师打分，表面上看这样做正确无比——因为据说评价一个老师好不好，学生最有发言权嘛。但依照《蒙》卦来讲，这完全错误！"匪我求童蒙，童蒙求我"，首先要搞清楚，是学生来求学、请老师教导，不是老师来求学生学习，这层关系不要搞反了。讲到这里，有的教育管理者可能要说了，这是为了更好地进行教学，防止有的老师不负责任。讲这种话、搞这种管理方式的人，说明他根本不懂得中国传统的教育理念是什么，也根本不懂得传统意义上的师道尊严是什么。这在前提上就把老师当作小人来看待，为了怕老师不负责任，所以要找各种人来监督老师。但这么多年下来，这种管理办法有用吗？可能最大的用处，就是把老师都逼成了形式主义者，不停地填各种教学表格，如教学日历、教学评估、教学方案等，本来可以用来和学生交流的时间，大多浪费在这些表格上面了。老师成了唯唯诺诺的形式主义者，学生成了监督老师的工具。这从根本上就错了。

在我读大学的时候，有一位知名的教授，睡觉很晚，上早课容易迟到。某个学期第一次上课就迟到了，老师夹着讲义走进教室，慢悠悠地说："不好意思，我迟到了。"顿了顿，又说："不过你们以后习惯就好了。"引得哄堂大笑。但正是这位教授，常常在办公室待到很晚，欢迎学生随时来和他交流。还有很多同学常常约伴去他家闲聊，谈各种话题。到了吃饭时间，他会让太太炒几个菜，和学生一起在家喝酒、吃饭。当时大学老师经济条件一般，去饭店的次数比较少，多数时候是在家聚餐。好多同学的专业知识和人生经验都是在聊天、吃饭时学到的。要是换成现在某些大学，迟到几分钟就是教学事故，这位教授可能已经受过无数次处分了。但这种严格到迟到五分钟就算教学事故的管理方式有用吗？到最后，老师就是按点上下班的技术工，与"师者"相去甚远。在这种管理环境中，想要涌现出大力提倡的"人师"，难矣。

《象传》说："蒙以养正，圣功也。"这是讲教育最伟大的作用就是培养人的德行，培养出杰出的贤能之人。这句话从字面来解释，第一种是蒙昧之人不明事理，而通过教育，能养贞正之德行，即是圣人的修养功夫；第二种是教育蒙昧之人以正知正见，让他能够正确地处理各种情况，这是圣人的功德事业。不管哪一种解释，都可以看出教育应该具有正人心、启蒙昧的重要作用，因而接下来《象传》就说："山下出泉，蒙，君子以果行育德。"就是说人之美德如同泉水，可以冲破山石的重重压迫奔流而出，终究成为渊流大河；人若果断而行，也终究能成就其品性和事业。前面讲"蒙以养正，圣功也"，后面讲"果行育德"，即说君子先通过教育获得正知正见，然后据此正知正见朝着圣人的方向百折不挠前进，从而成就美德、成就事业。

从上面可以看出，圣功也好、育德也好，都在讲教育的第一要务是培养人之德行。不管是孔夫子所说"弟子入则孝，出则悌，谨而信，泛爱众而亲仁，行有余力，则以学文"，还是西方人所写"爱的教育"之类提倡善良、勇敢、无私等精神的书籍，其实都是强调在人生的启蒙课中，教育小孩子如何为人是根本。

反思我们现在的教育方式，它究竟是朝着什么目的而去？恐怕大多是朝着培养单纯的技能型人才目的去的。所谓的德行培养，就算不是排在最后，也肯定排在技能的后面。我不是反对培养技能型人才，但培养技能型人才是不是就要忽视人格培养？放弃或者忽略价值观和人生观的教育？是不是不管这个人到底如何，只要他的技术"有用"就可以了？如果我们只偏重于对"用"的一方面的培养，我们的教育必然急功近利，也致使我们社会在某些方面的短视和功利——说到这里就可以和钱理群先生讲的"精致的利己主义者"联系起来了：如果一个国家、一个民族，它最重要的教育目的仅仅是"技能"和"成功"，而全然不管其他，不涉及对真善美的追寻，即便这种"有用"的教育理念能够在短期内获得不少的利益，但它培养出来的也不过是精致的利己主义者，不能真正为人类社会的进步提供巨大的动力，不能为自己的人生提供坚实的精神力量，也终究会反噬我们的教育。

西晋大臣王衍，按照现在的观点，绝对是一个精致的利己主义者。他长得风度翩翩，才华横溢，做事也颇有能力。他在做宰相的时候，不但贪图权势，而且一旦遇到事情，首先考虑的就是如何保全自身，而不是为公无私、奉献自己。他权衡世局利弊，精心营造了各种退路。他曾得意扬扬地讲，弟弟和族弟镇守外地要塞，自己留在京师，整个家族可以称得上"三窟"了。他把女儿嫁给太子，后来太子被贾后构陷，他又怕惹祸上身，赶紧解除婚约。他正像钱理群先生所言的"高智商，世俗，老到，善于表演，懂得配合，更善于利用体制达到自己的目的"。后来，后赵皇帝石勒打败西晋，捕获了王衍等大臣，直到此刻，王衍仍然在打"精致的利己主义者"算盘。在面对石勒的质问时，他拼命推脱自己的责任，称自己本来毫无当官的志向，也不参与政事，西晋灭国与自己无关。为了获得石勒的好感，他又厚颜无耻地劝说石勒称帝。没想到石勒大怒，训斥他说："你名声传遍天下，年轻时即被朝廷重用，一直到头生白发都掌握大权，怎么能说不参与朝廷政事呢？破坏天下正是你这种人的罪过。"下令士兵在半夜里推倒墙壁把他压死。几十年之后，桓温北伐，看到中原大地，不禁感慨地说："中原百年来成为一片废墟，王衍等人推脱不了他们的罪责。"又过了几百年，宋人写了一首诗：

玉尘消摇吐妙言，清流都指作龙门。

白头苟活尊胡虏，夜半排墙未是冤。

就是感叹王衍这样"精致的利己主义者"不思报效国家，只想到自身的利益，结果导致个人身灭，国家败亡，真是自作自受。

如果我们的教育仅仅看到短期的利益，只重视技能的培养而忽视整体人格的培养，很有可能就会教育出大量的王衍式的人物，这于家于国于天下并非好事，最终只怕会反噬我们的整个社会。况且，教育如果仅仅是为了技能、为了让人活得有钱有势，那么根本就谈不上什么"圣功"。中国抗日战争期间，神州沦陷，各个大学纷纷南迁，西南联大成为这段时期教育史上荣光四溢的奇迹，那么多的科学家、学者，在艰难困苦的条件下，不顾自身安危，还精研学问、培育人才，教育出无数的中华人才，这真正是教育为千古"圣功"的典范。

初六爻："发蒙，利用刑人，用说桎梏，以往吝。"第一种解释是：启发蒙昧，有利于受刑罚之人，受刑罚之人脱去刑具，但贸然离去的话，不利。第二种解释是：眼翳，眼不能视为蒙，除去眼之蒙翳，让人重见光明；脱去刑人桎梏，使人获得自由，但此刻贸然离去的话，不利。(案：李零先生《死生有命，富贵在天：〈周易〉的自然哲学》所讲"这里的发蒙是泛指启发各种糊涂人，不限小孩。特别是此爻，所谓'蒙'，主要指作奸犯科的小人"。)

从教育的角度来看，发蒙很重要，这好比待在黑暗之中极久的人，被引到光明之地，看见江河大地、万物诸相，心中的欢喜、感动，都难以言说。像孙悟空听菩提祖师讲课，听到精彩之处，情不自禁抓耳挠腮。问他为何如此，回答说自己听到妙处太高兴了。这就是在学习过程中忽然有所感悟，发现了一片新的天地，就如从黑暗之中洞见一片光明，当然会欣喜雀跃。禅宗故事"拈花微笑"讲，佛祖在灵山说法，大梵天王请求佛祖宣示最上大法，佛祖拈起莲花一言不发。众人不知佛祖何意，此时摩诃迦叶心有所得而笑。佛祖便说："吾有正法眼藏，涅槃妙心，实相无相，微妙法门，不立文字，教外别传，付嘱摩诃迦叶。"这和现在老师上课一样，讲到妙处，如果有学生有所得而微笑，或有所得而沉思，不但学生自己如入光明之地，老师也会因学生入光明之地而欣喜。最怕的就是老师讲到妙处，学生毫无感觉。讲台上教师拈花微笑，讲台下学生睡觉打呼，还不如人家一个石猴。所以好老师不易得，好学生更不易得。

六四爻："困蒙，吝。"处于困境中的蒙昧之人，很艰难。这就是讲，一个人如果没有正知正见，愚昧而胡作非为，就很容易陷入困境。陷入困境之后，又因为愚昧，便很难做出正确的抉择，其境遇必定艰难重重。

六五爻："童蒙，吉。"《周易本义》讲，童蒙是幼稚而蒙昧的意思，这里是说蒙昧的童子便于教导，有家长庇护、师长教育，这样就能够顺利成长，是吉利的。

因此说，六四爻谈的是脱离蒙昧的重要性，六五爻谈的是启蒙要从娃娃抓起。

另外，《杂卦》里面还讲到"蒙杂而著"一词，就是说刚刚萌发出来的事物错杂纷呈，各自有着明显的特征。换成教育的角度来看，就是讲每一个孩子都有他的个性、特点，教育应该"因材施教"。孔子门下弟子特色鲜明，脾气不同，但个个都是人才，就算经常和孔子对着干的子路、宰予，他们的水平也不是一般人能比的。

整体来看，《蒙》卦主要讲教育问题，其思想归纳起来主要有几点：其一，要搞清楚教育的主客体，学习的主动性应该在学生而不是老师；其二，求学需诚心；其三，学习以德行第一；其四，学习让人摆脱蒙昧，让人顺吉。它包含着教育应该让一个人身心全面发展、应当以追寻崇高理想为目标的思想。

当然，也有人担心如果教育仅仅重德（品性）而不重智（技能），则很有可能会导致教育的空泛不实。对于这个问题，钱穆先生在《质世界与能世界》一文中讲道："近人言教育，亦必西方化，乃分德知体群为四育。若知育独立化，科学有核武器发明，斯为不德。体育贵卫生健体，但何必定要参加运动会争冠军，则失其卫生健体之本旨。使人无德，何能群。故自中国观念言，则教人惟教其立德成德达德而止，何更有知体群如许分别。"此一段话，算是回应这种担忧。

孔子说："好仁不好学，其蔽也愚；好知不好学，其蔽也荡；好信不好学，其蔽也贼；好直不好学，其蔽也绞；好勇不好学，其蔽也乱；好刚不好学，其蔽也狂。"一个人就算有他的优点和特长，但如果不学习，优势就会变为不足。他在这里强调的其实就是教育的重要性、必要性以及意义所在。虽然今天时代和社会发生了大变化，教育的背景和方法也发生了大变化，但《蒙》卦内含的传统教育思想依然有着不可忽略的价值。

# 等待的日子依然可以愉悦

君子以饮食宴乐。

——需·象

《需》卦上为坎、为水，下为乾、为天，卦象象征着云雨翻滚在天上，但还没有落到大地上的情形。就像苏轼在观赏有美堂时，天气忽变，"游人脚底一声雷，满座顽云拨不开"——雷声忽然就在游人脚下响起，漫天的云雾遮挡在眼前，缠绕在山上这个屋子里面浓得散不开，但大雨还没有落下来。《需》卦描写的就是这种云水交织、大雨将落未落的情形。

农耕社会"靠天吃饭"，农民种植粮食尤为不易。谷物需要生长之时，如果长时间不下雨，农民心里面总是很担忧、急切，这个时候占卜遇到《需》的卦象，说明雨即将到来，要耐心等待，不必太担忧。因为《乾》卦代表刚健，《坎》卦代表危险，所以这个卦象又象征着刚健但有危险的境地，意味着危险在前面，提醒人们不要冒进，要谋后而动。这个"谋后而动"隐含着安心等待、有条不紊的意思，故而《杂卦》将《需》卦的主要意思归纳为："需，不进也。"

《需》卦辞说："有孚，光，亨，贞吉。利涉大川。"孚，第一种解释为俘，掠夺了人口与财物，第二种解释为诚信。第一种解释的意思是筮遇此卦，战争可以获得俘虏，有荣耀，可祭祀，占问吉利，利于渡大川。第二种解释则指有诚信、光明、亨通、贞正，故而吉利，利于渡大川。这里我更倾向于第二种解释。一个人拥有诚信、光明、亨通、贞正之美德，自然可获得吉祥。相比"有俘虏"的解释，它起码能给人一种启示：人类的荣光应该建立在自我价值的探寻之上，应该有利于整个人类的进步，而不是建立在别人的艰难和痛苦之上，也不应该建立在对这个世界的破坏和毁灭之上。《彖》曰："险在前也，刚健而不陷，其义不困穷也。"前面讲过，《坎》卦代表了危险，《乾》卦代表了刚健，坎在乾之上，因此说"险在前也"；《乾》卦在下，故而"刚健而不陷"。有德行、果敢刚健之人，看到前面有危险，不贸然行事，故而不会落到危险的境地。

《象传》解释这一卦："云上于天，《需》。君子以饮食宴乐。"云在天上，这就是《需》卦；君子们饮食安乐，等待时机。有人认为，这象征着朝廷将有恩泽于民众，所以这个时候就应该静静地等待。在等待的时候，君子们应该享受生活，领略生活的美好。

说到"朝廷有恩泽于民众"，我想到某当代作家描写清朝帝王的历史小说。在他笔下，几个清朝皇帝都是英明神武的，形象无比光辉。小说里很多次描写皇帝惩罚臣子时，下面的臣子都诚惶诚恐地磕头，说："雷霆雨露，皆是皇恩。"这几部小说虽然好读，但被一些当代文学研究者严厉批评，指其内在思想还停留在皇权桎梏之下，残留着对专制君臣关系的迷恋，缺乏反省的精神。钱穆先生谈及中国传统政治之时，认为若论什么是真正的"皇帝专制"，则以清代为典型。他认为明朝之时虽废宰相，尚有给事中一职可以牵制皇帝和内阁大学士的诏令。但步入清代，给事中的职权也已废止，皇帝的命令可毫无障碍地一直推行，朝廷中再没有牵制皇帝的力量，这个不能不说"是政制上一大大的失败"。某作家看不到这一点或者有意忽视这一点，依然努力为清王朝的"皇恩雨露"称颂讴歌，确与现代社会的进程背道而驰。

"君子以饮食宴乐"，表面看来似乎讲君子天天酒池肉林，沉溺于享受之中，其实不然。这种饮食宴乐背后隐藏的是"活在当下"的含义。叔本华曾经讲过，人生就像是钟摆，在痛苦与无聊之中不停地摇摆，当你的欲望得不到满足的时候，你就感到痛苦，然而当你的欲望满足之后，不需要多久时间，你就感到无聊，又有了新的欲求，因此生活就不停地在痛苦和无聊之间摆来摆去，永无停息。这里的"君子以饮食宴乐"与叔本华讲的不同。人生有着无穷尽的欲求，也有着无穷尽的目标，但不是每一个欲求和目标都能达到；即便可能达到，也未必是当下即能达到，有可能需要很久的时间。关键的是，人可以为这些欲求、目标而努力，但不应该每一刻都仅仅为了这些欲求、目标而活着，丧失了对生活本身的欣赏，忽略了生活本身的乐趣。当我们需要努力的时候，我们坚持努力；当我们需要等待的时候，我们耐心等待；我们在努力和等待之中，莫忘记了生活本身的美好和价值。这就是"君子以饮食宴乐"的另一层意思。

不过，这里还值得注意的是，朱熹解释此句："但饮食宴乐，俟其自至而已，一有所为，则非'需'也。"就是强调所谓享受生活本身的乐趣，是自自然然的，不是让人刻意去追求享乐；一旦刻意去追求"饮食宴乐"，那便失去了"等待"的真正含义。

初九爻："需于郊，利用恒，无咎。"停留在郊野，有利于久处，没有害处。为什么停留在郊野不会有害处？朱熹《周易本义》里面讲，因为旷远之地是未近于危险之象，初九阳刚正位，利于恒处其所之象。而且旷野平畴，景色一望无垠，也常常会引发人们的情感抒发。杨万里有《感秋五首》诗，其中写道：

永夜宜痛饮，旷野宜远游。

江南万山川，一夕入寸眸。

秋夜可以畅快地饮酒，旷远之地则可以远足游玩，江山一夕之间便可一眼望尽。虽然秋思让人惆怅，但旷远之地依然让人胸怀开阔，心情愉悦。这两句诗可以作为"需于郊，利用恒"之义的文学性补充。

九二爻："需于沙，小有言，终吉。"高亨先生解释此处"沙"

为难行但仍然可以行走之地，意思是说停留在难行而终可以走出的沙地，即便受到别人小小的责备，结果也是好的。《象传》说："需于沙，衍在中也。虽小有言，以终吉也。"一种观点是将"衍"看作"过失"之意，就是讲不可久处之地而久处，应离去而不离去，则过失在于其人，虽然受到小小的责备，但因为离开了险境，故而也算是吉。另一种观点是将"衍"看作"宽"，内心宽大之意，就是《周易浅述》讲的"以宽居中，不急于进"，人处于危险之地，但内心宽舒自在，不急于冒进，虽然受到小小的责备，最后还是吉的。不管哪种解释，这一爻总体是讲在接近危险境地的时候，如果能够尽快离开，或者说能够保持内心的宽舒、不急于冒进，即便会受到一点责备，也终究是吉的。如《笑傲江湖》中的令狐冲，人家批评他和魔教长老来往，他不在乎，因为他觉得所谓的魔教人物其实是真正讲义气的人；人家批评他带着一群尼姑行走江湖，坏了名门正派的名声，他也不在乎，因为他要履行自己答应恒山派掌门人的诺言，带她们安全回去。别人批评他，这就是"小有言"；但令狐冲内心坦荡，终究是快乐、自在的，后来也得到了众人的认可，这就是"终吉"。

九三爻："需于泥，致寇至。"人处于污垢难处之地，如果长久地停留，必定越陷越深，引来寇盗之侵犯。《象传》说："需于泥，灾在外也。自我致寇，敬慎不败也。"意思就是在污垢难处之地，将有灾患来自外界；如果能够谨慎对待，亦可不败。从卦象来讲，外卦坎为险，故而讲"灾在外也"。从世俗的道理来讲，人在这个世界上生活，而这个世界是"五浊恶世"嘛，人心不可测、偶然性不可知，难免会遇到莫名其妙的事情，有些时候自己没有任何问题，忽然就被人污蔑陷害，落入险境而举步维艰，这就是"灾在外也"。在这个并不完美的世界和时代，人如果陷于复杂的环境，又不会保护自己，时间一长必然不利于己，会被人构陷，这就是"致寇至"。

李白在《行路难》中感叹："陆机雄才岂自保，李斯税驾苦不早。华亭鹤唳讵可闻，上蔡苍鹰何足道？"讲的就是陆机和李斯的典故。魏晋名人陆机出身于东吴名门贵族，才华高迈，又有匡正世难之志，入洛阳后被太傅杨骏召用。晋惠帝皇后贾南风诛杨骏之后，陆机又继续担任要职。赵王司马伦政变之后诛贾后，陆机继续做他的大官。司马伦旋即被齐王等所灭，陆机受到牵连，幸得成都王等解救而免。这个时候与陆机交好的江南名士都劝陆机赶紧离开混乱的中原回到江南，但陆机没有听从。这就是"需于泥"了。陆机出于感恩而委身于成都王司马颖，但因与长沙王交战而败，又被宦官进谗言，终究被害于军中，临死前说道："华亭鹤唳，岂可复闻乎？"他怀念故乡的鹤唳，而感叹自己今后再也听不到了。同样是在魏晋之时，东晋名士韩康伯的儿子韩绘之任衡阳太守，韩康伯的母亲殷氏随同去了衡阳。当时殷氏判断桓温父子有野心，为孙子感到担忧。数年后，韩绘之在桓氏父子的叛乱中被害。殷氏抚尸痛哭，说："当初你父亲被免去豫章太守时，征调文书早上刚到，他晚上就上路了，你在此处被世事缠绕不能脱身，终遭杀害，还能说什么呢？"陆机和韩绘之的遭遇，都是"需于泥，致寇至"。

六四爻："需于血，出自穴。"停留在血泊之中，从洞穴之处逃走。《象传》解释为："需于血，顺以听也。"王弼注："见侵则辟，顺以听命者也。"意思是讲在杀戮危急的形势下，应当赶紧离开，及时从血泊险境中逃离出来，不宜盲目地反击，而是要保全自我，之后再谋求发展。从爻位来讲，六四阴爻居九五阳爻之下，象征弱者听命于强者。

有研究者认为，这一爻可能讲的是某个古代故事，大概是记录某人在残杀流血事件中，由穴洞逃离险境而得以获救之事。高亨先生则说，这个故事大概是《左传》里面记载的夏朝寒浞之子浇杀害夏帝相之事。其时帝相之妃后缗正在孕期，她从洞穴逃出，后生少康。少康后来灭寒浞，重振夏王朝，史称"少康中兴"。《左传》记载伍员劝夫差不要接受越王的投降，要斩草除根，说："昔有过浇杀斟灌以伐斟鄩，灭夏后相。后缗方娠，逃出自窦，归于有仍，生少康焉。"这里就是以少康的故事为例，提醒夫差注意前车之鉴。

九五爻："需于酒食，贞吉。"在酒食宴乐中享受生活，是吉祥安好的。《象传》说："酒食贞吉，以中正也。"意思是说因为有着中正的德行，酒食宴乐才是贞吉的。朱熹说这种宴乐之象是"安以待之"，重点在"安"和"待"，心下宁静，故而能够坦坦荡荡对待生活中的每一个乐趣。

那么，现实生活中是不是每一个人都能乐享生活呢？这个社会有钱的人很多，有权的人也不少，但有钱有权未必就能真正乐享生活。按照九五爻《象传》所言，乐享生活需要有中正的德行。古人说"富润屋，德润身，心广体胖，故君子必诚其意"，一个人要是心中充满各种欲望，没有片刻的安宁，或者有着各种不好的念头，随时算计着别人，怎么可能乐享生活？相反，物质条件普普通通但能够拥有中正之品行的人，反而能够乐享生活。很多前贤耕作自给，生活贫困，难道他不想物质生活宽裕一点？当然也想的。但如果是"不义而富且贵"，他宁可守道清贫也会"无戚颜"，不会对自己的选择有丝毫的埋怨、不满，尽管生活清贫，也能乐享人生。

上六爻："入于穴，有不速之客三人来，敬之终吉。"进入洞穴，有不速之客三个人来到，敬待他们，终究是吉的。这里可能也是在讲一个古人的故事：有人正回到自己的洞穴之中，忽然有三个不速之客来到，他对这三个人很礼敬、很客气，因此终究得到了吉福。古人居住在洞穴之中，因此说"入于穴"；"不速之客三人"，从卦象来讲是指下卦的三个阳爻，上六为阴柔之爻，不能对抗下卦的三个刚健之爻，故而敬之，才能够"终吉"。这就像中国人常讲的"礼多人不怪"，对人客气一点、礼貌一点，总归没有坏处。

从整体而言，《需》卦主要讲"等待"。西方著名的荒诞派剧作《等待戈多》也讲"等待"，它隐喻的是这个世界的人们看不到生活的出路，无所事事、痛苦又无聊，每个人都渴望着改变，充满希望地等待，但到底为何而等待、在等待什么，却没有人知道。但《需》卦的"等待"与《等待戈多》完全不同。这个"等待"其实是中国传统文化中强调的尽人事而听天命，是"潜龙勿用"和"天行健，君子自强不息"的另一个方面。无论在顺境逆境，如果注定了我们要等待，那么我们就安心等待，并且在等待中享受生活的乐趣；无论这个世界如何荒诞，如果注定了我们要来这个世界经历一番，那么我们就以非荒诞的心境面对这个荒诞的世界，以完成人之所以成为人、人能够与天地并列为三才的责任。或许在一定意义上，它对应了西方神话中的西西弗斯。如加缪所说，在这个悲剧性的神话里面，不管命运是不是一件荒诞的事情，既然把命运变成一桩人事，就得在世人之间解决。从这个意义上来讲，西西弗斯的命运是属于他的，他知道他是自己的主人，推石头上山这件荒谬而永无止境的事情，就是他的命运，但这种命运依然由他自己创造。无论在旁人看来，他的一生如何的无意义和荒诞，但在他自我审视和对待生命的过程中，他一生的意义就在这个审视和对待中呈现出真实而伟大的一面。"他觉得这个从此没有主子的世界既非不毛之地，亦非微不足道。那岩石的每个细粒，那黑暗笼罩的大山每道矿物的光芒，都成了他一人世界的组成部分。攀登山顶的奋斗本身足以充实一颗人心，应当想象西西弗斯是幸福的。"这一种幸福，亦即《需》卦的"有孚，光，亨，贞吉"。

# 打官司不容易

饮食必有讼。

——序卦

《讼》卦讲的是争讼、打官司。《序卦》讲："《需》者,饮食之道也。饮食必有讼,故受之以《讼》。"意思就是《需》卦讲的是饮食之道,如果不能解决好吃吃喝喝、衣食住行这些生活问题,紧接着来的就会是纠纷、争讼,就是《讼》卦。在这里,《序卦》的言外之意,就是人们有争讼、有斗争的根本原因,在于生活的竞争问题,是人类物质条件不足时必然引发的竞争。"饮食男女,人之大欲存焉",人类为了生活,不得不竞争,竞争之下,就不能避免争讼。贾谊说"贪夫殉财,烈士殉名,夸者死权,众庶凭生",贪财者亡于财,好名者亡于名,争权者亡于权,而芸芸众生的理想和目标不过就是为了日常生活而已,所以会贪恋自己这一小小的身家性命。

《讼》卦讲:"有孚窒惕,中吉,终凶。利见大人,不利涉大川。"有了俘虏要严加看管、提高警惕，中间的过程是吉的，但俘虏终究还是逃掉了，最终是凶的；有利于见到大人，不利于渡涉大川。《彖传》说《讼》卦是"上刚下险，险而健"，上面是阳刚，下面是险陷，险而刚健，因此会有争讼。从这个卦象来看，乾上刚而制下，坎下险而抗上，意味着上面的人刚愎自用而不知险，下面的人隐伏而构陷，所谓才会有斗争和诉讼。打个比方来讲，生意场上、官场上，很多时候领导和下属的关系一开始还比较好，过了一段时间往往就会有矛盾出现。领导会觉得下面的人没有按照自己的意图办事，自说自话，打小算盘；下面的人觉得领导刚愎自用，太强势，不给下面的人一点机会，听不进下面的意见。这样矛盾就慢慢出现、激化，最后分道扬镳，甚至对簿公堂。这就是上刚下险而有讼。因此《杂卦》又讲："讼，不亲也。"矛盾都这么激烈了，大家都反目成仇了，哪里还亲近得起来？

《彖传》还说："'终凶'，讼不可成也。"这是讲争讼终究对人对己都不利。按高亨先生的解释是："因讼事无所谓成功，讼而败固有损失，讼而胜亦有损失。"为什么讼事无所谓成功？这可能和中国人对待司法的传统态度有密切关系。有研究法律的学者指出，中国历史上有"惧讼""恐讼""厌讼""贱讼"的传统心理。中国人之所以害怕诉讼，跟法律制度的不完备、法治体系的不完善有关。老话讲"自古衙门八字开，有理无钱莫进来"，讲的就是由于诉讼的不公和黑暗，人们无法得到公正的法律裁决，因此在现实生活中普通百姓多数时候宁屈不讼，或者以私自报复的行为来弥补诉讼的不公。这种情况往往会引发更复杂的社会问题，导致更大的社会矛盾出现。

中国明清白话小说中有不少故事，讲原告被告双方打官司，不但没有得到任何利益，反倒被贪官、奸人得了好处，最后的建议都是不提倡打官司。凌濛初《二刻拍案惊奇》里面有一首诗：

些小言词莫若休，不须经县与经州。
衙头府底赔杯酒，赢得猫儿卖了牛。

意思就是劝人不要为了一些琐碎小事、小矛盾打官司，否则到了官府里面，就算通关系、走门路赢了，也会得不偿失。作者讲得很直白："大凡人家些小事情，自家收拾了，便不见得费甚气力。若是一个不服气，到了官时，衙门中没一个肯不要赚钱的，不要说后边输了，就是赢得来，算一算费用过的财物，已自合不来了。"这就是"讼而败固有损失，讼而胜亦有损失"。在这样一个环境下，争讼的结果必定"终凶"，打官司根本毫无意义。只有当某一天普通百姓都不怕争讼，都不再"惧讼""恐讼""厌讼""贱讼"，那么这个社会才说得上真正的法治社会。

《象传》说："天与水违行，讼。君子以作事谋始。"《乾》卦为天，《坎》卦为水，古人认为天向西转，水向东流，因此两者是相反而行，所以说"天与水违行"。《逸周书》说"天道尚左，日月西移；地道尚右，水道东流"就是这个意思。就人事而言，这就像有人要往东，有人要往西，谁也说服不了谁，最终就争吵起来、斗争起来。为了避免这种情况，"君子以作事谋始"，大家做任何事情都要从一开始就考虑好，先讲好规则，按定下的规则来办事，就能预防不必要的纠纷。这种"作事谋始"，隐含着现代社会强调的"契约精神"：为了避免争讼，大家应该先定下规则，用规则处理事情；即便有了纠纷也不怕，大家可以由法庭来判断孰是孰非。

初六爻："不永所事，小有言，终吉。"没有完成某件事（这里大概是指争讼之事），虽然会受到小小的谴责，但最终是吉的。《象传》说"讼不可长也"，指争讼之事累心费神，不能也不可持久。我们看到社会上很多人打官司，出于各种原因往往拖上好多年都没有结果，这个过程很折磨人，很多人会变得忧郁、焦躁，生活过得很不舒朗，都被官司的事情拖累着。所以"讼不可长"最好，它对打官司的人来说是有利的。

九二爻："不克讼，归而逋，其邑人三百户，无眚。"前面初六爻是说诉讼之事未成，接下来是讲诉讼失败的情况。这一爻意思是说（某贵族）诉讼没有获胜，归来时他就逃走了，不过对他的邑人而言没有灾祸。闻一多先生认为"逋"为"赋"，即收取邑人赋税的意思，指回来收取邑人之税赋（以赔偿别人）。

《象传》："'不克讼'，归逋窜也。自下讼上，患至掇也。"一种解释是：归来时（贵族）逃跑了，下面的人诉讼上面的人，是自取灾患；"掇"为拾取的意思。另一种解释是：归来时（贵族）

逃跑了，下面的人诉讼上面的人，灾患自然就没有了；"掇"为"辍"，消失了。朱熹讲："邑人三百户，邑之小者，言自卑微约以免灾患，占者如是，则无眚也。"古人三百户为小邑，此处概形容奴隶主的封地较小，即便有诉讼也局限在小范围之内，不会引起大范围的麻烦，故而"无眚"。高亨先生则认为这里讲的是一个古代故事，一个奴隶主虐待其邑人，邑人讼之于更高级别的奴隶主，其主败诉而将受惩罚，因此归而逃去，其邑人三百户免受其害。又认为在古代，上面的贵族如果不公正、违反法度，下面的人可以提起诉讼，这是一种斗争手段，如果正常的斗争手段不能获得正当的结果，那么暴动、起义等斗争手段也就会开始出现。

六三爻："食旧德，贞厉，终吉。或从王事，无成。""食旧德"的第一种解释是"故有之美德"，第二种解释是指依靠祖业生活，就像我们现在说的"啃老"。

一个人如果有祖业，祖上给你留下了丰厚的资本，是你天生有福气，你能靠祖上的财富生活，能拿着祖上的财富去完成一个亿的小目标，这都没有问题。但如果不求上进，祖业终究有一天会被吃完，那时候就有问题了。就像我们平常讲，有的人是"含着金钥匙出生"，生在富贵人家，一辈子不愁吃穿，这就是"食旧德"。不过，老话又讲"君子之泽，五世而斩"，一般人家富贵不过三代，躺在老祖宗的产业上胡作非为，就会出问题。像晋武帝死后，历史上有名的低智商皇帝司马衷（晋惠帝）继位。晋惠帝刚刚开始"食旧德"，贪财善妒的皇后贾南风就阴谋策划扳倒杨太后一家，大开杀戒，诛杀杨氏及党羽数千人。两个人把晋武帝好不容易稳定的江山弄得乌烟瘴气，很快就导致了八王之乱。司马氏家族互相杀来杀去，整个时代一片混乱。还有清代的乾隆皇帝，康熙、雍正两帝为他积累下了丰厚的资本，他肆无忌惮地过着"食旧德"的生活，经过他炫耀式的盛世消费，为后代留下了巨大隐患，清帝国的根基在他手里便已衰弱，留给后人一个"爬满虱子的华丽长袍"。如果继承祖业的人能够明白这种"食旧德"的潜在问题，时常警惕，那便是"终吉"。

六三爻还有一层意思，指那些依靠祖业的贵族不顾现实情况，还妄图通过战争等办法来获得更大的荣耀和富贵，那是不可能成功的，就是"或从王事，无成"。《天龙八部》里面的慕容复，心心念念想要重建大燕国，但没有考虑到历史已经发生巨大变化，大燕国的时代早已经是一场梦幻泡影，他自己还停留在昔日的过往，终究逼疯了自己，也拖累了身边的人。

九四爻："不克讼，复即命渝，安贞吉。"这是讲诉讼之后，根据诉讼的结果做出相应的安排和改变，这样才是正确的、有利的。现在报纸上常常有报道法院判决后"执行难"、败诉一方有"拒不执行"的情况，这就是不尊重诉讼结果的行为，既不"克讼"，又不"复即命渝"，成了"老赖"，等到被强制执行了，得不偿失，就不能"安贞吉"了。

九五爻："讼，元吉。"争讼大吉。争讼为什么会大吉呢？《象传》说是"以中正也"，因为符合正道，所以才大吉。据爻象来看，因为九五爻处于尊贵之位，既中又正，所以"以正中也"。这也意味在打官司的过程中，不管你用了哪些手段、拉了多少关系，最终还是要看你诉讼的这件事本身是不是符合正道。所谓办成"铁案"、禁得起历史检验，本质上也还是要看这个"中正"。

上九爻："或锡之鞶带，终朝三褫之。"王侯赐予某人鞶带，但一天之内三次下令夺回，其人的荣宠不可保。为什么会被三次夺去鞶带、得失反复？为什么会失去荣宠？《象传》说："以讼受服，亦不足敬也。"靠争讼得来的赏赐，没有值得足够尊敬的功德，故而王侯赐予后又反悔，反复下令夺之。

邵康节先生曾写过一首《风月吟》，其中有两句：

终朝三褫辱，昼日三接荣。
荣辱我不预，何复能有惊。

这里"终朝三褫辱"，就是从《讼》卦的这个爻辞来的。"昼日三接荣"，是从《晋》卦"康侯用锡马蕃庶，昼日三接"来的。诗的意思是说，不以外在的这些荣辱作为人生的追求，就不会受到荣辱带来的震动，内心深处才会宁静。

综上，我们看到《讼》卦虽然是在讲"讼"，但它从始至终也都讲"理"、讲"德"。《周易本义》谈到这一卦，认为其包含了"告诫"之意，比如刚开始时候是"戒占者必有争辩之事，而随其所处为吉凶也"，就是戒告占卜者一定会有争讼的事情，不可以掉

闲坐小窗读《周易》

以轻心，不过这争讼的事情，究竟是好是坏，要根据占卜者在争讼中所处的具体情况来看待。到最后是"其占为终讼无理而取胜，然其所得，终必失之，圣人为戒之意深矣"，认为就算非理而获得了争讼的胜利，最终也将失去，这是古圣贤告诫我们的深意所在。

# 存亡之道，不可不察

能以众正，可以王矣。

——师·彖

《序卦》说"讼必有众起，故受之以师"，就是讲因为争讼，必定有人汇聚起来。俗言"聚讼纷纷"，可见"讼"必定有"众"，所以《周易》讲了《讼》卦之后，紧接着就讲象征众人聚集而起的《师》卦。《周易集解》引何宴说："师者，军旅之名。故《周礼》云'二千五百人为师'也。"把《师》卦解释为"出征"和"战争"的"兵众"，诸葛亮赫赫有名的《出师表》就是这个意思。

《杂卦》又讲："比乐师忧。"《师》卦之所谓为"忧"，是因为无论成败如何，战争都是令人担忧、让人痛苦的事情，它会毁灭很多美好的事物，"兵者，国之大事，死生之地，存亡之道，不可不察也"。很多时候，战争是为了获取更多的人口和土地，换成现在人们常说的话，就是为了获得更多的发展空间和资源。但人类就是这样矛盾：为了发展空间和资源进行战争，反而大大地伤害了人类的生活空间，阻碍了人类的发展进程。而战争的残酷性和悲剧性，更是对人类社会的反噬。东汉才女蔡琰身逢乱世之难，目睹了战争给身边的人带来的惨剧。她写过一首《悲愤诗》："斩截无孑遗，尸骸相撑拒。马边悬男头，马后载妇女。"战争中人们都被杀光了，到处都是尸骸，战胜的一方把死者的首级挂在马边，马后载着俘虏的女性。战争的这种残酷性，古今一样。二十世纪初德国作家雷马克曾经写过一部长篇小说《西线无战事》，描写了第一次世界大战中一群德国青年被送上战场，他们经历了战争的残酷和对生命的毁灭，战场上尸首累积，腐臭弥漫，而活着的人无时无刻不在死亡的阴影中，内心充满了绝望和哀伤。还有像《二十二条军规》《辛德勒的名单》等，都是有名的反战作品。这些作品都表达了"国之大事，死生之地，存亡之道，不可不察也"。今天很多人呼吁削减核武器、倡导世界和平，就是因为看到了战争把人类拖向劫难深渊的残酷和可怕。

《师》上卦坤、下卦坎，按照朱熹夫子的解释，古代的时候寓兵于农，平时是老百姓，打仗的时候就是士兵，这就像是把极凶险的事情融于极顺畅的环境中，把难以预测的兵戈战争藏于安静平和之中，所以形成了"师"之象。按今天的说法就是"军民一体化"。《师》卦辞说："贞，丈人吉，无咎。"这里的"丈人"，解释为大人，即贵族之意，或解释为军队里的总指挥。朱熹把"丈人"释为"长老""老成有谋略之人"，认为军队中的统帅宜用老成之人，这样才有利于行军。又认为"用师之道，利于得正"，而任老成之人乃得吉而无咎，就是讲出兵一要有正当的理由，二要用对正确的人。有正当的征伐理由，又用对了将领，出兵打仗就已经成功了一大半。

初六爻："师出以律，否臧凶。"出兵打仗，第一个要讲的就是纪律，军队中"一切行动听指挥"，如果不这样肯定打不好仗，会有凶险。历史上有不少"师出以律，否臧凶"的案例。如宋仁宗之时，宋军与西夏在好水川大战，韩琦命猛将任福率兵出击，提醒任福不宜冒进，但任福见西夏大军受挫，头脑发热之下忘了韩琦的指令，下令急追，没想到中了西夏大军的包围。任福虽然奋勇反击，但终因寡不敌众，战败而死。这就是"师出以律，否臧凶"。反之，治军必严、师出以律，则是战斗胜利的重要保证。很多人可能听说过这个故事：明朝的抗倭名将戚继光从南方调到北方镇守三镇，当时北方的官兵大多松松垮垮，毫无纪律而言，戚继光知道一旦开战，必败无疑。为了改造军队，他申请将自己在浙江训练好的官兵三千余人调至北方。一日清晨，暴雨如注，当地官兵一哄而散，只有从浙江来的戚家军在暴雨中纹丝不动，这让当地官兵深感震撼。戚家军常胜不败，与其严明的军纪大有干系。

九二爻："在师中吉，无咎，王三锡命。"其人身在军中，吉，无害，得到了国王的三次嘉奖。我们可以想象一下，一个人身负统帅三军的职责，率领着浩浩荡荡的王师出征，无数将士的生命、价值无限的军备，甚至整个国家的命运都交到了他手中，这种荣耀、恩宠不是一般人所能享受到的，但这种责任和压力也不是一般人所能承受的。所以《象传》说："在师中吉，承天宠也；王三锡命，怀万邦也。"就是讲这个人在军队中是吉的，因为他有着上天的恩宠，帝王把所有的关怀、呵护都给了他，"万千宠爱于一身"，让他感受到朝廷从上到下的期许。对帝王来讲，多次给这个人奖赏是希望他能够完成使命，能够战胜对手，让其他诸侯臣服。

六三爻："师或舆尸，凶。"军队中有人载着尸首而归，意味着战争失败。从爻象来看，六三爻为阴，居于九二阳爻之上，又在坎水险要之处，险而不当，故凶。《象传》说"大无功也"，说的是战争失败、毫无功绩。朱熹说它是"不中不正，而犯非其分"，就是批评这种情况是既不符合正理，又不符合其身份，还有非分之想，所以会带来凶险的结果。孔夫子讲："名不正则言不顺，言不顺则事不成。"换而言之，"不中不正"是办不好事情的。

六四爻："师左次，无咎。"军队驻扎在左面，没有危害。这是讲军队驻扎在了正确的地方，才利于行军打仗。不管是打仗还是做别的事情，都讲究一个天时地利人和，这里的"师左次"，就是地利。《左传》记有"凡师一宿为舍，再宿为信，过信为次"，军队驻扎一晚上就是"舍"，两晚上就是"信"，三晚上以上就是"次"。可见这里的军队驻扎了不止一天两天，搞不好是持久战。

六五爻："田有禽，利执言，无咎。长子帅师，弟子舆尸，贞凶。"这句的意思是：打猎有收获，执行上级的命令没有坏处。长子率领军队出征，次子战败身亡，载尸而归，占问乃凶。不过，有学者认为这一句应该解释为：六五爻为用师之主，柔顺而中，用兵本非己愿，但敌人来犯则奋起反抗，故而"田有禽，利执言"。这就像现在说的"不惹事，但不怕事"，我们热爱和平，不愿意挑起战争，但若敌人来侵犯，则不害怕、不退缩，应当自卫反击。朱熹认为这里还有一层意思：如果让君子做事，就放心让他去做，不可以让小人参与其中，否则本来是好的局面也可能会变坏，就会"舆尸而归"。

朱熹讲的这个话很有道理。比如唐代乾元年间，史思明率大军南下，名将郭子仪、李光弼领军抗击，但唐肃宗偏偏派了权宦鱼朝恩在大军中监控。据说鱼朝恩胸量狭小、才能鄙陋，又在战斗中刚愎自用，牵制郭、李，导致唐军大败。有历史学家认为，此次唐军失败的原因很复杂，包括郭子仪与李光弼的矛盾、唐肃宗对将领的猜忌、唐军的实际战斗力等。但不管如何，放手让贤能做事、不要让小人瞎掺和，这个道理还是对的。大多数时候，失败不是因为强敌，而是因为内讧。

上六爻："大君有命，开国承家，小人勿用。"战斗胜利之后，大王以功封赏诸臣，大摆庆功宴。"开国"，指诸侯建国；"承家"，指封赏大夫，承受家邑。这一爻充满了胜利后的喜庆氛围：一场艰苦卓绝的战争结束，帝王按照功劳的大小对有功之人进行犒劳、封赏。对那些立了大功的有德行、有能力之人，可以授予爵土，让他治理一方；对那些有点小功劳，但德行不足、能力有限的人，多赏赐钱财，让他们过过潇洒日子就可以了，可不能让他们管理一方。大至国家如此，小至一个公司也是如此。有位企业家朋友曾说过一件事，当初他和几个亲戚一起创业，经过几年打拼终于有了些成就，但有个入股的堂哥爱贪小便宜，又吃回扣、任人唯亲、拉帮结派，随着公司发展，他给公司带来的麻烦越来越多。经过大伙商议，决定只让他持有股份，不再参与公司的管理。这同样也算是"开国承家，小人勿用"吧。

苏轼说："小人之情，非为朝廷之计，亦非为先帝之事，皆为其身之利也。"意思就是这些小人哪里懂得国家利益和民族大义，不过都是为了自身利益罢了。因此，对那些斤斤计较于私利的人，就算偶尔立下功劳，也不能给予重任。正如《象传》所言："小人勿用，必乱邦也。"如果用了，是要出大问题的。

# 和你在一起，很快乐

原筮元，永贞无咎。

——比·卦辞

　　前面提到，《杂卦》讲"比乐师忧"，指《比》卦表达的是快乐、欢欣，《师》卦表达的则是忧愁、担心。《序卦》讲："众必有所比，故受之以比；比者，比也。"众人在一起共事，肯定需要互相帮助，所以"比"的意思就是辅助、帮助、亲近、愉悦。《来氏易》讲《比》卦，认为是指兵士众多，需要相互亲近比辅才能得以成功，"众起而不比，则争无由息；必相亲比，而后得宁也"——大家在一起必须亲近互助，才能搞定争端，得到安宁，才能"永贞无咎"。

　　《比》为什么是快乐、是吉利？因为它给予了人们"亲近"的图景。大家和和气气在一起，相互依靠、相互帮助，没有战斗、没有争讼，有什么不好？宗教故事里，经常会描绘一个没有贪欲、没有争斗、没有恶的世界，所有生命体都和谐地生活在一起。要是人们能把心中常有的那些烦恼、恶念、欲望，统统都抛开，转化成友爱、喜乐的种子，就能做到"比，吉也"。就像清人刘鹗说的："情天欲海足风波，渺渺无边是爱河；引作园中功德水，一齐都种曼陀罗。"那就非常圆满，非常吉祥了。

从卦象来看，《比》上卦为坎、为水，下卦为坤、为地。卦辞说："吉。原筮，元永贞，无咎。不宁方来，后夫凶。"卦辞首先认为，这一卦是吉，再筮也是大通顺的，占问长期都是没问题的。这说明"比"是总体不错的。然后卦辞又讲："不宁方来，后夫凶"，不愿臣服的邦国来了，后到的人凶。这是指对那些不愿意臣服的人，杀掉其中最不服气、最不敬者，以儆效尤。高亨先生认为这里是讲一个古时候的故事，大概是禹杀防风氏之事。在传说故事中，防风氏是巨人，一节骨头都大到要用车来拉。《国语》记载禹杀防风氏："昔禹致群臣于会稽之山，防风氏后至，禹杀而戮之。"据说禹统治天下，起初有部落并不愿意臣服，让禹很不开心。禹有一次召集各部落开会议事，防风氏姗姗来迟。防风氏迟到，禹很不高兴，后果很严重，立刻诛杀防风氏来震慑其他部落首领，强调自己老大的地位。

《象传》说："地上有水，比。先王以建万国，亲诸侯。"上半句讲的是自然现象，以水和大地而言，凡物亲和比辅，莫如水与大地，相互之间胶着不可分离。下半句讲的是社会政治现象，"先王以建万国，亲诸侯"，指周初分封建国、亲亲尊尊，周朝初期一系列的措施安定了当时的社会统治，稳固了中国的伦理秩序。和谐的社会政治秩序，也如水和大地一样，自然而流畅。

初六爻："有孚比之，无咎。有孚盈缶，终来有它，吉。"讲的是得到了俘虏，你能感化他们，使得他们愿意亲近你、拥戴你，这样就没有害处。得到了财宝，装满了瓦器，就算后来有所变故，也没有太大问题，终究也是吉的（因为有财富，能够通过它来救急救难）。这里讲的有点类似"统一战线"或者"感召"的意思。那些本来不是与你同一战线的人，甚至与你为敌的人，经过你的征服和沟通，最终让他们臣服于你、乐于拥戴你，"比"之于你，这是吉庆的。历史上一些战争的案例告诉人们，战争持续到一定时期，非正义的一方军队投降、哗变，甚至掉转枪口。这些投降的军队，在得到正义之师的优待后，往往会改变立场，成为正义之师的一部分，这就是"有孚比之，无咎"。

六二爻："比之自内，贞吉。"讲的是一个集体、一个团队，大家能够从内部开始亲近、相互依靠，这就很吉祥美满。这一爻的重点是诚意要发自内心，从内心真诚地对待身边的人，没有心机，不整人、不害人，故而才能够感动人、感化人、影响人。发自内心的亲近和睦，才是真正的亲近和睦，表面一团和气，私下暗使绊子，那是口蜜腹剑。

那么，怎么才能够做到这一点呢？《象传》说"不自失也"，就是要求你自己本身没有过失，做得到"廓然大公"。梁漱溟先生在晚年接受采访，谈做人和做事时，就特地讲"廓然大公"这四个字。一个人真诚直率，没有私心、没有阴谋诡计，就非常了不起，值得让人钦佩。晋简文帝曾经在评价王怀祖时，说他"才既不长，于荣利又不淡，直以真率少许，便足对人多多许"，就是说他这个人没有啥出众的才干，对功名利禄又看重，不过呢，就凭他那一点点真诚直率，就足以抵得上别人很多优点，可见真诚直率在古人看来极为重要。我读大学时候，一位老先生聊天时，笑言自己一无是处，但有一个底线，那就是对人真诚，不管在什么环境下从来不整人、不害人。老先生说的这个底线，说起来简单，做起来太难了，尤其是能够在利益诱惑、权势威逼面前依然做到这一点，实在让人敬佩。

六四爻："外比之，贞吉。"我们对外部的人与事能够亲近、友善，那也是非常吉祥美满的。为什么我们对外部的人和事也要亲近呢？这是因为"外比于贤，以从上也"，是因为我遇到了比我更加优秀的人，让我愿意跟随他。这种优秀不是他事业做得有多大、赚钱赚得有多少，而是他的人格魅力让我忍不住从内心深处想亲近他、跟随他。在实际生活中，某些人在做大官或者赚大钱的时候，会有很多人去阿附他、奉承他，争先恐后的"比附之"。但这种亲近不过出于利益，一旦没有了利益，这些人立马转身离开，就像人们常说的"翻脸比翻书还要快"。当官当惯了、有钱有惯了，忽然某一天失去了这些，本来门庭若市忽然变成了门可罗雀，那种心境确实会让人发出"人走茶凉"的感慨。

九五爻："显比，王用三驱，失前禽，邑人不诫，吉。"这里的"显比"就是亲近光明、热爱光明。"王用三驱，失前禽"，大意是说君王打猎三面驱围，一面放开，让前方的禽兽逃掉。附近的乡民没有被惊扰到，因而不加戒备，吉祥。据《史记》载："汤出，见野张网四面，祝曰：自天下四方皆入吾网。汤曰：嘻，尽之矣！乃去其三面，祝曰：欲左，左。欲右，右。不用命，乃入吾网。诸侯闻之，曰：汤德至矣，及禽兽。"讲商汤看到野外有人张网扑鸟，那人祈祷说，希望东南西北天下的鸟都被我的网捕捉到。商汤忍不住叹道："哎呀，这太过分了。"他让人拿掉了三面的网，只剩下一面，祈祷说："鸟儿啊，你们要往左就左，要往右就右，不想活下去的，再到我的网中吧。"这就是王用三驱，网开一面。诸侯听说这件事之后，都认为商汤之德不可估量，天下必定会归顺于他。不过现在全球市场经济，可完全不一样。排行榜上的大企业，张开各种大网：金融业的钱、制造业的钱、农林渔业的钱，统统到我网里来。张网都来不及，怎么舍得撤网？于是乎，每个人都被圈在这些网里，躲不开、逃不掉。网越来越紧，人也越来越累。丧一代、躺一代，就是对这些大网的某种反抗。到某种程度、某个时候，大网和网中人，又会形成一种新的平衡，到那时候人们又会说："大网松也，汤德至也。"

《比》卦的快乐和吉庆，除了"比辅""亲近"带来的愉悦之外，还可以说一点：我们在滚滚红尘中磨炼，有时会遇到小人，或多或少要受到别人的恶意和构陷，这是无可奈何之事。不过，要记得我们自己可以保持宅心仁厚，可以选择绝不当小人，有了这个底线，自然会坦荡而愉悦。

# 小小的一片云呀，慢慢飘过来

君子以懿文德。

——小畜·象

读《小畜》这一卦时，让我联想到一首流行老歌："小小的一片云呀，慢慢地走过来，请你们歇歇脚呀，暂时停下来。"天空中一片小小的云彩，随风慢慢被吹过来，由云彩之动而知道风之动，所到之处万物得以滋育，这就是风天《小畜》之象。

《小畜》一卦，大体意思是"小小的积蓄"，也有"养育""恩泽"的意思。《序卦》说："比必有所畜，故受之以《小畜》。"就是认为它有"蓄养"的意思。《杂卦》又说："《小畜》，寡也。"就是认为它有"小小的积蓄"之意。除此之外，《小畜》还含有德育教化之意。《象传》说："风行天上，'小畜'。君子以懿文德。"就是讲教化如同风在天下吹拂一样，君子要赞美德育教化，要明白德育教化的重要作用。这就是告诉大家要好好学习、天天向上，要学会积累自己的力量；我们懂得了这些道理，就能够茁壮成长，让自己的财富有所积蓄，日子过得滋润而充实。

从卦象而言，《小畜》上卦为巽、为风，下卦为乾、为天，象征着风调雨顺，谷物生长。"畜"本有田中作物茂聚、欣然生长之意，引申为积蓄，"小畜"即为小小的积蓄（或指具体的物质积蓄，或指力量的积蓄）。古人解释说"此非大通之道，则各有所畜以相济也。由比而畜，故曰'小畜'而不能大也"，就是讲跟随着《比》卦而来的《小畜》，还算不上"大通之道"，只不过大家各有一点积蓄，相互之间还能帮助一下，日子还过得去，但远没有到兼济天下的气度。此时力量有限，还不能够谋划大事，必须经过一段时间的努力和发展，才可大有作为，才能到"大畜"。

《小畜》卦辞讲："亨，密云不雨，自我西郊。"直译过来就是：亨通，天上有厚厚的云层，但是不下雨，是从我的西面而来。意思指事情还在酝酿之中，这个时候积蓄虽小，但对事业也亨通有利。据说羑里在岐山之西，是周文王祖母太姜的娘家，周文王被囚羑里之时，他的德育教化还没有施行，所以叫作"密云不雨"——就像厚厚的云层在天上，雨还没有落下来的样子，比喻他的德育教化尚没有恩泽世间。如果从社会准则和道德风尚的推行来讲，这个时候大家都还没有形成一个较为公认的准则和规范，民风缺乏圣人的教化，民德尚未归厚，如同田间的作物还没有得到上天的雨露恩惠，不能生长结实。

另外有学者认为，甲骨文的"畜"是一个会意字，意为牛鼻被牵引而呼出气的样子。"家养谓之畜，野生谓之兽"，所以畜的本义是指驯养家畜。从《序卦》的顺序来看，前面《比》卦讲的是一个群众团结、君臣和睦的社会，在此亲密无间的和谐关系中，人们生活水平提高，小有积蓄，不但可以养有家畜，还有的人可以畜养奴仆。古时奴隶与家畜皆为私人财产，故而"畜"便是"蓄养"之意。再从卦象来看，《小畜》上卦为鸡，下卦为马，所以也象征畜养鸡、马之意。自古以来，较为殷实的农户一般都蓄养有鸡、马、牛、羊、猪、狗，这表明他们的日子还比较富裕，财富有小小的积蓄。中国历来民生多艰，这种快乐自足的日子是大多数中国人所向往和钦羡的。

初九爻："复自道，何其咎？吉。"回到自己的道路，有什么不对呢？这是吉祥的。这里主要是讲我们做人做事，都应该常常回过头来想一想自己的本心是什么，回到这个本心，才不会迷失自己，才会吉祥如意。有一次，有位搞金融的朋友向我咨询意见："老师，我一直很喜欢文学，你看我现在重新去学习好吗？"我问他："会影响收入和生活吗？"他说："影响不大，我准备读在职的。"我说："那就读啊，'复自道，何其咎'，为何不读？"

另外这句话也可以理解为释家说的"本来面目"，一个人忽然大彻大悟，看到自己的本来面目，那就是成圣贤了，当然是极好的。还有一个就是浪子回头金不换。那些痴狂少年、反叛古惑仔，某一天忽然迷途知返，回到原来的道路上，当然是吉。我觉得这三个角度都说得通。

如果从卦象来看，初九爻变为初六爻，风天《小畜》则变为了《巽》卦，上卦与下卦皆为巽，这就是"复自道"，回到了《巽》卦本身。

九二爻："牵复，吉。"一种解释是：某人出去了，被人家拉着回来，也是吉利的。意思是说，如果不知潜在的风险贸然而行，行动中又忘记了最初的本心，这时被家人或朋友提醒，让你不要忘了最初的理想是什么、自己是什么样的人，虽然是被动的反省，但如果你虚心接受，这就是吉利的，如果依然执迷不悟，那就有麻烦了。另一种解释是：牵连着回来，是吉的。这种解释似乎更强调相互间的关系，有点儿同进同退的意味。《象传》解释说："牵复在中，亦不自失也。"是说它有中正之德，能进退自如而不失其节操，所以吉庆。

九三爻："舆说辐，夫妻反目。"车轮中间的直条脱落，车子坏了，夫妻反目，关系不和谐。《象传》解释这一爻："'夫妻反目'，不能正室也。"夫妻为什么反目？是因为不能够使家庭正道而行。"正室"，就是要让家风正，家风不正，家庭就完蛋。高亨先生说"爻辞所示者乃人与人相乖离之象""彼此乖离，则不成家"，就是讲大家互相乖离，相互指责挑剔，很不和谐友好，那么人与人之间则没有聚合力，就不能合成家庭。其实，何止家庭如此？一个单位，同事间不干正经事，整天搞来搞去，肯定没前途。一个社会，大家都戾气十足，对别人都看不惯，仇这样仇那样，不出问题才怪。

六四爻："有孚，血去惕出，无咎。"此处的"血"当作

"恤"，忧患的意思。得到俘虏，忧患将去，远出可以无咎。也可以解释为有诚信，因此能够得到别人的帮助。言外之意是说，如果想没有忧患，不被人诬陷，自己一定要有诚信才行，这样才能得到别人的帮助和支持。"巧言令色鲜矣仁"，是迟早要被人看透，得不到别人信任和帮助的。

九五爻："有孚挛如，富以其邻。"第一种解释是：有很多被捆绑着的俘虏，发财了，并且顺便让邻居也跟着发财了。《象传》解释这一爻："有孚挛如，不独富也。"就是说富裕了，但不能只顾自己，要"先富带动后富"，否则就富得没有意义。第二种解释是：战胜了邻国，获得了很多俘虏，所以发财了。

上面第一种解释的核心是"先富带动后富"，第二种解释的核心则是"把自己的富裕建立在掠夺别人之上"。前者有利己及人的共同富裕观，后者则有殖民掠夺的意味，两者含义绝不相同。现在这两种情况在我们的日常生活中都很常见。第一种人有了钱之后会做公益、做慈善，把很大一部分钱回报给社会。新闻报道一些企业家和知识分子自己过着朴素的生活，却把很多钱捐赠出来建设希望小学，这也是"不独富也"的表现。第二种人会削尖了脑袋赚钱，用各种手段把别人的钱捞到自己口袋里，然后自己过奢靡的生活，或者做舍不得花钱的守财奴，这就是"独富也"的表现。

上九爻："既雨既处，尚德载。妇贞厉，月几望；君子征凶。"一会下雨，一会雨停了，路难行，但还有车子坐坐；妇人在此时占问，得到的结果是有危险；君子此时出征，有凶险。《象传》说："既雨既处，德积载也。君子征凶，有所疑也。"君子出征凶险，是因为君子对于敌我形势、战斗环境、斗争策略等问题都有所疑惑、犹豫不决，所以战斗不一定顺利。

我们看到这一卦，"密云不雨"之后必定会天施甘雨，让大地滋润、作物生长，民众会小有积蓄、生活小康。雨露降临，又隐含着德化教育之意，故而"君子以懿文德"。从初九爻开始到上九爻，先讲有了教化之功，人们可以回到自己的本心。如果走错了道路，受到教化而知道回归正途，就是好的。如果一个社会没有教化之功，大家就不能和睦相处，会互相伤害；有了教化，就会有诚信，有了诚信，就会相互帮助，共同富裕。如果教化之功不足，人们就会有所疑惑，正人君子也不能贸然实施自己的计划，否则不知道会带来什么危险。总体而言，从以上的思路分析下来，可以看出《小畜》隐含的旨趣是由谋划、孕育而行动，由行动而有所收获，由物质而有精神，由德教而成就事业。

# 何不潇洒走一回

视履考祥，其旋元吉。

——履·上九

二十世纪九十年代，有首歌曲《潇洒走一回》风靡一时，其中有几句歌词是："天地悠悠，过客匆匆，潮起又潮落；恩恩怨怨，生死白头，几人能看透？"唱得既伤感沧桑又慷慨激昂。

《履》卦的大意是走动、行动，某种意义上来看，《履》卦就有"潇洒走一回"的韵味。《序》卦说"《履》，不处也"，足踏地而行，不是静止不动，所以《履》为"不处"。不过，《履》卦又含"礼"的意思，《序卦》说："物畜然后有礼，故受之以《履》。履者，礼也。"为什么《履》和"礼"能够联系到一起？高亨先生认为，当时礼为人人必当践行者，君子观此卦象和卦名，从而制礼明礼，以分别上下之地位，故而《履》与礼有关。

《履》卦辞说："履虎尾，不咥人，亨。"踩到了老虎的尾巴，但是没有被吃掉，所以亨通。为什么踩了老虎尾巴没有被吃掉呢？是因为运气太好了。为什么运气会这么好呢？《象传》的前半段解释是："柔履刚也，说而应乎乾，是以履虎尾，不咥人。"知道以柔制刚，尽管你踩到了老虎的尾巴，也不会有问题。《象传》后半段说："亨，刚中正，履帝位而不疚，光明也。"这就是讲人如果能刚直、中正，身居大位而处事光明磊落，待人待物坦荡自在，没有丝毫愧疚，那么自然亨通有利。从具体人事的角度来看，面对粗暴、恶劣的人，你不附和他，指出他的问题，尽管对他有所触犯，但你的态度柔和而行为正当，因此也不至于惹起他的怒火而带来危险。

卦辞在这里告诉我们，胆敢踩老虎的尾巴而没有危险，起码要做到两点：一是无所畏惧，二是方法得当。无所畏惧，才能有胆量去踩老虎尾巴；方法得当，才能保证自己在踩了老虎尾巴之后还能安全无虞。前者比较容易，冲动的人就能做到，但后者就需要智慧了。

东晋简文帝司马昱死后，孝武帝司马曜即位，大司马桓温率兵进驻到新亭，朝廷震惊。过了不久，桓温便派人传话，要王坦之和谢安两个人去新亭见他。众人皆以为桓温要废幼主、杀谢安和王坦之等大臣。王坦之接到信报后非常担心，对谢安说恐怕这次我们两人凶多吉少。谢安则镇定自若，说："晋祚存亡，在此一行。"就是说，当前国家的安危存亡，就看我们这一次的潇洒走一回了。到了新亭，两人看见桓温兵营肃杀，又发现桓温在壁后埋伏武士。王坦之吓出一身冷汗，而谢安泰然自若地与桓温周旋。

他对桓温说："安闻诸侯有道，守在四邻，明公何须壁后置人邪？"意思是：我听人讲，诸侯有道，守在四邻，你又何须在壁后藏人呢？这番话让桓温有些尴尬，心想：哎呀，玩的小花招被你发现了？既然都被发现了，这种小孩子游戏就玩不下去了，找了个借口撤走兵士。出于种种原因，桓温这次终究没有杀谢、王，谢安和王坦之安全回到建康。面对桓温这只猛虎，谢安这次走新亭，就是"履虎尾，不咥人，亨"，踩着老虎尾巴潇洒走了一回。

初九爻："素履往，无咎。"穿着朴素的鞋子出去，无咎。它比喻一个人的动机和行为皆纯洁朴实，因此不会有危害。这里穿的不是名牌鞋，不是花里胡哨的时尚达人鞋，而是普普通通、朴朴实实的"素履"。穿着这样的鞋子走路远行，让人踏实、放心。就像苏东坡说的："竹杖芒鞋轻胜马，谁怕？一蓑烟雨任平生。"人生路途，何必爱马仕、普拉达，一双草鞋亦可以潇洒走天下。

《周易禅解》说这一爻讲的是伯夷、叔齐之履。伯夷、叔齐是商末孤竹君的两位王子，相传孤竹君遗命立三子叔齐为君。孤竹君死后，叔齐让位给伯夷，伯夷不受，叔齐也未继位。周武王伐纣，二人扣马谏阻，夷齐云："父死不葬，爰及干戈，可谓孝乎？以臣弑君，可谓仁乎？"责备周武王伐纣不仁。武王手下欲对夷齐动武，姜太公制止了他们，感叹说："此义人也。"扶而去之。武王灭商，伯夷、叔齐耻食周粟，隐于首阳山，采集野菜而食之，及饿将死，作歌唱道："登彼西山兮，采其薇矣。以暴易暴兮，不知其非矣。"批评以暴易暴的不正当性。孟子评价说"伯夷，圣之清者"，赞赏伯夷他们是圣人里面清白、高洁的代表。《周易禅解》在此把"素"作为"高洁"的含义，以这一爻比喻伯夷、叔齐的行为。

九二爻："履道坦坦，幽人贞吉。"走的道路平坦宽阔，有利于隐居之士。"幽人"，一种解释是"隐居之人"，另一种解释是"囚禁之人"，这里取前一种解释。

《周易禅解》又说，这一爻讲的是柳下惠、蘧伯玉之履。柳下惠是春秋鲁国人，展氏，食邑柳下，私谥为惠，故称柳下惠，他最著名的故事就是"坐怀不乱"。孟子推崇柳下惠，说："柳下惠，圣之和者也。"认为他随和平易，与任何人相处都不会受不良的影响，不因官职卑微而辞官不做，身居高位时不忘推举贤能，隐逸民间时没有怨气，与乡下百姓相处也很愉快，所以是最能代表"和"的圣人。柳下惠坚持"直道而事人"，最后去官隐遁，成为"逸民"。孔子评价他："降志辱身矣，言中伦、行中虑，其斯而已矣。"相比伯夷、叔齐宁肯饿死也不食周粟，柳下惠肯降低自己的理想，虽然屈辱了身份，但是能做到言行举止合乎道德和理智，非常不易。

前面曾提及，蘧伯玉是春秋时期卫国大臣，主张以德治国。他"年五十而知四十九年非"，其自省精神传颂至今。孔子说："君子哉，蘧伯玉。邦有道，则仕，邦无道，则可卷而怀之。"赞赏蘧伯玉的舒卷有道、进退有度。春秋后期诸侯兼并，整个社会动荡不安，蘧伯玉在此过程中对权贵的非礼非法之处，能阻止则规劝阻止，无法规劝阻止则坚决不同流合污。蘧伯玉一生中始终保持品正行端，无论仕还是隐，皆坦荡而行。南北朝何逊有诗写道：

诘旦钟声罢，隐隐禁门通。
蘧车响北阙，郑履入南宫。

"蘧车响北阙"一句就是讲蘧伯玉驾座过宫门而下的典故。某夜，卫灵公与夫人夜坐，闻车声辚辚，至宫门而止，过了一会儿远处才又响起马蹄声。南子说："这一定是蘧伯玉。"卫灵公问夫人："你如何知道？"夫人说："我听说臣子为了表达对君王的敬意，路过宫门要停车下马步行而过。真正的忠臣孝子不会因为光天化日才持节守信，更不会因为独处暗室就放纵堕落。蘧伯玉是贤大夫，敬以事上，此其人必不以暗昧废礼贤人。"卫灵公不信，派人暗地查访，发现昨夜驾车之人果然是蘧伯玉。

柳下惠和蘧伯玉隐居之后讲学授徒，以另外一种方式影响着当时的社会，乃至影响了我们整个民族文化性格，其功至伟。他们当然都算得是"履道坦坦，幽人贞吉"。

六三爻："眇能视，跛能履，履虎尾，咥人，凶。武人为于大君。"眼睛瞎了却似乎还看得见东西，脚瘸了却似乎还能走路；踩到了老虎尾巴，被咬了，凶险至极。

此处讲的是人没有什么才干，却担任要职，所以会招致祸败。

这就像武夫没有治国才能，却勉力为一国之君，终究要出问题。《象传》解说这一爻："眇能视，不足以有明也；跛能履，不足以与行也；咥人之凶，位不当也；武人为于大君，志刚也。"就是讲目盲而视物，不能称之为明察；瘸腿而行路，不能称之为能走；咥人之凶，是能力与职位不相当。武夫成为一国之君，遇事刚愎自用、逞强任气，不能担当其位。

《周易禅解》说这是"项羽、董卓之履"。项羽与董卓都是勇猛过人的汉子，于乱世之中崛起，但终究还是免不了乱世枭雄身死事败的悲剧。这就是"武人为于大君"。这一爻可以与《系辞》所讲的"德薄而位尊，知小而谋大，力少而任重，鲜不及矣"联系起来看，它们讲的都是一个人的德行、智慧、才干皆不足以担负身上的使命，故而是不利的。

九四爻："履虎尾，愬愬，终吉。"踩着老虎尾巴，胆战心惊，终究还是吉利的。

踩着老虎尾巴，把自己吓得半死，怎么还会是吉的呢？按照蕅益法师的解释，认为这一爻是"周公吐握勤劳之履"，所以才会"终吉"。周公派长子伯禽去鲁地，临行时告诫说："我是文王之子、武王之弟、成王之叔父，身份不可不谓高贵，但因为要接待贤士，洗一次头要三次握起头发、吃一顿饭三次吐出正在咀嚼的食物，这样还怕失掉天下贤人。你到鲁国之后，千万不要因有国土而骄慢于人。"后世遂以"周公吐握"指礼贤下士、勤劳为公，曹操亦感叹"周公吐哺，天下归心"。但周公在辅助成王之时，管叔在列国散布流言，说周公欺侮幼主，图谋篡位。此言传布久之，周成王起疑，周公心怀恐惧，为避祸辞去相位，避居东都。后来成王打开了金滕，里面藏有当年周公为武王祈祷的册文，成王才明白了周公的大公无私，迎周公重归朝廷。白居易曾感叹："周公恐惧流言日，王莽谦恭未篡时。向使当初身便死，一生真伪复谁知。"假如当初管叔四处散布周公有反叛之心，而金滕之文始终未被成王所知，那就说不清楚周公到底是忠是奸了。所以在这种情况下，周公掌握大权、辅佐成王之时，吐握勤劳，就是"履虎尾"；面对流言诽谤，恐惧流言日，就是"愬愬"；但毕竟重新回到朝廷，叔侄释怀，就是"终吉"。不过，历史上毕竟只有一个周公，不是每个人都能做周公，也不是每个人都有周公的运气。曹魏之时，曹植与曹丕都有意于帝位，但曹操终究选择了曹丕。曹丕即位之后，对自己这个兄弟极为忌惮。文帝之后，曹植依旧被明帝猜忌，郁郁不得志，时时身处险境，不得不写诗明志。其《怨歌行》说："为君既不易，为臣良独难。忠信事不显，乃有见疑患。周公佐成王，金滕功不刊。推心辅王室，二叔反流言。待罪居东国，泣涕常流连。"曹植借周公之事，叙述自己内心的忧伤。

另外，中国老话讲"伴君如伴虎"，这也算是"履虎尾"的另一个说法。君王之心难测难料，常伴君王之侧虽然有荣华富贵，但也难免有得罪君王之时，所以这种情况和"履虎尾"非常相似，必须时时警惕、时时保持诚惶诚恐的状态，随时"愬愬"，才得

"终吉"。清朝大臣张廷玉的座右铭就是"万言万当不如一默"，知道自己服侍康熙、雍正，必须时时小心谨慎，否则就会获罪。不过张廷玉"愬愬"了一生，还是在晚年得罪了乾隆而被黜斥。这也是他的可怜、可悲、可惜！

九五爻："夬履，贞厉。"穿着的鞋子破了，有伤足、跌倒的危险。这比喻依靠伪劣的工具做事，则有败事之危险。这种伪劣工具，我想也可以指那些伪装品行好、有能力的小人，就是四川人讲的歪货、水得很。从古至今，抱大腿、顺杆爬的人太多了，领导或多或少喜欢这种人，但这种人毕竟靠不住。这一爻就是提醒领导，喜欢归喜欢，但可别看错了人。

上九爻："视履考祥，其旋元吉。"比喻行为谨慎，考虑周详，处事周璇圆满，大吉利。

把九五爻和上九爻联系起来看待，就是讲既要注意外部环境的利弊情况，更要注意内部环境的完善以及主观上的谨慎。

总体来看，《履》卦讲的是如果我们内心坦荡，出发点朴素、行动纯洁，即便行走在危险之地、冒犯威权之人，也无大害，在主观上加之考虑周详、行为审慎，就会大吉。这就好比说，君子生活在人世间，用不着考虑太多的利益，也用不着纠结太多的恩怨，自然会有好的结果。君子只管抱定信念，坦坦荡荡地素履而行，就不愧在这世间潇潇洒洒地走一回。

# 恐惧也是一种修行

君子以恐惧修省。

——震·象

我小时候生活在高原山区，夏天下雨时常常伴随着打雷。一道闪电从天空划下来，一直拉到地面，随即一声巨响，震动山谷。有经验的老人听了雷声，偶尔会叹息："刚才这一下，不晓得哪个人又被雷打了。"果不其然，第二天就传出新闻："某某某，昨天被雷打了。"接下来，大家会讨论："被雷打的这个人，不孝顺老人，该打。"偶尔也会有失误，被打的人既孝顺老人又友爱乡邻，于是大家就会感慨："雷公打错人了。"雷公打错了人，大家除了感慨，似乎也找不出什么好办法。不过，雷公为什么要做这种打错人的事情呢？小时候一直不理解，直到后来看了《震》卦，才找到了那么一点点可以解释的理由。

八经卦中"震"为雷，《震》卦就是谈打雷的卦。《震》卦辞："亨，震来虩虩，笑言哑哑，震惊百里，不丧匕鬯。"这是说，天上打了一个大雷，有的人吓得直哆嗦，有的人哈哈大笑毫不在意；有的人泰然自若，手中拿着勺子，勺中美酒一点都没有洒出来，这是亨通的。

我们在山区生活过的人都有经验，夏季打大雷的时候，天空中乌云密布，黑沉沉的一片，忽然之间天空中划破一道闪电，然后就是震耳欲聋的响声，有时候还会有落地的火焰雷，引发山火，让人感受到大自然强大的威力。这个时候，胆子大的人会比较坦然。在古人眼中，在雷雨天依然保持镇定的人往往会比较有出息，认为这种人有胆识、可谋大事。比如三国时候的名士夏侯玄，有一次靠着亭柱作书写字，当时一个霹雳打下来，不但击破了他倚靠的柱子，还把他衣服烧着了，左右的宾客都吓得跌跌撞撞、站立不稳，而夏侯玄依旧神色不变，作书如故。这就是"震惊百里，不丧匕鬯"的胆魄。另外，书上记载王戎小时候，有一天魏明帝在宣武场上展示他的猛虎，让老百姓都来观看，小王戎也去凑热闹。老虎攀栏而大吼，其声震地，旁观的人都大惊失色，不少人颠仆倒地，只有王戎神情淡然，了无恐色。这也是"震惊百里，不丧匕鬯"的本色。

也有借雷公之事讥讽时政的。如唐代韩偓曾写过一首诗：

闲人倚柱笑雷公，又向深山霹怪松。

必若有苏天下意，何如惊起武侯龙。

这是嘲讽朝中乱臣，尤其是有野心的朱全忠，你乱打雷干什么呢？想震慑谁？只有无聊的人才做这些毫无意义之事，若你想要复兴帝国，与其乱来，还不如老老实实寻找经世济国的贤才。

为什么在巨雷一个接一个、百里震动的情况下，《震》卦辞却会说"亨"，认为事情还是亨通的？《象传》解释说："亨，震来虩虩，恐致福也。"人们听到巨雷而感到惊惧，有可能就会反省自我，提醒自己行动需要谨慎，故而得福。《象传》对此的解释则是："君子以恐惧修省。"雷声阵阵，君子这时会感到警觉，自我考察是否有做得不对的地方，反省而修德，把外在的自然现象与个人私德联系起来，提醒自己要更加注意人格的完善，这样才会"亨"而无害。这里主要的意思就是讲，君子惊恐不要紧，关键要在惊恐之后"修省"才是。《论语》记载孔子其实也"迅雷风烈必变"，可见圣人也是听到大雷而色变，并非完全不顾外部环境的风险。

究其原因，可能是古时候科学不发达，古人不理解打雷的原理，认为打雷是上天的警告，所以会与自身的道德、行为等联系起来，才会有"恐惧修省"的反应。二三十年前在山区生活，我就见过打大雷的时候，有老人自言自语向空中诉说自己哪里做得不对，以后会注意改正。这是很有意思的情形。现在我们科学发达了，知道打雷的原理是雷雨云中的放电现象，是正荷雷云与负荷雷云互相撞击产生的，所以打雷再怎么猛烈，也不会觉得是上天的警告，不会"恐惧修省"了。这个情况一方面说明人类对大自然的认识在不断进步，另一方面也说明人类对大自然的敬畏在不断消亡。这究竟是好还是坏，实在难以简单断定。

初九爻："震来虩虩，后笑言哑哑，吉。"打雷了，让人担忧害怕，然后又开心、不担忧，是吉利的。为什么又是担心又是不担心，又是害怕又是吉利？其实这里想要表达的意思，按照《象传》的解释就是："震来虩虩，恐致福也；笑言哑哑，后有则也。"震来虩虩，是因为它让人们感到恐惧，警示人们应该小心行事，因而会带来福祥；笑言哑哑，开心、不担忧，是因为人们行事有准则，所以就会吉祥。换而言之，是告诉人们：遇到担忧的事情不用太害怕，只要你警觉了，以后小心谨防，依照准则行事，这样就会吉祥。这里依然强调的是要"恐惧修省"。

六二爻："震来厉，亿丧贝，跻于九陵，勿逐，七日得。"雷来得猛烈，危险，幸好只丢了钱币，这个时候是正要登上九重山的关键时刻，此时就不要去寻找丢失的钱币了，七天以后自然会有所收获。

这里有几个地方品读下来很有意味：第一个是雷来得猛烈而突然，象征危险忽然来临，不过仅仅是丧失了钱财而没有伤害到自身，这算是幸运的，类似于我们俗话常说的"破财消灾"。就像古装电视剧里面，一个绿林大盗拿着刀架在被劫持的人脖子上，问道："要钱还是要命？"这个时候当然是要命了。所以被劫持的人往往都忙不迭地说："好汉饶命，钱财尽管拿去。"很多人眼中只有钱财，为了钱财可以奋不顾身、不计后果，甚是可怕。有人丢了钱财，比如做生意亏本了、赌博输了、被人骗了、炒股被套了等，心里总是不舒服，一定要想方设法甚至不计手段地赚回来。这个时候要小心了，不能为钱财迷失自己，否则不但不能保有钱财，自身也恐怕会有危险。

第二个是如果你正处于人生的上升阶段，这个时候丢失了钱财也不要紧，"勿逐"，不要刻意去追求丢失的钱财，到了一定的时候，你终究会获得财富的。《资治通鉴》记载汉代疏广之言："贤而多财，则损其志；愚而多财，则益其过。"就是讲做大事业的贤人，要是眼中只有钱财，那反倒降了自己的心气志向，这样反倒做不成大事业了；如果愚蠢的人拥有太多的钱财，对他们没什么益处，反倒会增加他们的过失。比如有的人本来很要求上进，但忽然有了一点财富后，便慢慢耽于享乐，不再有上进心了。现实中买彩票中了大奖的人，结果往往都有些不妙，比如新闻报道有些人中了大奖，没想到因财产分配不均而导致家人反目成仇、夫妻离异等事情。

当然，有的人想得更透彻、更加有气魄，连这个"丢失了财产，不用忧愁，终究会获得财富"的念头都不要，这些钱财谁捡到了谁就拿去，自己不在乎、不惦念。"楚人失弓，楚人得之"，楚王打猎丢失了自己的弓，随行的人想要去寻找，楚王坦然说："不要找了，楚人丢失了弓，楚人捡到它就可以，找它干什么呢！"这就是"丧贝，勿逐"。不过后世对这个"楚人失弓，楚人得之"又有不同的看法。孔子认为楚王还不够大气，"去其荆而可矣"，何必纠结于"楚人"呢，哪一国的人得到不都是一样的吗？这是天下大同的气魄了。老子则认为，这个气魄还不够大，"去其人而可矣"，何必纠结于"人"呢？花花草草、小虫小鸟、猫猫狗狗，哪一个得到不都是一样的吗？在老子看来，人与天地万物都是造化和自然的产物，一概平等，这个弓谁得到都一样。在明末莲池法师看来，楚王想到了"得与失"，这下便有了"我"与"他"的分别心，还不够透彻，"求其所谓我者不可得，安求其所谓弓也、人也、楚也"，其实哪里有我、有弓、有人、有楚呢？全都是妄想分别执着。在这个问题上，大家越解释越有意思了。

第三个是关于"七日"的问题。"七"这个数字在《周易》中常见，也比较有趣。如王弼注"七日来复，天行也"，认为"阳气始剥尽至来复，时凡七日"，就是说阳气剥尽后重新恢复，时长七日。《周易》六爻代表"六位时成，时乘六龙以御天"，中国古人认为时空从开始到结束，然后重新开始，需要完成六个时空点，到第七个的时候就会"来复"。有意思的是，西人的一个礼拜也是七天，上帝创造世界万物，到了第七天休息，把七天作为一个循环，七天之后新的一个礼拜又开始，也是"七日来复"。而佛家认为人从死到生经历中阴身的阶段也以"七"为一个周期，在《阿弥陀经》中讲人如果七日一心不乱，则可到佛土，也认为"七日"是个很重要的时间点。所以这里强调"七日得"，隐含了这样的意思：过去的就让它过去吧，不用太在意，因为全新的一切又即将开始，又将会有新的收获。

六三爻："震苏苏，震行无眚。"雷打下来，吓得人浑身发软，不过这个雷虽然凶猛，但没有伤害到人，没什么害处。《象传》说："震苏苏，位不当也。"为什么打雷会把人吓得浑身发软？是因为你所处的位置不当。从爻象来看，这里的六三爻是阴爻，阴居于阳刚之位，不中不正、无名无分，所以一有风吹草动，就会恐惧不安。这种情形很像历史上占据高位的奸臣庸吏，随时都在算计，不是担忧别人会取代自己，就是想方设法陷害别人。皇帝稍微皱个眉头，就紧张得要命，没有一天能够泰然自若。宋代时候有个大臣叫董俨，和陈象舆等人常常聚在一起密谋，当时被人称为"陈三更，董半夜"，就是我们现在成语"三更半夜"的由来。董俨这个人，《宋史》评价是"俊辩有材干，不学无操行"，就是说他能言巧辩、有点小才干，但是人品不行。淳化年间，有一次董俨邀同僚黄观吃饭，硬逼着人家饮酒。过了不久，都监召唤黄观谈事情，看到黄观就问："是不是喝酒了？"黄观如实回答了。没想到第二天，董俨就和都监密谋弹劾黄观喝酒误事。可见董俨这人阴险得很，摆明了是挖了个坑让黄观跳。更让人大跌眼镜的是，过了一段时间，董俨居然还厚着脸皮托人请黄观推荐自己到益州做官。但当董俨朝见真宗皇帝的时候，却倒打一耙，控诉黄观"庸浅无操持"。还好这事情后来真相大白，董俨不但没有捞着官，反被真宗惩治了一番。史书评价董俨"用倾狡图位，终以是败，士大夫丑之"，用奸猾、不正派的手段往上爬，士大夫都看不起他。董俨就是每天生活在"震苏苏"之中，一个人像他这样，不但无趣得很，也可笑得很。

九四爻："震遂泥。"雷打到了泥土中。这个有点类似现在落地的霹雳雷。

六五爻："震往来，厉，意无丧，有事。"霹雳一个接一个，比较危险，不过对事情没有损害。

上六爻："震索索，视矍矍，征凶。震不于其躬，于其邻，无咎。婚媾有言。"一个大雷打下来，吓得人半死，如果外出则有凶险；不过好在这雷没有打到自己身上，而是打到了邻家身上，有惊无险。如果是关于婚姻之事，可能会有人说闲话。

这里最值得回味的是"震不于其躬，于其邻"。

传说朱元璋建帝国之后大肆诛杀功臣，欲杀刘伯温。刘伯温隐隐体会到了"震不于其躬，于其邻"的威力，感慨万千，在寺壁上题了一首诗，说：

大千世界两茫茫，何必收拾一袋装。
古来多少英雄辈，得道多助失道亡。

意思就是讲：隔壁家邻居没错，我也没错，大哥你手下留情，我会听你话的。刘伯温想通过这种方式感动明朝、感动朱元璋，另外也隐含着提醒朱元璋一声：老大，都是自己人，别太过分了。

其实"震不于其躬，于其邻"恐怕还有这样一层意思：行事不正之人，上面虽然想惩戒他，但尚未到合适的时机，故虽未直接处罚，却以处罚旁边的人来震慑他。所以表面看上去倒霉的是隔壁老王，真正要惩罚的是老王身边的大佬，这个先到的猛雷，不过是提前告诉大佬一声而已。清朝时，雍正想要除掉年羹尧，就是先撤了年之亲信甘肃巡抚胡期恒，换了四川和陕西官员，然后再革去年羹尧川陕总督职、抚远大将军印，调杭州，一步步下狠手。从这个例子来说，年羹尧是大佬，胡期恒就是隔壁家的邻居。当然，这是皇家的权谋之术，本身亦非正道，亦"征凶"。

说到底，我们还是要明白，就算雷公这次打错了，未必下次还打错；君子要懂得"恐惧修省"，争取成为坦坦荡荡的大人物、大君子，面对惊雷自然会不惧不惊，以平常心淡然心面对风云巨变，就会"不丧匕鬯，吉"。

# 大哥，来耍一耍嘛

刚应而志行，顺以动。

——豫·彖

我以前读过一篇小说，讲的是市场经济初期有个万元户到广东采购货物，路过一间发廊，看到里面站着个妖娆的姑娘。姑娘对他销魂一笑，唇红齿白地说："大哥，来耍一耍嘛！"小姑娘是如此曼妙多姿，万元户忍不住就耍了耍。正当万元户和小姑娘情深意浓之际，有几个五大三粗的汉子冲进来，其中一个说万元户强奸自己的女朋友。于是乎，万元户准备到广东进货的货款全部耍了进去，让他心痛得要命。这个故事还讲了一些别的情节，不过都忘了；它应该还有其他更深刻、更重大的意义，也都忘记了——还是这个耍一耍的道理更浅显易懂：耍，很是要花些成本的。

相比这个万元户，晋武帝司马炎耍一耍的动静更大。他一统江山后，刚开始还有点励精图治的意味，社会经济快速发展，所谓的"太康之治"就出现在这个时候。但这太康之治不过是昙花一现。司马炎的皇后离世后，他就变得很喜欢"耍一耍"了。这个耍的尺度和成本让人叹为观止。据说鼎盛时期，他后宫的女子达到万人。这么多的美女，要是每个人都站在房门口对他招手"大哥，来耍一耍嘛"，不要说耍了，就是看，司马炎也看不过来。于是司马炎发明了"羊车望幸"，坐着羊车随意在后宫中溜达，羊车停在哪一个房门前，他就下车去"耍一耍"。这种随意耍一耍的态度，逼得美女们为了被临幸努力开动脑筋，想出了往草叶上洒盐水、吸引羊来吃草的招数。晋武帝手下有个大臣叫何曾，他经常陪同晋武帝参加宴会。一次宴会归来，他私下对儿子们说："主上创建国业，统治天下，但我每次参加宴会，从来没有听他说过经国远图之语，只说一些家常琐事，这太平基业恐怕只到他这一代人而已。你们这些人还可以安享太平。"又指着他的孙子们说："你们这一代就麻烦了，一定会受到祸乱的影响。"不过，何曾也只是说说而已，并没有真正把这种危机放在心上。他不但没有阻止晋武帝耍一耍，自己也跟着耍一耍。他虽然对美女不感兴趣，但对美食超级迷恋，每天用于饮食的费用超过万钱，连皇帝家的菜肴都不如他家的好吃。每次参加晋武帝的宴会，他都嫌弃菜不好吃，只吃自己打包带去的美食。何曾这种看到了皇帝问题而不纠正的做法，让宋代的司马光很不爽，批评他说：何曾虽然有远大的眼光，看到了国家君主的奢靡问题所在，但他身为大臣也一样的僭奢，看到君王的过错也不坦诚地告诉君主，只是私下在家里和亲人说说，这不是一个忠臣所为。其实司马光也有他的局限性：皇权社会，君主专制，遇到司马炎这样的皇上，忠臣良言又有什么用？

在我看来，八八六十四卦之中表达"耍一耍"意思的，主要就是《豫》卦。不过这个"耍"，是建立在《彖传》所说的"顺以动"的基础上，不是胡作非为，要耍得潇洒而不失正道，耍得合乎自然而不违反时序，耍得高兴而不破坏原则。就像当年提倡的："又学习，又玩耍。""两头都要抓紧，学习工作要抓紧，睡眠、休息、娱乐也要抓紧。"把这个"耍一耍"的道理讲得很好。《彖传》说"天地以顺动，故日月不过，而四时不忒。圣人以顺动，则刑罚清而民服"，大抵就是讲大自然也好、人类社会也好，都要顺应规律而动，根据规律而作息行事，这样才对头。"耍一耍"也应该如此。

《象传》说："先王以作乐崇德，殷荐之上帝，以配祖考。"先王因此制作音乐，尊崇功德，进之上帝，献之祖先，以娱乐之。这里的"上帝"，不是西方的"上帝"，这里的上帝是我们古代的五方之帝，即东方之帝大暤、西方之帝少暤、北方之帝颛顼、南方之帝炎帝、中央之帝黄帝。古人在这里说得很合乎人性：唱唱跳跳、活活泼泼，在休息娱乐中还能歌颂上帝、纪念先祖，这个"耍一耍"多好！在合理安排学习工作的前提下，青年人就是要多玩一点，要多娱乐一点，要跳跳蹦蹦。

另外，我们还要看到中国古代的"作乐崇德，以配祖考"，乃是由"巫"而"礼"，由"礼"而"仁"，让最初起源于巫术的舞蹈音乐，慢慢演变为整个社会的礼仪制度，然后演变为社会治理和统治手段，同时寄希望它能内化为人内在的道德要求，最终以此奠定了中国社会最为深沉的传统思想观念和社会制度体系，如王国维先生就认为周初的"制礼作乐"奠定了中国社会的伦理—政治制度。

初六爻："鸣豫，凶。"一种解释是：有了声名，但耽于享乐，必定趋于荒淫、弃德废事，以至于凶。这就像前面讲的晋武帝，搞了一辈子工作，到后面觉得差不多了，也该休息了，于是就放下一切耍起来，然后就出问题了。另外一种解释是：某人因为享乐而出名，必定不是好事情。这就像今天大家说的"城会玩"，一个人或一个地方，因为会享乐而名震天下，那肯定不是好事情。就像我们讲的晋武帝时代，就是一个"鸣豫"的时代，晋武帝身边那些人，享乐起来一个比一个狠，故而是"凶"，迅速败落下去。石崇与王恺斗富的故事就不必说了，王济奢靡也不亚于石崇。晋武帝有次去王济家吃饭，吃到的菜肴竟然比皇家的还要好吃，尤其是一道乳猪肉鲜美异常。晋武帝问这道菜如此美味是怎么做出来的？王济回答说，主菜小猪是用人乳喂养的（另一说是用人乳蒸出来的），所以味道不错。王济的饮食竟然奢靡到了如此地步，让晋武帝听了都有些不爽，没吃完饭就撤了。这一爻就是要告诉大家，耍一耍可以、略微享乐一下可以，但不要搞成了"娱乐大王"。

六二爻："介于石，不终日，贞吉。"这一爻的《象传》讲："不终日，贞吉，以中正也。"这一爻的大意就是说，一块坚硬的石头，巍然屹立，但人如果一直像这个刚直坚硬的石头，则容易遭到摧毁；如果能很快转为柔韧，则所占之事为吉。这里的言外之意主要讲，人虽然孔武有力，可以进行刚强之行为，但不可持久，如果柔顺而行，则有良好的结果。就像老子所说"兵强则灭，木强则折，飘风不终朝，暴雨不终日"，有时候做人或做事能够柔弱一点，反而会更加顺畅。《系辞》在解释这一爻的时候也讲："几者，动之微，吉凶之先见者也。君子见几而作，不俟终日。《易》曰：'介于石，不终日，贞吉。'介如石焉，宁用终日，断可识矣。君子知微知彰，知柔知刚，万夫之望。"——聪明的人啊，应该在一开始就知道事物的发展趋势了，何必一定要等到最后呢？

六三爻："盱豫，悔，迟有悔。"日初之时享乐，会有小小之不利。比喻人在上升之时享乐，则可能引来小小的不利；倘若迟疑不决（不能改正），则还会有让人后悔之事。另外一种解释"盱豫"是谄佞之象。《周易集解》引向秀注"睢盱，小人喜悦佞媚之貌也"，就是佞人媚上享乐，必定有悔。古代那些佞臣为了各种目的谄媚帝王，帝王好色，则献之美女；帝王好货，则献之珍奇异宝；帝王好名，则做鼓吹轿子手；帝王好玩，则想尽办法迎合。宋徽宗之时，蔡京迎合圣意，提倡丰、亨、豫、大的风气，就是怂恿宋徽宗："皇上，现在家大业大、国库丰厚，您想要一要就要嘛，不用扭捏。"有一次宋徽宗宴会时想用玉杯，又有些不好意思，蔡京便极力逢迎说："您是天子嘛，是上帝选出来管理天下的，应当享受天下的供奉，区区一块玉器算得上什么？不要管别人怎么说，想用就用嘛。"还有元末的佞臣哈麻，靠献媚于顺帝和丞相脱脱高升。元顺帝"息于政事荒于游宴"，哈麻便投其所好，见到顺帝喜欢玩双陆游戏，便苦心钻研玩双陆游戏的本领；顺帝喜欢美女，他就悄悄进献西蕃僧的秘术"演揲儿法"。这些人所说之言、所行之事，无不是"盱豫"之象。

九四爻："由豫，大有得，勿疑，朋盍簪。""由"，依高亨先生之意见，借为"田"，意指田猎之乐趣，田猎大有收获，劝人不用怀疑此行之收获，也无须怀疑朋友之多言。另一种解释是："由豫"，放松身心，快快乐乐，大有所得，不用怀疑，钱贝一串一串合成发簪。九四爻在这一位置上，它把上下的阴爻贯通起来，有点像古代用贝壳串起来的发簪。《豫》卦六爻只有此处一个阳爻，这个阳爻就是卦主，有着决定性作用，地位非常重要。女孩子都知道把头发盘起来后，要用精美漂亮的发簪固定，这个发簪的作用很重要，就像此处起到重要作用的九四爻。

另外，以前在内地小镇的街道上，常常可以见到路边有人摆个小摊，摊上有一副扑克，旁边放着几毛钱、一两块钱。摊主带着蒙娜丽莎般的微笑，对走过人的说："大哥，来耍一耍嘛！"于是有人就坐下来耍，旁边围着一圈看热闹的人。摊主拿出三张扑克牌，双手飞快地翻来覆去，最后让你猜刚才看中的那张扑克牌在哪个位置。猜对了，给你钱；猜错了，你给他钱。耍一耍的人自然是输多赢少。一天下来，这个摊主就"由豫，大有得"了。

六五爻："贞疾，恒不死。"占问疾病，虽久病而不至于死亡。

九四、六五这两爻合起来看，似乎是讲有人因豫乐而有所收获，比如玩轮盘、买彩票、炒股票赚了一大笔意外之财，但此人心下戚戚，担忧身体健康，通过占卜来询问，得知虽然有点小恙，但终究无碍，这才放心下来。

上六爻："冥豫，成有渝，无咎。"到了晚上还继续放松娱乐，则所成之事或将变化而毁坏，然而知道这一问题之后，能够惩前毖后，亦无所大碍。

这一爻的主要意思是，耍一耍可以，但是不能一天到晚都在耍，否则耍到后面就要出问题；发现自己耍得过分了，赶紧改变纠正，也还不会太糟糕，怕就怕耍到后面，自己都不知道了，麻烦就大了。就像后唐庄宗李存勖，刚开始还颇有志向，要当一代雄主，但建国之后很快耽于享乐。史书评价他"沉湎声色之虞，宦官、伶人交乱其政，府库之积罄于耳目之奉，民怨兵怒"，仅仅三年就失国身亡，被天下所笑。欧阳修评价说："忧劳可以兴国，逸豫可以亡身。"国家稍稍安定，当权者便渐忘昔日艰危，奢侈淫乐而不知节用。耍一耍，直接把国家给耍丢了，这个耍不得。

# 秃顶大叔与白贲无咎

观乎人文以化成天下。

——贲·彖

　　十来年前，我还有满头浓密、乌黑、天然带卷的头发，一般每两周就要去理发店看望托尼老师，请他帮忙打整一番。那时读到《贲》卦六二爻"贲其须"——就是文饰须发，大概是把须发染黑的意思吧——心中还满满的不服气：若我到了这个年龄，必定随性自然，须发是什么颜色就什么颜色，白就白、黑就黑，绝不去染。我至今记得当时自己铿锵有力的内心回响。但十年过去了，我心中还是有着满满的不服气，不过不服气的内容早已发生了变化：同样是中年大叔的头顶，凭什么有人须发还那么多，我等却光可鉴人？此刻再读《贲》卦六二爻，充满了感叹：若有些许须发仍旧，其实染和不染，都是那么幸运和宝贵。所以现在每次读到《贲》卦，我的感受总与众不同：但愿每个中年大叔，能有染与不染的幸运，没有秃与不秃的烦恼。

上面只是个人的感慨，其实《贲》卦与我感叹的秃顶这个事情关系不大，它谈得最多是文明之义，讲圣人要用人文来感化天下。研究文化的学者常常引用的几句话："刚柔相错，天文也。文明以止，人文也。观乎天文以察时变，观乎人文以化成天下。"就是出自《贲》卦的《彖传》。《贲》卦辞则讲："亨，小利有攸往。"亨通，有所往，得小利。这里讲的是出于个人的利益而去做事，虽然有所收获，但也仅仅有利于个体而已，不能利及群体，故而只算是得小利。就像去修剪自己的头发，虽然个人显得帅了一点，能满足自我良好的感觉，但不能给大众带来什么利益。

初九爻："贲其趾，舍车而徒。"一种解释是，文饰了脚趾，为了让人看到她漂亮的脚趾，所以宁可舍弃车辆不坐，徒步而行。另外一种解释认为，这一卦主要讲嫁娶之事，所以这里的"贲其趾"是用漂亮的花鞋子套在脚上，等待迎娶。《象》曰："舍车而徒，义弗乘也。"为了让大家看到漂亮的鞋子，本来就不应该乘车嘛，否则人家就只能看到车轮子了。换作现在，如果是男生，那么就是说一个男孩子很讲究，穿了双很好、很名贵的鞋子，为了让别人能看到自己有这么一双漂亮且名贵的鞋子，宁可不开宝马、奔驰、劳斯莱斯，而是走路，就是让大家看看自己的这双限量版定制鞋子。如果是女孩子，那么还有一种可能性，就是刚刚做了美容美甲，脚指甲也做得美美地，十个脚趾涂了十种不同的颜色，还有好看的造型，实在不舍得藏在鞋子里面，于是乎穿了双露趾鞋子，慢慢悠悠地走在路上，"舍车而徒"了。

男孩子慢慢长大了，经过青年时代，然后这个时候头发开始花白了，人家开始叫他大叔了。但是中年大叔也爱美啊，发现头发花白了，决定要修饰一下，让自己显得年轻一点，所以《贲》六二爻讲"贲其须"，将这些花白的须发进行修染，让自己显得年轻、有活力。欧阳修写过没有秃顶的凡尔赛文学："白发戴花君莫笑，六幺催拍盏频传，人生何处似尊前。"不要笑话那些满头白发还戴鲜花臭美的大叔们，听着如此悠扬的绿腰曲，喝着老白干，无须太多感伤，活在当下，人生是多么地惬意。

当然，《贲》卦虽然认为要"贲趾""贲须"，但也讲了一个人气质风度的重要性。如九三爻说："贲如濡如，永贞吉。"好比说，这个大叔气色很好，又温文尔雅、态度和蔼，占问长期都是吉利的。"终莫之陵也"，没有人敢欺负你；"永贞吉"，运气一定也不错。这一爻也可以用来安慰像左思这样的大才子。大家都知道左才子长得绝丑，据说他曾模仿帅哥潘岳逛街，想引起美女的关注，没想到他一逛街，引起的境遇竟然是"群妪齐共乱唾之，委顿而返"，被一群妇女吐口水，萎靡不振地逃回来。不过，人家左思的文章写得非常漂亮，搞得洛阳纸贵，尽管被妇女嫌弃，人家也是"贞吉"的。

六四爻："贲如皤如，白马翰如，匪寇，婚媾。"年轻人、中年人他们为什么都要打扮得这么好看呢？是为了人生中最开心、最盼望的一件事，就是婚嫁之事。这一爻讲的就是婚嫁迎娶的场景：一行队伍迎面而来，他们的色彩是那么鲜艳夺目，那些白马健壮飞奔、鬃毛飘扬，猛一看，还以为是盗寇出没，仔细一看，原来是迎娶新娘的队伍，怪不得他们要那么认真细致地打扮化妆。

六五爻："贲于丘园，束帛戋戋，吝，终吉。"女方装饰了他们的家园，张灯结彩，等待男方的到来；终于，男方迎亲的队伍来了。男方给女方送上了聘礼，可能这男方家里不算有钱人，聘礼有点少，"束帛戋戋"，只有一点点的帛，只能意思一下。好在女方家并不太看重这个，最终还是让男方顺利娶了女孩子。要是遇到特别追求物质利益的人家，恐怕就不大好办了。

最后，上九爻："白贲，无咎。"这是讲人有洁白之品质，加以文章之美，故而无咎。按我的观点，其言外之意就是说：如果一个人足够好，是一个纯粹的人、一个有道德的人、一个脱离了低级趣味的人、一个有益于人民的人，就可以吉而无咎。如果是一个心灵美的中年大叔，就算不修饰，秃顶了也不要紧，因为托"白贲"之福，依旧可以光彩照人，没有不利的。

白居易曾经写过一首秃顶的诗，他先表扬了秃顶的优点：

朝亦嗟发落，暮亦嗟发落。

落尽诚可嗟，尽来亦不恶。

既不劳洗沐，又不烦梳掠。

表扬好了，他还不罢休，进一步升华，拔高了秃顶的境界：

银瓶贮寒泉，当顶倾一勺。

有如醍醐灌，坐受清凉乐。

看过这首诗，再想想白居易的一生成就，秃顶大叔们都应该感叹：秃顶何所惧？只要有足够的乐观主义精神，一样可以过得很开心。所以，当有人揶揄我们这些秃顶中年大叔聪明绝顶时，我们不妨想想《贲》卦，再摸着自己的头顶，从内心深处发出一丝淡然的微笑：你们只看到了我们的秃顶，是否看得到这秃顶后面的"白贲，无咎"呢？

当然，正如我前面所讲的，《贲》卦和秃顶真没什么大关系，我这里只不过借用了头发与它的"贲"意而已。从整体来看，《贲》卦真正的主旨是以年轻人之爱美、年长者之装嫩、婚嫁时之喜庆，彰显了文饰与事物、文饰与心情的统一，最后落实到洁白之饰，表明了它的最高境界是无饰而饰，以无须修饰的内在品性为第一，如佛家所讲无我相、无人相，以无相而概括万相，因此会大获吉祥。

# 滚滚红尘，来来去去

出入无疾，朋来无咎。

——复·卦辞

二十世纪八九十年代，罗大佑有一曲《滚滚红尘》："来易来去难去，数十载的人世游；分易分聚难聚，爱与恨的千古愁。"算来人生在世不满百，不过是数十载的尘世间游戏一会；但每个人的情感，却可以与千百年来古人的心意相通。这千古之愁古今中外皆同，渺渺茫茫无止境。从《周易》来讲，我们看《复》卦，就会发现它包含着来来去去千古喜乐与哀愁的意蕴。

初九爻："不远复，无祗悔，元吉。"一个人没有走出多远就回来了，没有大的悔恨，大吉。这是为什么？因为他看到了自己的不足，故而回来重新提升自己。这有点像很多修真小说里面的情节，一个徒弟觉得自己功夫差不多了，坚持要告别师傅下山。师傅也没有阻止他，只是露出了蒙娜丽莎般的微笑。徒弟没想到自己下山没多久，就被各路邪魔外道打得鼻青脸肿，这才发现自己的功夫不行，于是乖乖又回到山上，继续和师傅练习法术，最终成了一代宗师。这就是"不远复，无祗悔，元吉"。

大概在二十世纪八十年代，我还在读中学的时候，有个同学不喜欢学习，一定要退学。他老爸没办法，只好让他退了学。同学退学后和他老爸一起去打工。结果过了一个学期，我们在校园里又看到了他，问他怎么又回来了，他有些不好意思地说，没想到打工太不容易了，比读书累多了，还是回来学习好。这也算是"不远复，无祗悔"吧。在《小畜》卦中，讲到了"复自道"和"牵复"，也有这种"回归而喜悦"的意思在里面。

六二爻："休复，吉。"很好地回来了，吉。老话说"衣锦还乡"，这个"休复"就是衣锦还乡了。按我们现在的话来讲，一个人在外面混得很不错，穿着阿玛尼西装，开着劳斯莱斯，潇洒漂亮地回来了，让人很羡慕。古往今来，成功的人士都希望被故乡的人看到自己的荣耀，所以项羽才会讲"富贵不还乡，如锦衣夜行"。当然了，有的人衣锦还乡之后，愿意为家乡公益做出贡献，这也是"休复，吉"。还有的人大学毕业，学到了知识和本事，愿意舍弃大城市的优厚待遇回到家乡，为家乡的发展贡献自己的力量，让家乡的人摆脱落后、走向富裕，这就是更高层面的"休复，吉"。

古人讲这个"休复"，也有辞官致仕的意思。当了一辈子领导，年纪大了、精力跟不上了，需要退休回家、颐养天年；或者觉得不愿意在官场折腾了，想要过清闲自在的日子了，也要"休复"。比如，欧阳修受不了官场的诬蔑和中伤，看透了庙堂之上的尔虞我诈，就辞官归去，换得了后半生的自在。他后来自号"六一居士"，书、文、棋、琴、酒，再加他一个退隐老头，加起来就是"快乐六个一"，他这个"休复"真的是妙不可言。

六三爻："频复，厉，无咎。"皱着眉头回来了，看来是遇到了困难，有点危险。不过既然觉察到了危险，能够安全回来，就可以放心了，证明没有什么大问题。

六四爻："中行独复。"半途自己回来了。为什么走到一半就一个人回来？这是什么情况？《象传》解释说"中行独复，以从道也"，这是因为服从了道义。

六五爻："敦复，无悔。"经过考察后决定回来，没有什么遗憾的。比如做生意，别人告诉你有很多好项目，大数据高科技、互联网金融，听上去很美，但实质上经过认真考察，发现根本就不是那么回事，都是挂羊头卖狗肉，就像一个笑话说的："化缘的改叫众筹了，八卦小报改叫自媒体了，借钱给朋友改叫天使投资了，放高利贷都改叫资本运作了。"所以，遇到这些事一定要"敦复"，仔细考察，才不会轻易被人骗。

上六爻："迷复，凶，有灾眚。用行师，终有大败，以其国君凶，至于十年不克征。"迷路了，再返回来，很不顺畅；如果是行师打仗，其国之君违反君道、残暴凶狠，因此会遇到大失败，以至国家靡然不振，十年都不能征伐。

有学者认为这是讲周昭王的故事。大约在昭王十六年，周昭王开始伐楚，头两次都取得了胜利，但在第三次伐楚时遇到了顽强抵抗，加之遇到了恶劣天气，因此昭王大败。据说，周昭王渡汉水之时，强令当地百姓造船，当地船工很怨恨昭王，故意以粘贴起来的船进献。等昭王的船到河中央时，胶溶船解，昭王没于水中而崩（还有传说讲，昭王是落到水中被鳄鱼咬死的）。自此，周王朝国力受到较大影响，以至慢慢衰落下去。这就是"以其国君凶，至于十年不克征"。

我们再回过来看卦辞。《复》卦辞说："亨，出入无疾，朋来无咎。反复其道，七日来复，利有攸往。"就是讲，如果能明白《复》卦内含的道理，必然亨通，来来去去都没有关系，朋友们都没有过失（一说"朋"为"贝"，意思是赚到钱财，没有害处）。

《复》卦的这个道理是什么？就是"反复其道"的道理。千百年来，世间一切都在反反复复、聚聚散散，都在这个世间来来回回地打转转。但这个打转转并非无意义，万事万物都在这个反反复复、来来回回中寻找到了自身的价值。因为有了这个价值，所以才"利有攸往"。

《象传》说："反复其道，七日来复，天行也；利有攸往，刚长也。复，其见天地之心乎。"反反复复地来来回回，七日回复到它的道路上，这应该是天道运行的循环规律吧。从《复》卦可以看出天地的用心，这就是日月星辰、寒暑昼夜、雨露霜雪、草木鸟兽等活动随着天地运行之道而变化无穷。需要留心的是，"七"这个数字在这里很有妙意。正如前面提及的，不管中西古今，大家都不约而同地用了这一个数字，莫非中西古今的大家圣贤们，都不约而同地"见天地之心乎"？

明白了这个道理和规律，接下来就是要尊重它、顺应它。所以《象传》说："先王以至日闭关，商旅不行，后不省方。"先王在冬至日关闭城门，商旅之客不出行，君王不出行、不视察领土。这有点像我们的春节假期，大家都放假休息，调整一下节奏，放松心情，展望未来。不过这种"商旅不行，后不省方"的假期，懂这种风俗习惯的人自然明了，不懂的人就有可能会闹出笑话。就像网上一个段子说的，一些唱衰中国经济的外国专家，每到春节假期间，都惊喜地发现中国经济果然在这个时候周期性地进入衰落阶段了。

"至日"，指冬至和夏至。夏至一阴而生，冬至一阳来复。闭关，原来指关闭城门，让民众休养生息，后来被佛家借用，指摒除一切尘缘，闭在静室中修行悟道。禅宗讲"不破本参不入山，不到重关不闭关"，不到最关键的时刻不轻易闭关。要知道闭关入山、脱离俗世是很严肃的事情，没有那么容易。

在《奇门遁甲》里面，有个口诀和"至日"有关系："阴阳顺逆妙难穷，二至还乡一九宫。若能了达阴阳理，天地都在一掌中。"这个"二至"就是冬至和夏至。"一九宫"指坎宫和离宫。坎宫居北，离宫居南，寒暑往来、一阳一阴周流变化，尽在这个循环之中。有人把奇门遁甲吹得很玄虚，就像这口诀里面说的一样，"天地都在一掌中"，不得了，一个巴掌就把整个宇宙握在其中了，比《复仇者联盟》里面灭霸的一个响指还要厉害。其实，"其见天地之心乎"的实质就是讲，如果通达天地循环的道理，就能明心见性，有大智慧，无论遇到什么样的困难，也一定会"出入无疾，朋来无咎"。

# 此身不必惹风尘

君子以远小人。

——遁·象

《遁》外卦为乾、为天，内卦为艮、为山，这一卦的总体意思是讲退隐。（当然，还有种看法认为"遁"为豚，就是小猪的意思。这一卦讲的是占卜到小猪的各种情况。）

"遁者，退也"，就像我们平常说的，逃离尘世的喧嚣，去一个春暖花开无人打扰的地方。其实，"仕"与"隐"一直是儒家文化的两面，也可以看作《周易》所言的阴、阳两面，它一直在中国的文化传统中延续着。在同一个人身上，同样有着这两面，只不过有时候"仕"的一面占据上风，有时候"隐"的一面占据上风。

自古以来，退隐有很多种，我认为大概可以分为三类：第一类是"真隐"。有的人对这个世间的名利毫无兴趣，他们只想听从自己内心深处的呼唤，不愿意浪费自己的生命和精神在名利上。

闲坐小窗读《周易》

真隐者，古时候有巢父、许由、陶渊明等人。当代有没有真隐士呢？可能还是有的。有位国外的汉学家写过一本书，讲他寻访当代终南山的隐士，里面记录了不少隐居在终南山的出家人和普通人的故事，可见当代依然有藏于世外的隐居者。最近看到一则新闻报道，讲一对年轻恋人大学毕业后，在大城市工作了一段时间，两人觉得拥挤、快节奏的城市生活并不是自己的人生理想，便辞职，到一个山区小镇开了一家民宿，这几年日子过得虽然不算富裕，但也能维持下去，两人都说喜欢这种悠闲恬淡的日子。两位大学生的人生选择也算是当代社会的一种退隐吧。

第二类是"忍隐"。有的人是迫于形势而不得不退隐。像古时候有的皇帝昏庸荒淫，奸佞小人当道，正直君子只得退隐避让。这种退隐不是主动的，而是被动的。这种只能叫"身不由己的退隐"，只能算"忍隐"，忍气吞声的隐居。古今中外的历史上，这种例子比比皆是。

第三类是"假隐"，就是表面上退隐，其实非常有上进心，实质是以退为进。比如唐代的卢藏用，虽然考中了进士，但没有得到任用，于是去终南山隐居，以期获取声名。他退隐是假，实质心思一直在朝廷动态上，皇帝到哪儿，他就跟着去哪儿"隐居"，时人说他是"随驾隐士"。这一番"隐居"的心思终究换来成果，后来他授官左拾遗，遂了"退隐"的心愿。史书说他初隐居之时有贞俭之操，"及登朝，趑趄诡佞，专事权贵，奢靡淫纵"，后来因为托附太平公主，被流放新洲。后人感叹：

托隐终南得美除，何期触网仅全躯。

此中佳处今休道，捷径元来是畏途。


你不是说隐居终南山是一条升官捷径吗？如今看来，这条所谓的捷径未必那么靠谱，只怕是令人难以依托的畏途啊。假隐者，以"假"得利益禄位，但毕竟是"假"的，终究难以成真。

清末袁世凯被迫下台，回到故乡之后，他特意让人拍了一张身穿蓑衣垂钓江上的照片，仿佛自己要退隐终老了，其实他随时关注朝廷动静，耐心等待机会来临。他写过一首《自题渔舟》，其中一句"野老胸中负兵甲，钓翁眼底小王侯"，把这种"假隐"的心态展现得淋漓尽致。

再从《遁》卦的卦象来看，是蓝蓝的天在上面，巍峨的大山在下面，蓝天远避大山，象征高尚之人远避尘世退隐，以期美好的未来。《遁》卦辞说："亨，小利贞。"君子不与小人争夺名利，淡然隐退，对自己而言是亨通的，但世不能容贤，故只对君子有个体之小利，而无社会进步之大利。夫子说过："邦有道，危言危行；邦无道，危行孙言。"当权者昏聩无道，世道维艰，便会有满世界的小人。在此境遇之中，君子一方面要有自己的原则，保持自己正直的品性，另一方面要提防世界的险恶，注意躲开不必要的陷害，要小心谨慎才能保全自己。《象传》说："君子以远小人，不恶而严。"在这种境遇中，君子应该远离小人，不要和小人发生不必要的冲突，与此同时应当保持自己的尊严。在这种尊严面前，小人也会有所敬畏。

初六爻："遁尾，厉，勿用有攸往。"退避得太迟了，只做了隐遁的尾巴，必定会有危险。它的意思是讲，如果遇到不利的环境，还迟迟疑疑不能及时离开，就会有后患。高亨先生认为这个"遁尾"，其实是"豚尾"，就是猪尾巴。据说古时候将小猪的尾巴截掉，可以让小猪长得更加肥壮，这个"遁尾厉"就是割小猪的尾巴，故而此爻的含义就是说如果该退隐的时候还迟迟疑疑，不能及时离开，就如同小猪的尾巴一样有被割掉的危险。

不过，古往今来能及时"遁"的人并不多，尤其是身居高位者，往往因为不愿意见好就收，结果就是"遁尾，厉"。所以初六爻《象传》说："遁尾之厉，不往何灾也？"你隐藏起来不要外出显露行踪，即使处于危险的环境之中，没有人会发现你，哪里还会有危险呢？换成今天的话来讲，环境太复杂了，你低调一点，不显摆、不乱来，做好自己分内之事，就不会有大的问题。

这个"遁尾，厉"与《需》卦的"需于泥，致寇至"的含义有类似之处。

曹魏之时，王经出身寒门，品性和才干都很出众，受崔林赏识而不断升迁。当他做到省部级大官时，他妈妈就告诉他："像我们这种寒门子弟，做官做到二千石，差不多了。"意思是要他知足，防止官当得太大，难免就会有意想不到的风险。但王经没有听他妈妈的话，继续努力往上爬，后来做到了尚书。当时政治斗争很复杂，司马氏蠢蠢欲动，不但把持大权，还想取曹魏而代之。魏帝曹髦亦不甘成为傀儡，与王经、王业、王沈等大臣密谋讨伐司马昭。王经觉得此时讨伐司马氏时机并不成熟，要曹髦缓一缓，但曹髦听不进去。没想到参与密谋的王沈等人随后便向司马昭告密。司马昭大怒，杀了曹髦。因为王经没有投靠司马昭，司马昭也杀了他和他母亲。临刑前，王经忍不住痛哭，对他母亲说："儿子对不起母亲，后悔没有听从母亲的劝告，以至到了今天这个地步。"王母此刻却淡定自若地说："你做儿子孝顺，做臣子忠心耿耿，有孝有忠，哪里对不起我？"王经母子的品格让人敬佩，但从退隐和保全自身这个角度来讲，未免有"遁尾"之象。

六二爻："执之用黄牛之革，莫之胜说。"用黄牛皮做成的绳子来捆绑，没有人能够解脱。古时候用黄牛皮做成的绳索非常牢固，被捆的人不能逃脱。这个被捆的人，可能是想逃跑的俘虏，或者是奴隶，或者是犯人。不过，和前面的初六爻"遁尾，厉"结合起来看，这一爻也有可能是讲一个想要隐退的人被环境牢牢地束缚住了，导致他无法隐退。

这一爻强调的是使用工具牢牢地控制住人，让人逃脱不得。古代用的工具大多时候是绳子，最结实的是"黄牛之革"，现代则是金属的手铐、脚铐。今天更高端的就是电子镣铐了，虽然看上去未必那么结实，但不管你到哪里都会被发现，无法逃过别人的监视。其实，牢牢控制人的工具未必就是这些刑具，更有可能是技术和制度。以前通信尚不发达的时候，我们的生活是生活、工作是工作，下了班就自由了，领导要找你也未必找得到，但现在只要一个电话或者一个视频，不管你是在家里躺沙发上看电视，还是在海边度假，一下子就把你找到了。从制度层面而言，目前社会上越来越多、越来越复杂的KPI，这不就是一种典型的"黄牛之革"吗？而且是最厉害而无形的一种。我们的生活早已被现代技术、现代制度牢牢控制住了，而且"莫之胜说"，这才是最吓人的"执之用黄牛之革"。

九三爻："系遁，有疾厉，畜臣妾吉。"羁留隐遁者，如同人有疾病，蓄养男女奴隶吉庆（古称男奴为臣，女奴为妾）。高亨先生认为"系遁"就是捆住小猪，让小猪不得逃脱。

这里概指贵族被迫退隐之后亦不得自由，仿佛身子被系住，如同身有病疾；而退隐之贵族不可以为大事，只能蓄养奴隶、享乐生活，不能插手各种军政大事，否则会让君主起疑心。像赵匡胤杯酒释兵权，劝那些大臣：兄弟们，人生如白驹过隙，不如多积蓄财物土地，你们可以颐养天年，又可以留给子孙，咱们君臣又能无猜无忌，这多好啊。话虽这么说，但帝王心机难测，就算臣子交出全部权力，他依然不放心，还会暗中监视这些臣子，看看他们有没有异心。这些臣子的处境就是"系遁，有疾厉"。有些臣子心高气傲，受不了这窝囊气，可能就会奋起反抗，历史上所谓的"反臣贼子"就出现了。东晋大将军王敦年轻时豪气逼人，有一次晋武帝召集群臣宴集，大家各逞艺术才能，有的会唱歌，有的会跳舞，有的会奏乐，有的会吟诗作画，感觉个个都是艺考生。唯有王敦"有田舍名"，就是个乡巴佬，啥都不会。那时候说你"有田舍名"，就好像十九世纪巴黎人说你是"外省人"，二十世纪八十年代上海人说你是"乡下人"，带有很大贬义。在宴会上看到大家这么秀才艺，王敦脸色就很不好看。司马炎问他会啥，王敦说他会打鼓，司马炎就让人取鼓给他。王敦当下振袖而起，扬槌奋击，"神气豪上，傍（旁）若无人"，顿时惊艳全场，让满座人赞叹他的豪雄之气。像王敦这样的人怎么会甘居庸人之下？后来他起兵反晋，虽然兵败，也不失一代枭雄的英猛风骨。当然，王敦为人残暴冷酷，这是不值得赞赏的。

九四爻："好遁，君子吉，小人否。"乐于退隐，君子吉，小人不吉。为什么君子吉、小人不吉？因为贵族退隐可以避免很多猜忌和风险，这是件好事，所以是"君子吉"。但小民就不一样了，他们要依靠自身的劳动生活，如果退隐不劳作就没法生活下去，这对他们是不利的，所以是"小人否"。举一个不是很恰当的例子，这就像今天我们的一些商界大佬，赚了足够多的钱，几辈子都花不完，这个时候心满意足地退隐了，去当老师也好、去做公益也好，都是不错的选择，"好遁，君子吉"。但如果是我们一般的小老百姓，工资一个月几千块钱，还房贷都不够，哪里还敢去"好遁"？人家陶渊明去隐居，好歹还有几亩田地，可以"采菊东篱下"，现在城市里面的打工族，大多数连一片宅基地都没有，只能"骑车送外卖"。

高亨先生则解释说，"馈豚"就是赠送小猪给别人。贵族家里富裕，把自家的猪赠送给别人，结人欢心，当然是好的；但平民一般家贫，没有多的钱财，还要赠送别人小猪，是打肿脸充胖子，不但自己承担不起，也有可能带来不必要的风险，故而是不好的。

九五爻："嘉遁，贞吉。"赞美隐退，占问是吉利的。《象传》说"嘉遁贞吉，以正志也"，为什么要赞美隐退，认为退隐是好的？因为退隐之志是正确的、无愧于仁的。从卦象来看，阴爻一点点地升起来，逼迫着阳爻，阳爻一点点地隐退，到了九五爻这里，处于不能不隐退的局面，所以君子会审时度势，及时隐退，这个时候隐退是值得赞许的。

上九爻："肥遁，无不利。"这个"肥"如果说的是小猪，就是胖胖的小猪。如果不解释为小胖猪，就是远走高飞的"飞"，像飞鸟一样远去，没有不利的。《象传》说："肥遁无不利，无所疑也。"一个人心中再无疑惑，不再被过往牵绊，所以能够了无挂碍，像飞鸟一样欣然远去。这种自由自在的状态，是多么地美好。

宋代僧人诗云：

天地之间有此身，此身岂肯惹风尘。
竹篱茅舍居来稳，纸帐蒲团趣更真。
行已作成山水癖，到头不是利名人。
使予生遇陶唐世，当与许由巢父伦。

我们之所以不得自由，就是因为在尘世间的这一个身躯，不得不养活这个身躯，这是没有办法的事情。不过人总还是要淡泊一点，不要把外在的物欲看得太重。想想许由和巢父吧，他们是多么地淡泊而自在逍遥。今日就算我们做不到"飞遁"，能够"嘉遁"，虽不能至，心向往之，也是很好的。

# 总有伤心落难时，太阳照常会升起

利艰贞。

——明夷·卦辞

《明夷》这一卦，是讲人处于艰难困顿的境遇中，其才华、品德不能发挥作用，就像太阳落到地中，光明不能显现，这个时候人需要坚持自己中正之行，必定能再次崛起。

不过，为什么会陷入这样的艰难困顿呢？《序卦》说："进必有所伤，故受之以《明夷》。夷者，伤也。"就是讲人在前进的过程中必定会或多或少地受到伤害，这是很难避免的。有时候，你在做某个事业，正当前途大好的时候，被坏人盯上了，他见不得你有进步、有光明前景，他要陷害、破坏，总之就是让你做不成事。这就是进必有所伤。这个时候就像是《明夷》的卦象"明入地中"，太阳进入地中，光明不能显现。

遇到这样的情况时应该怎么办？《明夷》卦辞说"利艰贞"，就是占问艰难之事有利，比喻贤人遭到贬斥甚至被囚困，这个时候虽然遭遇艰难，但能坚守正道，因此依然是有利的。《象传》说："内文明而外柔顺，以蒙大难，文王以之。利艰贞，晦其明也。内难而能正其志，箕子以之。"这里就是讲人在遭受危难之时，内含光明美德而不屈服、外呈柔顺情态而不逞能，以此来承受并渡过巨大的难关，比如周文王就是依靠这样的方法来渡过危难的；人在艰苦卓绝之时，需要面对巨大的艰难保持坚定的意志，有时不得不自我隐晦光明，要在身陷内难之时坚持正道，比如箕子就是用这种方法晦明守正的。因为文王、箕子都被人诬陷、被人整治、被人囚困，都有过艰难不顺的境遇，所以《象传》以他们两人作为例子说明人在这种境遇下坚持端正而行，就可以"利艰贞"。

初九爻："明夷于飞，垂其左翼。君子于行，三日不食。有攸往，主人有言。"有人把"明夷"解释为鹈鹕，有人解释为鸣雉，就是鸣叫的野鸡。我们搞不清楚到底是哪一种鸟，这里暂且把它统一理解为"鸣雉"。这一爻说：鸣雉在飞翔，因为受伤了，垂着它的左翅；艰难困境中的君子远走他乡，就像这受伤的鸣雉一样。君子在路途中多日没有吃到食物，只得去投奔别人；投奔的主人对君子有厌烦不乐之语，让君子很难堪。这个时候的君子就像落入地中的太阳，光明不显、艰难困顿，还被人嫌弃，就像古谚讲的"虎落平阳被犬欺，龙困浅滩遭虾戏"。但"君子于行，义不食也"，君子虽然于此窘迫之时，仍然会坚守原则，不会为了利益出卖自己。

《礼记》记载一则故事：

齐大饥，黔敖为食于路，以待饿者而食之。有饿者蒙袂辑屦，贸贸然而来。黔敖左奉食，右执饮，曰：嗟，来食。扬其目而视之，曰：予惟不食嗟来之食，以至于斯也。从而谢焉，终不食而死。曾子闻之，曰：微与！其嗟也可去，其谢也可食。

齐地发生饥荒，黔敖是个有爱心的人，向遭受饥荒的人施舍饭食。但在施舍的时候态度不大客气，让不受嗟来之食的人生气了。这个不受嗟来之食的人，就是"君子于行，义不食也"。当然，这里还是要赞同曾子的意见：既然人家认识到了自己的错误，道歉之后就可以吃了，没必要一定要舍去自己的生命，毕竟生命还是可贵的。中国人讲"有经有权"，有时候需要坚持原则，有时候需要灵活处理，在"经"与"权"之间如何求得一个平衡，很需要智慧。

金庸先生小说《倚天屠龙记》中，少年张三丰被迫离开少林寺，郭襄介绍他去投奔她的父母郭靖、黄蓉。郭襄提到自己姐姐郭芙脾气不好，性格不饶人，让张三丰顺着她一些。张三丰本已准备去投奔郭靖，但在去襄阳途中听到农妇与丈夫的一段对话，农妇责怪自己丈夫，说他堂堂男儿自己不努力，非要去姐姐姐夫那里寻求依靠，结果无端讨来一场羞辱，"堂堂七尺男儿，为何非要庇护在别人翅膀下？"这一席话让张三丰豁然开朗，决定在武当山自力更生。张三丰如果遇到脾气不好的郭芙，就有可能是"有攸往，主人有言"。杨过寄居郭家，郭芙对待他的态度也证明了这一点。

六二爻："明夷，夷于左股，用拯马壮，吉。"鸣雉被伤到了左股，仍能飞翔；牡马虽然被去势，但仍强壮，能行走奔跑，因而是吉的。《象》曰："六二之吉，顺以则也"，意思说六二爻之所以是吉的，是因为能够顺从规则而行；指君子虽然受到非难、伤害，不得不隐退，但只要顺从于规则、相机行事，终能转为安顺，故而是吉的。

九三爻："明夷于南狩，得其大首，不可疾贞。"鸣雉被人射伤于南方行猎的途中，君子迷途之后而得其大道，此爻不利于占问疾病。

结合上下文的意思来看，这是讲君子遭遇困难而隐退，虽然被小人忌恨，但总归会挣脱困阻、走向光明，就像行猎之时偶尔迷路，但终能走到光明大道；作为一个正直的人，此时不可像小人那样去忌恨、陷害正人君子。

六四爻："入于左腹，获明夷，之心于出门庭。"对这一爻有不同的断句和解释。根据这种断句法，意思是：鸣雉入于左边的山洞，君子因此抓获此鸣雉；君子为追逐此鸣雉，历经艰难，故筮得此爻，出门庭之时需小心谨慎。

另一种断句为："入于左腹，获明夷之心，于出门庭。"第一种解释是：进入左方山洞，得以了解内部情况，见此佳境，深得其心意，因此决定留于此地。第二种解释是：鸣雉飞入左边的山洞，君子要抓获鸣雉的心意，早在出门时就有了。

这一爻的《象传》说："入于左腹，获心意也。"即言君子本来就有隐退之志愿，在此时遇到可退隐的有利条件，因而决意退隐于此。近代小说《蜀山剑侠传》，里面常常讲到修仙的剑侠在历经世事磨砺之后，觅到一处风景如画的洞天福地，便拟退隐江湖，这就是"获心意也"。现在人们到一个风光漂亮的地方旅游，会忍不住感叹，要是在这里买一套房子养老多好。这个漂亮的地方就是让人们"获心意也"。

六五爻："箕子之明夷，利贞。"箕子获得了鸣雉，遇到此爻占问是吉的。《象传》说"箕子之贞，明不可息也"，比喻箕子遭遇陷害而退隐，但依然保持正道正行，就像日隐于地中，君子之光明如太阳一样不会熄灭，故而依旧吉利。柳宗元在《箕子碑》中极赞箕子，说："凡大人之道有三：一曰正蒙难，二曰法授圣，三曰化及民。殷有仁人曰箕子，实具兹道以立于世。"讲大人之道，其一是遭受危难之时仍能保持正直的品德，其二是授治国法典给明君，其三是教化人民，使人民得以启智明理。箕子便是这样的人物。柳宗元认为当纣之时，天下悖乱，君主昏聩，箕子如果拼死上谏，虽然可以称得上仁，但于国家无益；如果厕身其中无所作为，乃至同流合污，则是参与亡国之举，也不可为；所以只能保持自己清醒的头脑，在囚奴之时隐藏自己的见解和主张，不去做邪恶之事，虽然表面柔弱、迟钝，却能自强不息，故而《周易》才赞叹"箕子之明夷"。

上六爻："不明，晦，初登于天，后入于地。"雉不鸣而隐藏，先飞升于天空，然后入于山洞；太阳刚开始的时候初升于天空，后来陨落地下，没有光明而黯淡。《象传》说："初登于天，照四国也；后入于地，失则也。"比喻王侯贵族刚开始昌盛繁荣，如同太阳一样，其光芒、荣耀影响了周边国家，后来因为失去法度和原则，由昌盛而转为没落，由高贵转为卑微，不再让人敬仰和钦羡。

古人讲"君子之泽五世而斩"，又讲"富不过三代"，大致的意思就是如此。无论是一个国家，还是一个家庭，有可能因为各种机缘巧合而发展强大起来，但也可能出于各种原因慢慢衰落下去，这是一个基本的规律。司马光说："若问古今兴废事，请君只看洛阳城。"要知道古今的兴衰成败，看一看洛阳城变幻的大王旗就知道了。从中国历史来看，无论是享国八百年之周，还是汉、唐、宋几朝，无不是迭经强盛与衰败。从世界范围来看，先是英国取代葡萄牙、西班牙成为世界霸主，再是"二战"之后美国成为世界霸主，都无非是这一规律之中的暂时现象而已。放在历史长河中，没有一个人，没有一个世族，也没有一个国家，能够永远成为不可替代的霸主。从以千年为单位的历史发展规律来看，兴旺之后，必有衰落，衰落了也不要紧，后面还有兴旺的机遇。相信"生生不息"和"天行健"，无论在什么艰难困境中也不放弃努力，这可能就是中华民族几次被外族打败、在极为黑暗的历史时刻也不会轻易绝望的重要原因。

总体来看，《明夷》卦讲君子被人陷害、遭遇挫折，不得不隐退避难，但他只要坚守正道，其道德事业就如同隐入地中的太阳，当前虽然晦暗不明，但终究有一天会势不可挡，散发出耀眼的光芒。就像我们经常说的那样："太阳照常升起。"当然，《明夷》也提醒了我们，掌握权力者更需要警惕在兴盛之时不可以失去法则、昏聩妄行，以免陷入困窘的境地而很快就陨落下去。

# 最喜天下一家亲

正家而天下定也。

——家人·彖

按照《序卦》的顺序，《明夷》卦之后接下来就是《家人》卦。为什么这样安排？因为《明夷》讲的是受伤、受难。受了伤、有了困难怎么办？"伤于外者必返于家，故受之以《家人》。"一个人在外面受到了伤害，最想得到的是家人的关怀、照料，因此会返回家中。父母们常对出去闯荡的晚辈说，家人是你最大的后盾，累了就回家来。就像有首流行歌曲的歌词："回家感觉真好，别管世俗纷扰……让每一颗细胞，忘掉烦恼，我的家就是我的城堡。"古人也有类似的歌曲，比如一首元曲：

江天晚霞，舟横野渡，网晒汀沙。

一家老幼无牵挂，恣意喧哗……

还参破，名缰利锁，云外放怀歌。

还家去，蓬窗睡足，一品待何如？

天色晚了，把打鱼的小船停在渡口，收好渔网晒起来。回到家，一家人无忧无虑，尽情欢笑。这种其乐融融的天伦之乐，是什么样的官位利禄都替代不了的。这种对家庭的感情，古今中外都是一样的。

按照《杂卦》的观点，《家人》卦主要讲内部的事情，"家人，内也"。这种"内"主要是指家庭和家族。中国人五伦中"父子""夫妇""兄弟"三者都是讲家庭的关系，其对家庭的重视可见一斑。古时候都是男主外女主内，所以卦辞说"利女贞"，对女子占问有利。《家人》卦的卦象是"风自火出"，上面是巽卦风，下面是离卦火，古人认为风由火燃烧而出，故而教化之事自内而外，由家庭而延伸到社会。《象传》说："女正位乎内，男正位乎外；男女正，天地之大义也。家人有严君焉，父母之谓也。父父，子子，兄兄，弟弟，夫夫，妇妇，而家道正；正家而天下定矣。"就是讲家人相处之道得当，然后可以扩充到整个国家各阶层的相处之道。从爻象来看，六二阴爻，代表女主内，九五阳爻，代表男主外，而六二、九五中正，各得其位，因此是"女正位乎内，男正位乎外；男女正，天地之大义也"。

近代以来，有不少人对"女主内，男主外"的观点颇有意见，认为造成了男女的不平等。这种讲法有它的道理，不过也可能不全面。印光法师曾经为此解释过，认为女主内的意义甚或比男主外的意义更大，因为"治国平天下之权，女人家操得一大半"，如果没有贤惠的女孩子，就不会有贤惠的妻子和贤惠的母亲，如果没有贤惠的母亲，那么就不会有贤能之人，如此一来，就不可能治国平天下了。一家人如果都各得其位，行为举止合乎自己的身份，则家道正，家道一正，则天下也安定了。这里和《大学》讲的"心正而后身修，身修而后家齐，家齐而后国治，国治而后天下平"意义相近。它将个人的道德修养、家庭和睦与国家的治理结合起来，由内而外、由己而人、由家而国，个体、家庭、社会因而融为一体。此时作为主体性的个人，即非"原子性个体"，亦非"一颗螺丝钉"，而是在集体中具备并显现其独特性的个人。

《象》曰："君子以言有物而行有恒。"君子说话要言之有物，做事要持之以恒。这个非常重要。很多人在会上侃侃而谈，一口气可以讲几个小时，仔细听下来，却不知道他在讲什么，好像仅仅是为了说而说，这就不是"言有物，行有恒"，而是言之无物、糊弄时间，"真是'懒婆娘的裹脚，又长又臭'……因为长而且空，群众见了就摇头，哪里还肯看下去呢？只好去欺负幼稚的人"。所以现在一听到有人讲那些玄乎乎、摸不着头脑的话，以及某些言不及物的口号，我为了防止自己成为"被欺负的幼稚的人"，都会对此持保留态度。

从家庭教育来讲，就是自己首先要避免言辞空洞、言不由衷和言行不一，否则不足以教育家人，也不足以成为榜样。现在很多家长自己整天打麻将、刷手机、玩游戏，却对小孩子说："乖，要努力上进，赶紧做作业去。"这怎么行呢？

东晋谢家的大佬谢安的太太有一次教育子女，当时的情形估计和现在的妈妈们一样，一手叉腰一手伸出指头，训斥小孩子半天：你们为什么不听话？为什么让妈妈这么不省心？你看看隔壁家的小屁孩都比你们强，你们怎么不学学他们！诸如此类。谢安站在一旁却一言不发。这有点像现在母亲们教育娃都很鸡血，而父亲们都属于不靠谱的队友。刘氏忍不住抱怨谢安："那得初不见君教儿？"怎么总是看不到你来教育小孩子啊，你这不是父亲教育的缺位嘛？谢安却淡定地回答："我常自教儿。"意思是，你不要看我表面上没有教小孩子，其实我无时无刻不在用言传身教来教导他们。

谢安并没有乱说。谢安有个侄儿叫谢玄，就是后来在淝水之战中大破前秦大军的名将。他小时候像富家纨绔子弟，喜欢穿华丽衣服，经常佩戴一个紫罗香囊，就像现在有的人喜欢拎个爱马仕小包包。谢安觉得这不对啊：小子这样子下去，怎么成得了大器？得收拾一下他。不过谢安的收拾不是拿着皮鞭抽，这不符合他的教育理念。谢安找了个机会和谢玄玩游戏，以香囊为赌注，谁赢了谁得香囊。结果姜还是老的辣，谢安想办法赢了，赢了香囊之后看也不看，顺手就扔到火里烧了。谢玄顿时傻眼了，然后似乎领悟到了什么，从此以后不再轻浮炫耀。这就是言传身教的作用。

初九爻："闲有家，悔亡。"闲是防范的意思，防范于家庭内部，注意不要发生不利于家庭的事情，如此则不会有令人后悔不安之事。《象》曰"闲有家，志未变也"，意思是一个家庭要用心于防范各种可能发生的不利情况，及早做好准备，这一个"志"、这一理念，不可以改变。比如，古时候受自然条件局限，冬天家里需要烧火取暖，夏天则需要敞开门窗纳凉，这就要求在防火防盗等安全性上加倍小心警惕。另外，古人一般是大家庭居住在一起，所以又需要注意男女之别。《红楼梦》里面焦大酒醉后大骂："生下这些畜生来，每日家偷狗戏鸡，爬灰的爬灰，养小叔子的养小叔子。"讲的就是贾府里面男女关系没有做到"闲有家"。

六二爻："无攸遂，在中馈，贞吉。""遂"即坠，过失之意。家庭内部没有什么过失，妇人在处理家庭日常饮食、生活细节上都没有什么失误，是吉利的。像现在的家庭主妇或者全职太太，看上去很轻松，其实并不轻松，尤其是在一个大家庭的环境下，要考虑一家人的日常生活，要照顾到家庭成员的方方面面，钱怎么用、各种关系如何协调等，不比职业女性轻松。古人讲，内有贤妻，家必兴旺。家庭的事情处理得当，在外面打拼的人就没有后顾之忧，就会安心工作、努力进取，必然兴旺发达。

九三爻："家人嗃嗃，悔厉吉；妇子嘻嘻，终吝。"家人嗃嗃然苦于家法之严厉，因而谨慎勤勉，尽管有过失和艰难，终究会变得吉利；家里的人，尤其是妇人和晚辈终日嬉戏玩乐，无所顾忌，则会出现艰难不安的境遇。这讲的是家规家法的重要性。古代大家庭很多人住在一起，如果没有相应的规则，就会导致混乱而不可收拾。

南北朝颜之推所作《颜氏家训》流传至今，其中不乏值得借鉴的地方，所议治家之法，与九三爻所言为一炉之药。比如："笞怒废于家，则竖子之过立见……治家之宽猛，亦犹国焉。"就是说如果父母对小孩子不加以适当的惩罚，不打几次屁股、不训斥几句，一味迁就，那么小孩子的过失就不能纠正，就会越来越严重。治家宽严要得当，就如同治理国家一样，不能不谨慎对待。他还认为，大家庭会有很多矛盾产生，父母处理不好就会带来很多问题，"妇人之性，率宠子婿而虐儿妇，宠婿则兄弟之怨生焉，虐妇则姊妹之谗行焉。……家之常弊，可不诫哉"。换而言之，这就是"妇子嘻嘻，终吝"的直观现象。现在我们看新闻，经常看到很多"坑爹"的"官二代""富二代"跋扈任性，惹出很多麻烦来，这也是"妇子嘻嘻，终吝"。

六四爻："富家，大吉。"意为幸福的家庭大吉利。《象》曰："富家大吉，顺在位也。"就是讲，幸福的家庭之所以大吉，是因为柔顺，同时坚守了自己应当的位置。从象数来讲，六四爻阴爻处阴位，又顺从于九五爻，所以是"顺在位也"。

《安娜·卡列尼娜》的开篇语说"幸福的家庭都是相似的，不幸的家庭各有各的不幸"。幸福的家庭为什么都相似？按照这一爻的解释，因为它们都是柔顺而坚守道义的家庭，能顺时正位，故而幸福。不过应当看到，家庭幸福与否不仅仅是外在的社会地位、声誉、财富，更与家庭成员的精神追求密切相关。假如一个家庭有了财富、地位，但家庭成员的精神是空虚的，虽然"物质极大丰富"但"精神极大空虚"，也说不上有多幸福。

九五爻："王假有家，勿恤，吉。"王者以天下为家，就像《象传》里面说的"交相爱也"，将家人般的关爱扩大到天下，所以无忧而吉。另一种解释是："假"为"至"的意思，帝王光临臣子家中，这是荣耀之事，不用担心，是吉的。当年康熙南巡住在曹寅家，曹家宠荣备至，这即为"王假有家，勿恤，吉"。不过曹家接驾，银钱花费如流水泻地，造成了巨额的亏空，这也算是"王假有家"的副作用吧。朱熹夫子《周易本义》将这一爻与六二爻结合起来看，认为这一爻是娉纳后妃之吉占，说如果有皇帝看中了某臣子家的女孩子，娉纳为后妃，那么对于这一家来讲都是非常荣耀的事情。不过他又强调说："凡有是德者遇之，皆吉也。"只要是有德之人遇到这一爻，都是好的。说到底，还是要"德与位配"，如果"德薄而位尊"，还是要出问题的。

上九爻："有孚威如，终吉。"有诚信、有威严，终究是吉的。一个人、一个家庭，乃至一个国家，是否得到别人的尊重和信任、是否得到最后的成功、是否得到应有的尊严，都与诚信相关。

从初爻到上爻，我们可以看出《家人》卦从强调家风、注意家庭过失、以家法防止不正、造就幸福的家庭，扩大到以诚信威严来治理国家，由家及国的线索极为清晰。中国人"修齐治平"的思想在其中体现得很明显。在这里还可以看出，"国"与"家"实乃一体，"国"是家的扩大，"家"是国的浓缩，治国与治家是一体而两相；中国人喜欢讲"天下一家亲"，实有它背后深远的历史逻辑。我们现在讲世界命运共同体，让这个世界变得喜乐融融、共同进步，就是《家人》卦体现的"天下一家亲"。

# 每天进步一点点

自上下下，其道大光。

——益·彖

《益》卦主要讲增益、补益。上卦为风，下卦为雷，雷动声震，疾风助其声势，气势不可挡，气运也不可挡。高亨先生《周易大传今注》解释："益，利也，助也，增也。"把这里的"益"解释为有利、有助、有增的意思。另外，《系辞》说："包牺氏没，神农氏作，斫木为耜，揉木为耒，耒耨之利，以教天下，盖取诸《益》。"伏羲之后，神农氏兴起，教老百姓砍木头做木锄，弯曲木头做犁，教会老百姓用工具种地，让他们明白种地收获的大利益，这大概就是借鉴了《益》卦的精神。按照这个说法，说明《益》卦还启发了农具的制造和使用，算得是最早的农具图纸雏形。

卦辞讲："利有攸往，利涉大川。"遇到这一卦有利于外出，可以越过高山、渡过大海；就如同我们鼓励年轻人"朝着星辰大海出发"，不要只看到眼前的鸡毛蒜皮。《象传》则说："损上益下，民说无疆，自上下下，其道大光。"就是要求减损上面富余的，增补下面不足的，这样人民就会无比喜悦；地位高贵的人谦逊而礼敬普通群众，其道则大放光明，不可限量。换句话来讲，古时候社会阶层不同，如果高阶层的贵族能够合理正确地对待下面的民众，则能得到民众的爱戴，其统治可以持续长久、不断光大。

如果说《谦》卦的"裒多益寡"重点是将多余的拿去增补不足的，《益》卦这里则是"损上益下"，把上面的拿来增补下面的，是要上面的那些达官贵人将他们过多的部分拿出来，供给下面的底层、草根，而不是相反。比如现在的某些商业行为，大多数情况就不是"损上益下"，而是"损下益上"，赚钱的大多是庄家、机构，被割韭菜的大多是散户。有报道称，这个世界极少数人掌控了绝大部分的财富，过着一般人难以想象的奢靡生活，包括前段时间曝光了一个明星的片酬，据说六十多天就拿了一个多亿，相当于普通打工者工作两千年的收入，这种现象很可怕，这种"损下益上"终究要出问题。这些极少数人奢靡到了极点，也怕难以逃离"悔吝"这两个字。

另外，这里的"自上下下"，我觉得其实有两层含义：一是在物质层面，要充分考虑到民众的需求，统治者在劳役、税赋等方面，都应该减轻民众的负担，不可以搜刮过度，不可奢靡无度。我们说"藏富于民"，包括这些年来我们讲减轻企业的负担，要激发更多的企业活力，也是这个意思。二是在精神层面，要让民众有被尊敬、被重视的感觉，也就是我们说的要让人民有参与感、获得感、幸福感。处于高位的人，要懂得倾听普通民众的声音，善于吸纳不同阶层的意见。如果一个社会，普通民众都吃不饱、穿不暖，怎么可能"民悦无疆"呢？如果普通民众都得不到尊重，又怎么可能"其道大光"呢？

《彖传》接下来说："利有攸往，中正有庆。"讲的依然是外出有利，中正而有喜庆。为什么会"利有攸往"？是因为居正位、守正道，故而可以得到喜庆的结果。这里的"中正"指六二爻和九五爻，阴爻居阴位而得中，阳爻居阳位而得中，各得其所、各行其是。"利涉大川，木道乃行"，利涉大川是因为能够利用舟楫之原理。从象数来看，这一句指的是《益》的上卦为巽，巽卦为木；下卦为震，震卦为动，木动而行，是舟楫浮行于水的景象，故云"木道乃行"。

《彖传》又讲："益动而巽，日进无疆。天生地施，其益无方。凡益之道，与时偕行。"这里进一步说明《益》的卦象是人不断行动但保持谦逊的态度，这样就会每天都有进益、未来不可估量。就像我们常说的，如果我们能够每天进步一点点，千万不要小看这一点点进步，日积月累，那就是十分可观的进步。同时，天生万物、地育万物，天地生养万物不分地域、不分品类，大公无私；天地生养万物和君王爱护生民，贵在符合时节，让万物和百姓都能恰逢其时。这就是"其益无方"和"与时偕行"的道理。

《象传》说："风雷，益，君子以见善则迁，有过则改。"《益》卦上面是巽卦，为风，下面是震卦，为雷，所以是"风雷，益"。

风又象征德教，雷又象征刑罚，这里又有着先以德教施于天下，若德教不行，再以刑罚整治天下——当然，也有人认为这里是先以刑罚整治天下，再以德治进行教化。不管哪一种说法，都是讲德教和刑罚皆有利于国家的治理和发展，都需要在管理中使用，不能偏废任何一种。君子观此卦象，就应该明白值得自己学习的地方就顺从，发现自己有不对的地方就改正，这样才能不违德教、不犯刑罚，才能够不断进步。《论语》讲"见贤思齐焉，见不贤而内自省也"，人怕就怕在不能自省，不但不能"有过则改"，反而"变本加厉"。

初九爻："利用为大作，元吉，无咎。"造大建筑、修大房子，即大兴土木，搞很大的基础设施建设，因为它符合发展的要求，这很好。就像这二三十年来，我们稳抓基建，高铁、高速公路发展很快，人们的出行越来越方便。有人说我们是"基建狂魔"，那是不晓得我们老早就知道"利用为大作"的道理了。《象传》讲"元吉无咎，下不厚事也"，这里通常把"厚"作"后"讲，这个意思就是在基建的过程中，老百姓们抢先恐后，不愿落在工作之后。中国人历来勤劳、坚韧，不怕吃苦，这也体现在"利用为大作"上。二十世纪八九十年代，在城市的劳务市场常常聚集着一群农民工，一旦哪个工地需要用人，工头来劳务市场一站，说：某某工地，每天多少多少钱，愿意去的跟我走。顿时有一群人站起身来，"下不厚事"，争着去工地了。

六二爻："或益之十朋之龟，弗克违。永贞吉。王用享于帝，吉。"有人卖给你昂贵的乌龟，不能拒绝，最好买下来。如果占问，则长期有利。帝王祭祀上天，也是吉的。上古十贝为一朋，十朋就是一百贝，价值一百贝的龟很珍贵。古人以龟来占卜，龟被认为是很有灵性的动物，因此如果有人卖这样的龟给你，那当然是好事情，是不能够拒绝的。《颐》卦初九爻说"舍尔灵龟，观我朵颐，凶"，讲的就是如果舍弃了自己的灵龟是不好的。所以在这里有人要卖给你灵龟这样的宝物，怎么能够忍心拒绝呢?《周易通义》认为这里的"王"是指周武王，武王克商之后献祭上帝，表示接受天命，代殷有天下。

《象传》说"或益之，自外来也"，就是讲给予你的这个宝物，不是自己孜孜以求得到的，而是机缘巧合有人给你的。我们常常有这样的经验，有时候费心去追求一个东西，往往不能获得，但忽然在无意间就得到了。就像做生意的人，有时候心心念念去做一笔买卖，不一定能成功；而一个偶然的机会，相互一聊，你需我求，往往就做成了。比如参加了朋友的一个聚会，朋友说我这里刚好有个项目差一点钱，你有闲钱的话帮忙入股一点。你也不好意思拒绝，就入股了。没想到朋友的公司后来上市了，你入股的那点钱一下子赚了好多，这就是"自外来也"。人生就这么神奇!

六三爻："益之用凶事，无咎，有孚，中行告公用圭。"六四爻："中行告公，从，利用为依迁国。"按照高亨先生的意见，这两爻应该结合起来看，大概说的是同一个故事。"中行"概指微子之弟仲衍，"公"概指周国某公。六三爻是说殷国有凶险之事，仲衍来通告周国之某公这一灾患之事，以玉圭为信物，乞求救援，公帮助了他们，结果没有坏处，且得到了俘虏。六四爻是说周国某公答应仲衍，帮助殷王迁国。当然了，也有人认为这是讲武王之丧，有人来传达指令，告诉在途中的周公要持玉圭进行祭祀。"为依迁国"实为"为殷迁国"，讲周公东征班师回国途中，成王有令，让周公处理好殷民之事，于是周公分殷民于各国，如与鲁殷民六族，与卫殷民七族，殷之贵族则统一在洛邑管理，这就是"为殷迁国"。不管哪种解释，都是讲古代一个与玉圭信物有关的故事。

九五爻："有孚惠心，勿问，元吉。有孚，惠我德。"有俘虏顺从了我，不用追问他们究竟是怎么想的，反正结果都是好的；俘虏们之所以顺从我，是因为我有良好的德行。这里依然强调德行可以服众。现在管理人，一般是一手拿着大棒，一手拿着胡萝卜，这是利诱威逼，不是德行，别人可能会一时听命于你，但终究与你离心离德。比如星宿老仙丁春秋，人长得仙风道骨，算得上资深帅大叔，功夫也不错，但心胸狭隘、狠毒狡诈，门人稍有不敬就痛下杀手，听他话的、顺他意的，才有发展的空间。门人迫于淫威，在他面前个个忠心耿耿，拍马屁一个比一个精彩，口口声声"星宿老仙，法力无边；神通广大，法驾中原"，可一旦遇到像虚竹这样厉害的高手打败了他们师父，这些门徒就立刻翻脸，掉过头来痛斥自己的师父是"跳梁小丑，还不乖乖就范"。其实资深帅大叔丁春秋也很可怜，看上去风光无二，到头来众叛亲离，这归根结底是因为没有"惠我德"。但世界上这么多丁春秋，有几个能在"法力无边"的马屁声中看清自我呢？

上九爻："莫益之，或击之，立心勿恒，凶。"讲的是没有人帮助他，反而有人攻击他，此时不可以固执己见，不然就有凶险。因为这个时候没有人来帮助你、有敌人来攻击你，你还坚定地以为自己是正确的、别人都是错的，那就很有问题了。这个时候应该反省自己哪些地方做得不对。和前面结合起来看，此刻应该是"见善则迁，有过则改"，才能够无咎。

《系辞》解释为："君子安其身而后动，易其心而后语，定其交而后求。君子修此三德者，故全也。危以动，则民不与也；惧以语，则民不应也；无交而求，则民不与也。莫之与，则伤之者至矣。《易》云：'莫益之，或击之，立心勿恒，凶。'"

首先看"安其身而后动"。这就是讲君子也好、聪明人也好，都要懂得在行动之前考虑好各种情况，安定之后行动，这才能把风险控制到最低限度。

其次是"易其心而后语"。和别人说话、打交道，如果一时冲动、不加顾虑，说出的话可能就会有问题，西方人讲"冲动是魔鬼"，禅宗里面讲"火烧功德林"，所以君子遇到事情一定会控制好自己的脾气，等心境平静的时候才说话，不要让自己说出的是气话、胡话、大话。

最后是"定其交而后求"。我们有求于人时，首先要想想自己是不是和人家的交情深厚，如果仅仅是偶尔在朋友圈点个赞，甚至是真人都没有见过的网友，贸然去求人家帮忙，大有可能被婉言谢绝，或者干脆被拉黑。

一个人把这三点都修炼好了，才不会有过失，才会安全。反过来讲，如果冒着风险去行动，那么就不会有人帮助他。如果怀着恐惧说话，自己说话都没有底气，人家怎么会心甘情愿地呼应你？一个人要是没有人愿意帮助他，那么敌人就有机可乘，危难时有人落井下石、困境中有人趁火打劫，这就是《周易》说的"莫益之，或击之，立心勿恒，凶"。也正如孟子讲："夫人必自侮，然后人侮之；家必自毁，而后人毁之；国必自伐，而后人伐之。"很多时候自己遇到问题和困境，不要怪别人，要看看是不是自己的原因。如果是自己的问题，这个时候要"君子以见善则迁，有过则改"，才能真正把问题扭转过来，才会由"凶"转为"无咎"。

# 升官发财，好事都来

积小以高大。

——升·象

一般来讲，那些想在仕途、职位上面有所发展的人，看到《升》卦都会喜上心头。因为《升》卦是讲上升，表示事物顺势而上、积小成大、由低而高，当然也包含了权柄由小而大、官职由低而高，所以官场之人不能不见之欣喜。古人说人生有几件喜事，其中一件就是"金榜题名时"。这"金榜题名时"之所以值得庆贺，在于它意味着那些苦读十年的学子取得了进入仕途的入场券，人生从此改变，官职有机会不断升迁，直至拜相封侯，尽享荣华富贵。二十世纪九十年代，有段时间流行官场小说，其中一部代表作洋洋五十万言，讲述了某地官场形形色色的人物。书中主人公是农家子弟，大学毕业后入职当地政府，因为灵活机巧而得市长赏识，从此飞黄腾达，官至厅局。书中展现了官场上的尔虞我诈、翻云覆雨、人性变化。这就是现实版的官场《升》

闲坐小窗读《周易》

卦象。

首先看《升》卦辞："元亨，用见大人，勿恤，南征吉。"大亨通，见大人有利，不用担忧事情的结果。这里的"南征吉"，字面上的意思是征伐南方吉。据高亨先生的考证，这"南征吉"说的是周王南征之事，但具体是哪一个周王不可考。如周昭王就曾有好几次伐楚的经历，头两次都获得胜利，但后来终究没有成功，被楚大败。这里讲的是不是周昭王的南征，不能确定。

《彖传》解释说："柔以时生，巽而顺，刚中而应，是以大亨。用见大人勿恤，有庆也。南征吉，志行也。"从卦象来看，《升》卦的下卦为巽木，初爻为阴爻，都为阴柔、为柔顺，所以说它是"柔以时生，巽而顺"。二爻为刚、为中，五爻为阴、为中，二、五阴阳相应，所以叫"刚中而应"，这是大通顺的卦象。此时因为有上下相应、柔顺而升的卦象，所以利见大人，将会大有喜庆，不用担忧什么。"南征吉"，是因为志向得到了实行，心愿得到了满足。历史上有很多昏君，滥杀朝臣，大臣们在上朝之前，都战战兢兢，不知道还能不能安全回去。此《彖传》则是告诉人们不用担心，此去是吉庆的，是有升迁的喜事。为什么会有喜事？因为上面领导的心意和你的心意相通相应，你的志愿能够达成。当然，这里说上面领导的心意和你相通相应，不是说你去刻意阿谀奉承，而是讲本来就有一件事，领导的设想和你的设想完全一致，你如果提出来了、做好了，这就是和领导的心意相通相应。不过，究竟是真的相通相应还是故意逢迎，这个就很难讲了，"人心惟危"，这个时候只有你的内心才知道你真实的意图。

《象传》说："地中生木，升。君子以顺德，积小以高大。"巽木为下卦，坤土为上卦，木植在土地中不断生长发育，这就是"升"的卦象；君子见此卦象，则应该体味到顺从美德，不断积蓄小善而上升到高大的德行。我们一般讲"积少成多""集腋成裘"，但这里很有意思，说的是"积小以高大"，不仅仅是积少成多的问题。如果仅仅是积少成多，比如再多的灰尘积聚在一起，风一吹，化作漫天飞雾，高大不起来。这里的"高大"，需要前面的条件"君子以顺德"，没有这一前提，后面就会成为纯粹的"功利论"：只要达到目的，只要能够高（地位高）大（权力大），就可以不择手段、毫无底线，这就不是它的本意了。此处强调的是要顺从美德，从而达到高（高尚）大（宏大）的人生境界。

中国历史上"君子以顺德，积小以高大"的例子很多，比如从耕夫到名相的伊尹、从奴隶到皇帝的石勒，等等。当然，也有"不顺德"而自大起来的例子：明朝权宦王振原来是一个乡村教师，为了出人头地敢于"献身"，自阉后入宫为宦，然后凭借着明英宗的宠幸，一步步成为最有权势的太监。但他没有"顺德"，而是"无德"，贪婪、愚昧、好大喜功，终究导致土木堡之变，致使英宗被俘、数十万明军被灭、从征的几十位文武大臣战死沙场。从权势来讲，王振做到了"积小以高大"；从人品和贡献来讲，却是"积小以卑劣"，不值得学习。

初六爻："允升，大吉。"进步是吉的。有向上的追求，符合有志之人的生活态度，不管你做什么，只要下决心用自己的努力、智慧、才干去推动社会和历史的进步，这就非常好。

九二爻："孚乃利用禴，无咎。"一个人在祭祀的时候虽然没有摆上大鱼大肉，但诚意满满，尽管是薄祭，也是没有问题的。佛教里面有个故事，说毗婆尸佛与僧众弟子游化各国，行经之处，有一位家境贫困的穷人，平日以砍柴卖钱维生，有一天卖柴得了两钱，恰好看见佛及僧众接受国王祈请应供，这位穷人发起欢喜恭敬心，以仅有的两钱供养佛及僧众。正因为此，这位贫穷人在九十一劫轮回受生中，始终是握有金钱，财宝丰富，后来成为金财比丘。这就是讲以恭敬心布施，不管钱财布施多少，都有不可思议的功德。这就类似"孚乃利用禴"，尽管是薄祭，但因为有着满满的诚意，所以无咎有喜。《象传》说"九二之孚，有喜也"，有诚信，才有喜庆。这是讲一个人如果有诚信，才能得到别人的信任，才能有上升的可能。

九三爻："升虚邑。"意为上升到大丘之上的城邑。能站在大丘城邑之上，意味着一个人站在了更高的层面上，其地位更加高贵。《象传》说"升虚邑，无所疑也"，人之所以能升到这样的高贵之地，是因为其人心地坦荡，无所怀疑，也不会被人猜忌，故而能够得人之帮助，位居高地。

六四爻："王用享于岐山，吉，无咎。"《象传》说这是"顺事也"，就是讲周王能够到岐山之上祭祀，非常吉祥，非常圆满，是诸事顺意的表现。

六五爻："贞吉，升阶。"占问吉利，升上台阶。这时候，一个人处于高贵之位，诸事顺利、踌躇满志，准备干一番大事业，所以此刻的人生状态是"大得志也"。这就好像刚刚提拔起来的封疆大吏，既得上面的充分信任，又得身边同人的支持，不做出一番事业来，对不起这些期望和信任。

接下来是上六爻："冥升，利于不息之贞。"勤勉不息、努力工作，又自我提升、修德养性，他的运气似乎势不可当，在晚上也能处于上升阶段。这个时候仿佛锦鲤附身，运气爆棚，加上自己又勤勉不已，所以《象传》说"冥升在上，消不富也"，把不好的、没有福气的因素全部消除了，从而得到吉福。

整体来看，《升》卦讲的是上升之象。人在这个世间生活，总有那么多的现实问题要解决，油盐米醋、衣食住行，人们总希望能有好一点的物质条件，有的人希望升官发财、好事全来，这些都可以理解。《升》卦讲如果一个人要想达到这个愿景，有个前提是"君子以顺德"，然后接下来的每一步都有讲究：第一，每个人都应当知道，如果要想上升，不管是升官还是发财，需要从小处做起，"顺德"前进，慢慢上升到高处，"积小以高大"，才能获得成功。第二，要有诚信，才能得到领导和同人的信任，才能有升迁之喜。有的人认为自己是天底下最聪明的，以为别人都是笨蛋，所以表面一套背后一套，没有半点诚信，但这种人最后聪明反被聪明误，领导一旦察觉他的本性，那基本就没有升迁的希望了。从历史上来看，有的人一贯投机取巧，短时间内可能会占到一些便宜，但毕竟不会长久。晋安帝之时，武将刘牢之先是反叛自己的上司王恭，从而获得司马道子赏赐的荣华富贵；紧接着又投靠桓玄，不久又准备再反桓玄。此时他手下的人都看不下去了，对他说："身为人臣，最不该做的事情就是反叛，你先是反王恭，又反司马道子，现在又要反桓玄，这样反来反去，实在不能成大事，我们不能跟着你这样干下去了。"最后刘牢之面临桓玄的逼迫只得自杀身亡。所以中国古人最讲究诚信之道，朱熹讲"人之操履无若诚实"，就是说人最高的德行莫若于诚实。第三，要不断地自我提升、勤勉不息，才能保持不断上升的势头。有的人生来就锦鲤附体、运气爆棚，但一般人没有这么好的运气，不过也不要紧，依照《升》卦的意见，只要你能不断自我提升，砥砺前行，便会"升阶"，也会"大得志也"。所以说，想要升官发财、好事都来，就必须记住《升》卦的这些深意。

# 做事业和爱惜羽毛

不事王侯，高尚其志。

——蛊·上九

读《蛊》卦之时，有人看到"蛊"字，就情不自禁地想到传说故事：神秘莫测的大山之中，有一族会"下蛊"的乡民，凡是经过这地方的人，一旦被他们看中，他们就会给旅行者"下蛊"，让他神魂颠倒，一刻也不能离开施法者。不过，《蛊》卦可没有讲这方面的技术。按照《序卦》的解释："蛊，事也。"是指做事业，而且是做大事业。《彖传》说："《蛊》，元亨，而天下治也。"即说《蛊》卦为治国之事业宏大而亨通，天下因此而治。

因为古人认为"皿虫为蛊"，枭桀死后为鬼也是"蛊"，《左传》讲"女惑男谓之蛊"，认为淫邪之女也为"蛊"，所以有人坚持认为《蛊》和"蛊惑人心"有关系，认为把这个《蛊》卦解释为"虫"，或是"在器皿中养虫"。备一说。

《蛊》卦辞："元亨，利涉大川，先甲三日，后甲三日。""元亨，利涉大川"比较好理解，大致就是说，大亨通，有利于开创伟大的事业。"先甲三日，后甲三日"的解释就有很多了。与此类似的还有《巽》卦"先庚三日，后庚三日"。最常见的几种解释有计日说、纳甲说、月相说、托意说，等等。

计日说是根据上古历法，每月有三旬，每旬有十日，用天干甲、乙、丙、丁、戊、己、庚、辛、壬、癸来计日，"先甲三日"即辛，"后甲三日"即丁。指在辛日、丁日，可以有所行动。《汉书》记武帝之事，其中记载：

天子亲郊见，朝日夕月。诏曰：朕以眇身托于王侯之上，德未能绥民，民或饥寒，故巡祭后土以祈丰年……辛卯夜，若景光十有二明。《易》曰：先甲三日，后甲三日。朕甚念年岁未咸登，饬躬斋戒，丁酉，拜况于郊。

它记录了该年十一月初一冬至，汉武帝准备祭祀事宜。"辛卯"，为先甲三日；"丁酉"，为后甲三日。十天干中，甲、丙、戊、庚、壬日为刚日，乙、丁、己、辛、癸为柔日。古之丧葬祭祀仪式有其详细规定，据古礼虞祭（父母葬后迎接其魂魄于殡宫之祭）要举行三次，第一次在下葬当日，第二次在首次虞祭之后的第一个柔日举行，第三次在第二次虞祭之后的第一个刚日举行。据说这样的规定是因为"柔日阴，阴取其静；刚日阳，阳取其动"。按照春秋时候的习俗，埋葬之日必须选择柔日。清代顾炎武

《日知录》说："春秋葬用柔日，汉人不知此义，皆用刚日。"就是说汉人选择葬日没有依春秋古意。汉武帝的此次祭祀，用"辛卯""丁酉"，皆为柔日。

纳甲说是以乾纳甲，三日即为三爻。"先甲"，即成乾之先，自坤至乾三日（三爻）变化过程，指《蛊》卦上四爻，自互震到上卦艮共为三变；"后甲"，即已成乾之后，自乾至坤三日（三爻）变化过程，指《蛊》卦下四爻，自下巽到互兑亦共为三变。同时，"先甲三日"可以看作《坤》三变之后为《乾》、为昼，"后甲三日"可以看作《乾》三变之后又为《坤》、为夜，是昼夜循环之象，所以《象》辞说"终则有始"。

月相说认为"人之阴阳，如月之盈亏"，月亮自初三傍晚，光于西南庚地，在卦为《震》，震纳庚，至十五傍晚，现于东方甲地，在卦为《乾》，乾纳甲。十三、十四、十五，月光辉方圆，即先甲三日；十六、十七、十八，月光辉已亏，即后甲三日。甲前是阳，甲后是阴，为先天后天阴阳之界。所以人知道这个道理之后，要在相应的日子保养身体，道家的人则要依时修炼。

托意说认为"甲"为"甲壳"，也是开端，意指事物将去旧革新，有所动作；"辛"为"新"，"丁"为"丁宁"。"先甲三日，后甲三日"的意思，就是做事情之前，要革除不好的事物，谋求好的发展，即常言说的革除旧弊、渐进图新之意。

大部分人都采纳计日之说，同时融合托意之说，由此衍生出许多的解释。如朱熹认为，蛊为"坏极而有事也"，蛊坏之极，乱当复治，所以才称得上"元亨，利涉大川"。甲为"日之始也，事之端也"，因此"先甲三日，后甲三日"的意思就是：前面做的事情不符合中正之道，因此将蛊坏、不可持续，这个时候需要自新改过，以此为后面之事的基础，不至于让事情完全坏乱、不可收拾，"然更当致其叮咛之意，以监其前事之失……圣人之戒深也"，这就是圣人告诫的深意。

对"先甲三日，后甲三日"这一句话还有很多的解释，这里不一一引述；网上更有很多奇奇怪怪的解说，这里也不一一评述。

初六爻"干父之蛊，有子考无咎，厉终吉"，九二爻"干母之蛊，不可贞"，九三爻"干父之蛊，小有悔，无大咎"。这三爻的"干"字，主要有不同的解释，一种认为是"整饬""去除"的意思，就是去除不好之事，如《集解》引虞翻注"干，正也"。一种认为是"贯"字，即"继承""延续"的意思。俞樾认为"干"为"榦"，意思是主领其事。这里取"继承"的意思。初六爻是讲继承父亲的事业，有子孝顺，能够让父亲没有害处，就算有危险，也终究会吉利。九二爻是讲继承母亲之事，占问认为不可行。高亨先生解释这一爻的时候，认为是讲某一古事，大致是说儿子欲除去母亲的蛊虫，就像要除去其母之宠男，这是不可为之事。他认为："春秋时，卫灵公之夫人南子与宋公子朝通奸，其子蒯聩欲除去之，结果蒯聩被废黜，是其类。"

南子和宋国帅哥有私情，天下皆知。《左传》里面记载：卫侯为夫人南子召宋朝，会于洮。大子蒯聩献盂于齐，过宋野。野人歌之曰："既定尔娄猪，盍归吾艾豭。"大子羞之。杜预注：娄猪，求子猪，以喻南子；艾豭喻宋朝。歌谣的意思是讽刺南子私生活混乱，借以羞辱大子蒯聩。大子蒯聩受不了这种侮辱，所以预谋刺杀南子，可是没有成功，只得逃亡到了宋国。南子风流名声还影响到了圣人孔夫子。当年孔子到卫国时曾与南子见一面，这让他的学生子路非常不高兴，责怪孔子：老师您怎么可以去见这样一个声名狼藉的人呢，而且老师您和她见面回来后还满脸喜色，你们会不会搞出点什么事情呢？搞得孔子忙不迭地发誓：我和南子可是清白无辜的，你不要瞎想啊。

九三爻是讲继承父亲的事业，虽然有小弊端，但也没有大问题。此爻的意思是子承父业，虽然经验不足，可能会犯点小错，但总体来说还是好的。比如家族企业的继承者，刚开始接手企业的时候可能会有些小问题，等时间久了、经验丰富了，就理顺了。

六四爻："裕父之蛊，往见吝。"扩大父亲的事业，前进的道路上将遇到困难。这是讲一个人在继承家业之后，不可盲目扩张，否则将遇到挫败。如隋炀帝继承大统，即修大运河，营迁洛阳，亲征吐谷浑，三征高句丽，无不是"裕父之蛊"，然而未能把握一个度，最终成了个"往见吝"。

六五爻："干父之蛊，用誉。"继承了父亲的事业，因此享有盛誉。以今日商界来做例子，某人继承了其家族企业，自然享有了家族以往而来的声誉和地位。

上九爻："不事王侯，高尚其事。"不侍奉王侯，保持其高尚的志向。汉帛书《周易》此句后有"德凶"二字。这一爻讲有人为保持其高尚的志向，不愿卷入仕途是非，隐居不出。

高亨先生认为爻辞讲伯夷叔齐之事，意为伯夷叔齐不为周臣，高尚其志，而得凶祸，饿死于首阳山。不过这也很难确证。伯夷叔齐之外，历史上高尚其志的人物也不少。如严子陵与刘秀为好友，为刘秀的崛起出谋划策。据说严子陵还曾为刘秀占卦，得明夷，劝刘秀忍眼前黑暗，等待未来的光明。刘秀逐鹿得鼎之后，思念严子陵，召其入朝为官。严子陵执意不从，归隐富春山。据说，有一次光武帝与严子陵在宫中相聚，严子陵睡着后把脚搁在了光武帝肚子上，第二天太史奏告说有客星冲犯了帝座，刘秀笑着解释："不过是我老朋友与我睡在一起罢了。"严子陵多次拒绝朝廷征召后，最后以八十高龄在家中去世。后人对他多褒奖有加。范仲淹就认为严子陵的一生就像《蛊》上九爻："众方有为，而独'不事王侯，高尚其事'，先生以之。"赞叹说："云山苍苍，江水泱泱。先生之风，山高水长。"推崇严子陵的风节如高山流水。当然了，后世也有人认为严子陵很虚伪，他的这种做法不过是为了沽名钓誉而已。《后汉书》记载："后齐国上言：有一男子，披羊裘钓泽中。帝疑其光，乃备安车玄纁，遣使聘之。三反而后至。"所以宋人有诗讽刺说："一著羊裘便有心，虚名浪说到如今。当年若著渔蓑去，烟水茫茫何处寻？"意思就是讲，你严子陵穿羊裘干什么呢？假如真的想隐居而不被朝廷知道，穿一件普普通通的蓑衣不就行了嘛？明代刘基是辅佐朱元璋的开国元勋，也很不喜欢严子陵这种风格，因此也写了一首诗，对严子陵有嘲讽之意："伯夷清节太公功，出处非邪岂必同。不是云台兴帝业，桐江无用一丝风。"言外之意就是刘秀的丰功伟业跟你严子陵并没有什么关系，你不要太装腔作势了。

究竟如何看待严子陵，我们不下定论，但就其行为来讲，能够不被世俗的高官厚禄所打动，远胜于那些为了满足贪欲而当官的人。范仲淹认为严子陵的风格可以使"贪夫廉，懦夫立，是大有功于名教也"，在今天对人的精神还是有启迪作用的。汪曾祺先生曾写过一篇文章，认为从严子陵这个故事中，可以看到中国人传统观念里面的"立功与隐逸"或者各偏于一面，也无不可。孔夫子讲"邦有道则仕，邦无道则可卷而怀之"，这是儒家的处世之道和入世精神都建立在如何处理个体与社会的关系之上。假如仅从个体生命选择而言，在社会多元化、个体选择多元化的今天，顺从于内心的性情，能够自由地选择自己喜欢的道路，而不一定要以外在的某一种规范来确定自己的人生。只要能够让自己的生命自由地发展和完成，无论是仕还是隐，都是对自己生命的尊重，也是完成自己这一生命的责任所在。

# 不要折腾

无妄行。

——无妄·上九

我小时候生活在十八线的小镇，那时候没什么娱乐活动，一旦街上有人吵架或打架，现场氛围比现在的大明星粉丝见面会还要热闹。有的时候，围观群众越来越多，一不留神，围观的人就被打架的人误伤了，于是打架往往变成了群殴。更委屈的是，远远围观的吃瓜群众，被人群中扔出来的一块石头击中，除了"哎呀呀"叫唤之外，连报仇的对象都找不到。某一次放学，我有个同学兴致勃勃地围观一场群架，大概凑得近了一点，忽然间鼻子不知道被谁打了一拳，让我直面了一次淋漓的鲜血和哇哇大哭的场面。后来，他再也没有胆量去类似场合凑热闹了。老师知道了这件事，对同学说："你这是无妄之灾。"

老师讲的这个成语来自《无妄》卦。

《序卦》讲："《无妄》，灾也。"意思是说《无妄》这一卦指没有乱行动，没有胡作非为，却意外遭受了灾祸。高亨先生《周易大传今注》认为这里大略是脱了一字，应当是"《无妄》，不灾也"，意思就是不乱来就不会有灾祸。我们老师对同学说的意思，应该取前者，就是提醒我们：围观需谨慎，吃瓜有风险。不过，一般情况下大家都喜欢吃瓜，所以常常会忽略这个话。但据朱熹夫子引《史记》，认为这个"无妄"是"无望"，就是没有什么期望，却有意外的收获。这是从好的一面来讲《无妄》，变成了"无妄，运气也"。

《无妄》上卦为乾、为天，下卦为雷、为动，所以这一卦的《象传》说"天下雷行，物与无妄"，即说天穹之下，雷动不止，万物生长。卦辞说："元亨利贞，其匪正有眚，不利有攸往。"意思是虽然占卜得"元亨利贞"，但如果其行为不正当，则有灾祸，不利于有所行动。《象传》解释这一句："无妄之往何之矣？天命不佑，行矣哉！"就是讲，如此狂妄的行动，准备去哪里呢？上天是不会庇佑的，算了吧。

初九爻："无妄往，吉。"不乱行动，是吉的。换成今天的话来讲，就是老老实实谋发展、安安心心不折腾，这样才是吉的。

我们的生活中有太多的折腾，有时是自以为是的折腾，有时是为一己私利的折腾。不管哪种折腾，从历史经验来看，凡是不符合实际的折腾，对社会、对时代都是一种破坏，都是弊大于利。新朝王莽变法、宋代王安石变法，起初不可不谓用心良苦，但不符合实际，就成了折腾，落得个劳民伤财、社会割裂。

当然了，还有一种折腾，就是典型的瞎折腾，没有任何意义。比如有的人就常常挑事，今天约着张三斗李四，明天约着李四斗王五，总之就是自己一刻不安生，也让别人一刻不安生。一个机构或一个地方，只要有这样的人，就会硬生生地被折腾起来。古人讲"无为而治"，简单来讲就是不折腾。一个社会、一个时代，折腾久了，折腾多了，谁也受不了，最后也必定会被人们反对。

六二爻："不耕，获；不菑，畬；则利有攸往。"菑，需要开垦的生地；畬，耕种了三年的熟地。这里的意思是：不耕种就想收获，不开垦生地就想种熟田，这个是痴心妄想。如果有这种打算，还不如外出经商有利可图。不过这一爻如果依朱熹夫子的"无望"解，意思则是说，无所为于前、无所待于后，因为无私意期盼之心，则利有所往，意思变成了"无为而成"，反倒是好的了。

六三爻："无妄之灾，或系之牛，行人之得，邑人之灾。"遇到了意外的灾祸，因为有人把牛系了外面，路过的人顺走了牛，结果这个地方的老百姓倒霉了，受到了牵连。

南北朝之时，后赵猛将冉闵功勋卓著，因和后赵皇室的权势之争，最后决定反叛后赵。他在邺城颁布《杀胡令》，命令杀掉城里所有胡人，许多长相与胡人相近的汉人也惨遭横祸，短短数天时间，无辜被杀的人多达二十万。这就是"邑人之灾"。冉闵在都城屠杀胡人后，又将《杀胡令》颁布到全国各地，致使中原胡人被屠杀大半，羯族人也基本灭绝。这种惨绝人寰的悲剧，不仅仅是胡人的悲剧，也是所有人的悲剧。对冉魏这些枭雄豪杰来说，他们争夺天下，获胜了，则是"得之"；而广大百姓在这乱世之中遭受无穷的灾难，就是"无妄之灾"。

九四爻："可贞，无咎。"占问可行，没有害处。为什么没有害处呢？《象传》解释"固有之也"，因为本来就是可行的嘛！没有乱来，不轻举妄动，所以"无咎"。

九五爻："无妄之疾，勿药有喜。"不是妄为而得的疾病，不用吃药也会好的。比如说因为劳累而病倒了，这个时候需要好好休养，调理作息，就算不用吃药，身体也会慢慢康复的。这种情况在当下的社会很常见，像城市里面的打工族加班、熬夜、疲于工作，经常处于亚健康状态，时间长了就会引起一些疾病问题。如果去看医生，医生也会建议注意休息，睡眠要充足，多吃点水果蔬菜，适当运动。医生的这些建议就是告诉我们"勿药有喜"。

上九爻："无妄行，有眚，无攸利。"不要乱来，如果乱来则会有灾祸，不会有好处。这是警告人们不应该自以为是地胡作非为，否则只会带来负面影响。

概而言之，《无妄》一卦讲的就是一切行动都要合于自然，合于自然的行动才不会有灾祸；违反自然，出于一己私利而进行的行动，都是无知妄行，必然会导致灾祸。换成我的理解，就是一不要做吃瓜群众。看热闹、做吃瓜群众，难免会遇到意外的"无妄之灾"。所以，不做吃瓜群众是为了保护自己。二不要乱折腾。乱折腾，就会导致"有眚，无攸利"，小则让身边的人跟着倒霉，大则让整个时代和社会跟着崩溃。所以，不折腾是为了保护自己和整个群体。不折腾的意义更重要。

鲁迅先生曾经讲："古国的灭亡，就因为大部分的组织被太多的古习惯教养得硬化了，不再能够转移，来适应新环境。若干分子又被太多的坏经验教养得聪明了，于是变性，知道在硬化的社会里，不妨妄行。单是妄行的是可与论议的，故意妄行的却无须再与谈理。"——最可怕的就是这种"故意妄行"，那是真正的不可理喻和坏，是世间最大的恶棍行为。

# 陶穀的诬善和辞屈

君子上交不谄，下交不渎。

——系辞·下

《系辞》里面有句话："诬善之人其辞游，失其守者其辞屈。"大意是说：那些污蔑好人的人，他们说话一定是游离不定的；那些失去操守的人，他们说话一定是畏畏缩缩的。因为这种心地不正的人，当他在污蔑好人的时候，他其实知道自己不那么光明正大，他再怎么厚颜无耻，也不可能完全心安。而那些没有操守的人，他们不能理直气壮地回应旁人的诘问，说话必定支支吾吾，不断退缩。

这些人为什么要"诬善"？为什么要"失其守"？我想，大多数是为了荣华富贵。一般人在财富、权势的诱惑面前很难抵御，有的人不惜出卖他人，有的人不惜屈节降志，所以才会"其辞游"和"其辞屈"。不过，对于这些拍马屁、干坏事升上去的小人，上司尽管会使用、会喜欢，但他从骨子里未必看得起这样的人，因为上司也很聪明，知道这种失去良知的人只能利用而不可信任。

这使我想到宋初之时的陶毂。此人文化水平很高，博通经史，才华过人，仕途历经后晋、后汉、后周等多代不倒。在后晋时期，他曾得到李崧的提携。后汉建立后，李崧遭到敌手迫害，在家称病不出。陶毂为了讨当权者欢心，经常在大众场合诋毁诬陷李崧，显得自己和李崧势不两立。李崧遇害后，他的族侄李昉曾因公去拜访陶毂。陶毂问："你认识李崧吗？"李昉说："他是我远房族叔。"陶毂得意扬扬地说："李崧被除去，我可是出过力的。"李昉不禁目瞪口呆。陶毂这种奇葩，也算是举世罕见。后来赵匡胤陈桥兵变，黄袍加身后返回开封，在众将簇拥下受禅。此刻禅让仪式的正式文告并未准备好，这样一个重大庄严的场合，连正式文告都没有，是要被后人笑话的。就在这紧要关头，陶毂从怀里拿出早就写好的禅让文告，得意扬扬地对赵匡胤说："已成矣。"这才圆满地解决了赵匡胤登基仪式上的难题。其实，陶毂并未参与兵变密谋，只是通过多年混迹官场的经验，事先起草好了后周的禅让诏书。他这种窥测风向、伺机等待飞黄腾达的心思，着实让人大跌眼镜。

陶毂曾经自我表扬："吾头骨法相非常，当戴貂蝉冠尔。"就是吹嘘自己长得有异相，富贵非常，可以做很大很大的官。然而他没有想到的是，尽管帮了赵匡胤一个大忙，但赵大佬心里根本看不上他的为人，"太祖甚薄之"，也不想重用他，事后只安排他做了个翰林虚职。像赵匡胤这样聪明的大佬都知道，陶毂这种人今天可以没有原则地逢迎你、谄媚你，明天就可以没有原则地抛弃你、诋毁你，所以绝不可重用。

陶穀于翰林虚职做了一段时间，认为赵匡胤任用的宰相各方面都不如自己，心里很不平衡，便找人向赵匡胤推荐自己，说自己堪当重任。赵匡胤一笑了之，故意说："我听说他写的东西不过都是照抄前人的文章，改一改词语而已，这就像俗话说的依样画葫芦耳，他哪里有什么真本事。"陶穀听说了赵匡胤的这个话，很是不开心，牢骚满腹地作了一首诗，题于翰林的墙壁上："官职须由生处有，才能不管用时无。堪笑翰林陶学士，年年依样画葫芦。"这就是"依样画葫芦"这句话的来由。赵匡胤听说此事后，对他越发不满了，"遂决意不用"，宣告了陶穀政治前途的完结。从历史经验来看，像陶穀这种人的结局，一般都是被主子利用完之后，会被毫不留情地抛弃。这也算活该吧。

像陶穀这种"诬善""失其守"的人，还常常喜欢"作伪"，表面上会装出义正词严、冠冕堂皇的样子，但只要被人抓住小尾巴，就会立刻显出原形。就是孔子说的"不直"，因为内心"不直"，才故意在外表上显得自己很"直"。

据《南唐近事》《玉壶清话》等记载，后周显德年间，陶穀曾接受朝命，以抄书为借口出使南唐刺探国情历时半年之久。陶穀自恃国势强大，对南唐小国不屑一顾。访问南唐时倨傲无礼，装腔作势，"辞色毅然不可犯"，让南唐君臣很不爽。南唐大臣韩熙载——就是有名的《韩熙载夜宴图》中的主人公——心里很是不服气，想打击一下这个自大狂的气焰。他打听到陶穀比较好色，就秘密给陶穀设下了一个套：他先找了一位叫秦弱兰（亦作"秦蒻兰"或"秦箬兰"）的绝色歌姬，假装扮成驿卒的女儿，穿着破旧的衣服，事先安排在陶穀居住的驿馆内打扫卫生，为陶穀做一些家政服务。陶穀"偶然"遇见了歌姬，果然"见之而喜，遂犯慎独之戒"，与其幽会往来。神魂颠倒的陶穀还为歌姬写下了著名的《春光好》（亦作《风光好》）："好姻缘，恶姻缘，只得邮亭一夜眠，别神仙。　琵琶拨尽相思调，知音少，再把鸾胶续断弦，是何年？"第二天，南唐后主设宴招待陶穀，陶穀还是和以前一样装腔作势，端着一本正经的面孔。这个时候主人招呼出歌姬秦弱兰，让她唱着这首《春光好》敬陶穀的酒，搞得陶穀很不好意思，"大沮，即日北归"——从原来的"辞色毅然不可犯"，变成了一句话都说不出来，并且赶紧溜之大吉。陶穀中美人计的故事很快传开来，成了一个笑话。这就是典型的"失其守者其辞屈"。宋代的江少虞曾评价说："陶穀，自五代至国初，文翰为一时之冠，然其为人，倾险狠媚。"一个"险"，一个"狠"，一个"媚"，道尽陶穀无底线、昧良心、马屁精的丑陋形象。

其实，一个人在说话的时候，他内心深处完全明白自己说的话是发自真心还是出于假意，所谓"作伪"也只能骗骗别人，但骗不了自己。《系辞》说："知几其神乎？君子上交不谄，下交不渎，其知几乎？几者，动之微，吉凶之先见者也。"君子对上交往而不谄媚，对下交往而不轻侮，因此在人说话的一刹那，心机一动，"诬善"也好，"失其守"也好，吉凶其实已经判定，即"情伪相感而利害生"。释家所言的"不妄语"，往小处说，亦即有不"诬善"、不"失其守"的因，才有不"辞游"和不"辞屈"的果。《周易》能告人以吉凶，但按照儒家尤其是宋儒的观点，吉凶其实并不单纯隐藏在不可知的神灵那里，也不可只企图于不可知的神灵的庇佑，吉凶其实更在于人之才德、在于人与人之交往关系中的准则。人之心术不同，其言辞则不同，结果好坏也就不同。要知道，吉凶在个人做出行动、说出言语的那一刻，便已经呈现。

# 乱讲话，有麻烦

言行，君子之枢机。

——系辞·上

我在读中学的时候，班上有个同学很喜欢传小话。一到课间休息，他就拉着同学，附在耳边，一脸神秘："你晓得不？王二和四眼谈朋友了。"或者："孙五的爸爸妈妈前几天离婚了。"连体育课跑步，他还能忙中偷闲地凑到你耳边，气喘吁吁地讲："班长喜欢新来的英语老师，你听说了吗？"到后来，大家看到他就烦。后来长大了，我到了社会参加工作，才发现这不是个别现象：原来全世界到处都有喜欢传小话的人。

不过，乱传小话搞不好要出问题的。比如那个同学，后来就被孙五打了一顿，这还算好的。《左传·宣公六年》里面记录了件事，就是乱讲话，让自己完蛋的故事。原文是：

郑公子曼满与王子伯廖语，欲为卿。伯廖告人曰："无德而贪，其在《周易》丰之离，弗过之矣。"间一岁，郑人杀之。

翻译过来就是说：郑公子曼满跑过来对王子伯廖传小话："我想当大干部，呵呵。"春秋时的卿相当于今天的国家级干部。大概他以为王子伯廖是自己的铁哥们，可以随便说说。没想到，伯廖这家伙不但没有帮他保守秘密，转过身来就对别人讲："这个家伙，无德而贪，这在《周易》里面，是《丰》卦变成《离》卦。过不了三年，他就会完蛋。"果然，隔了一年，郑人就把郑公子曼满干掉了。

伯廖之所以认为郑公子曼满要完蛋，主要有两个原因：一是这个人"无德而贪"。没有品行不说，还贪得无厌，怎么可能做国级干部？就算勉强做到了，又如何能保全其身？《周易》里面说的元亨利贞，实乃讲君子之事，所谓"君子体仁足以长人，嘉会足以合礼，利物足以和义，贞固足以干事。君子行此四德，故曰元亨利贞。"郑公子曼满无此四德，必不足观。

二是伯廖大概为郑公子曼满算了一卦，算出来的卦是"丰之离"。就是《丰》卦的上爻由阴变阳，变成《离》卦。我不晓得伯廖是用什么方法算出来的卦象，猜想应该是大衍之数，因为那个时候火珠林和梅花易数还没有流行。《丰》卦上爻的爻辞为："丰其屋，蔀其家，窥其户，阒其无人，三岁不觌，凶。"意思是：大佬他搞起了高楼广厦，但家里被阴影遮蔽着，偷偷看他这家，却悄然无人迹，三年见不到什么人，凶！所以伯廖根据这一卦象，伸出三个手指，判断说："三年，这家伙就会完蛋！"结果居然被他说对了。

这个故事深刻地告诉了我们：第一，千万不要和人家乱讲话，搞不好会出问题的。第二，就算乱讲话，也要看看对方是什么人。有的人脸上对你笑嘻嘻，心里对你阴森森，这样的人尤其要注意。

《系辞》里面讲过："乱之所生也，则言语以为阶。君不密则失臣，臣不密则失身，几事不密则害成。是以君子慎密而不出也。"乱为什么会发生？都是从言语之间开始的。君主不注意保守机密，则会失去臣子；臣子不注意保守机密，则会让自己处于危险，自身难保；做事情不注意保守机密，则容易危及结果，因此君子要谨慎地保守机密不要泄露，讲的就是这个道理。我们看历史书，古往今来的宫廷斗争，胜败往往只在一瞬间，常常因为一个人的口风不密，而导致整个局势发生改变。这就是为什么历来的政治人物都要强调"君子慎密而不出也"的原因。比如在明朝，宦官和大臣之间的斗争异常激烈，相互之间的胜败往往就因为一点点消息的泄露，就会完全扭转。所以搞得大臣也好、宦官也好，所有人都不得不十分注意"保密工作"。

另外一方面，中国人自古很重视言辞，所以才有"讲话要有点艺术"这样的说法。《系辞》就说："吉人之辞寡，躁人之辞多。"吉祥之人说话谨慎而少，急躁不安定之人乱讲话。换而言之，就是不乱讲话的人比较好，乱讲话的人就比较麻烦。

作为普通人，随便讲话可能有时候也不会有大问题，但作为公众人物或者作为政治家，说话就要注意谨慎了。讲话不能乱讲、讲话要有艺术，都是从政的基本功。《论语》里面讲子张学干禄，孔子说："多闻阙疑，慎言其余，则寡尤；多见阙殆，慎行其余，则寡悔。言寡尤，行寡悔，禄在其中矣。"就是告诉子张，怎么才能当上领导呢？一是要多听，有疑惑的地方先搁置，有把握的地方说出来的时候也要谨慎，这样就能少犯错误。二是要多看，有疑惑的地方先搁置，有把握的地方去做的时候也要谨慎，这样就能减少后悔。说话有过失的地方少、做事有后悔的地方少，官职俸禄就在其中了。套用时髦的话来讲，孔子将一个"公共领域"的干部制度话题转化为"私人领域"的言行问题，对学生未来的职业发展进行了有效的教育规划。但不管转化为什么话题，讲话一定要谨慎这个道理则是古今通用。

另外，《左传》记载了连称、管至父的叛乱，从一定程度上讲，这个叛乱的直接原因就是齐襄公乱讲话引起的。当时齐襄公派连称和管至父两位大夫驻守葵丘，承诺说等瓜熟之时就把他们替换回来。这个感觉有点像派两位大夫去条件比较艰苦的地方奉献，等过一段时间就把他们调回来放松一下。结果到了约定的时间，齐襄公没有提及这事。连称和管至父打报告要求把他们调回来，齐襄公不同意。连称和管至父因此很不高兴，与公孙无知一起联合起来造反，把齐襄公干掉了，立了公孙无知为国君。这就属于政治人物乱讲话惹出大麻烦的例子。我记得看过一部官场小说，里面讲到某官员在喝酒之后一时兴起，提到自己的从政经验，第一条就是要管好自己的嘴巴，嘴巴不牢，升迁无望。或许这从另一个角度也说明了"吉人之辞寡"。

至于"躁人之辞多"，《墨子》里面有个故事可参考：

子禽问曰："多言有益乎？"墨子曰："虾蟆蛙蝇，日夜恒鸣，口干舌擗，然而不听。今观晨鸡，时夜而鸣，天下振动。多言何益？唯其言之时也。"

说那么多有什么用呢？说得太多，就跟虾蟆蛙蝇一样惹人烦，关键时候说一句，才会振聋发聩。

不多说了。

# 流自己的汗，吃自己的饭

观颐，自求口实。

——颐·卦辞

教育家陶行知先生曾说过："吃自己的饭，流自己的汗，自己的事情自己干。"传说郑板桥临终前留给儿子的遗言，也是类似的话："淌自己的汗，吃自己的饭，自己的事情自己干，靠天靠地靠祖宗，不算是好汉。"不管是郑板桥说的，还是陶行知先生说的，意思差不多，就是强调自力更生，自己养活自己，不要幻想依靠别人。如果把自己的人生寄托在别人身上，那是靠不住的。《颐》卦即是此意。

《颐》卦，上为艮卦、为山，下面为震卦、为雷，因此《象传》讲"山下有雷"。《象传》的解释是："养正则吉也。观颐，观其所养也。自求口实，观其自养也。天地养万物，圣人养贤以及万民。颐之时大矣哉！"意思就是说，只要是合乎正道的颐养，比如，合乎时机的颐养、合乎制度的颐养、合乎道德的颐养等，就是吉的。天地能贡献它的能量，颐养万物；圣人能贡献他的力量，让有品行的人和民众都能无忧虑地生活、发挥作用。这就是《颐》卦的大道所在。

初九爻："舍尔灵龟，观我朵颐，凶。"舍弃你珍贵的灵龟，来窥看我吃的肉块，这个是不好的。就是讲有的人，明明自己有很珍贵的东西，偏偏不自知或者不珍重，反而羡慕、觊觎他人的东西，其结果就是自己的好东西没有利用好，别人的东西也拿不到，竹篮打水一场空。另外一个意思就是讲，舍弃自己非常宝贵的灵龟，觊觎别人的肉块，徒羡别人的食物，但不能自我饱腹，这不但愚蠢，也很危险。

这里主要强调的是不好好发挥自己的能力和条件，不想自力更生，而只想着觊觎别人的东西，是不行的。这使我想到某个仙侠故事：有个求仙剑之人，看不起自家传下来的笨功夫，四处拜师学艺。游历江湖多年，终于学到了一身本事回来。看到自家后代传人还在一板一眼地练习吐纳呼吸，似乎毫无进步，便更加看不上自家的法门了。一日仇家上门挑战，他使出所有的法术，都被仇家轻易化解。这个时候，他家一个仆人站出来，使出他们家的祖传功夫，终将仇家击退。仆人告诉他说："你家传下来的法门，踏踏实实练上一二十年，哪里不如其他的流派？你却舍了自己的精华，去学别人家的花拳绣腿。"这个故事讲的就是"舍尔灵龟，观我朵颐"的道理。

六二爻："颠颐，拂经于丘颐，征凶。"这一爻按照高亨先生的解释，是讲一个人将（不正当得到的）食物填进嘴里，招致了在山坡之上被击打腿胫之屈辱，这是不利于出行的征兆。这说明不是正当得来的颐养，是有风险的。

另外一种解释是，因为自己不争气，不想自己好好养活自己，就想着求别人颐养，到处"求包养"，这种做法颠倒了颐养之道，违反了正常的道理，是不好的；向上求别人之养，此去必凶，也是不好的。这一种解释要结合爻象来看。按照《周易浅述》的观点，它往下求初九爻之养，是颠倒了颐养的道理——这个世道哪有地位高的人求地位低的人包养的？除非是别有隐情，否则没有这么做的道理。反过来，它往上求上九爻（上九爻为"丘"）颐养，地位又不相匹配，属于妄求于上而不会有回应，就像有的人挖空心思要去巴结地位高高在上的人，妄求得到一些恩惠施舍，可能适得其反。

六三爻："拂颐，征凶，十年勿用，无攸利。"违反了颐养之道，出行有凶，十年不能所用，得不到什么好处。这里依然强调不要违反颐养的常理。

六四爻："颠颐，吉。虎视眈眈，其欲逐逐，无咎。"因为六四爻是阴爻，它去养初九爻，是以阴养阳，颠倒了颐养之理；不过因为六四爻在上，以上养下，故而算是吉的。所以这一爻的《象传》说"颠颐之吉，上施光也"，在上能够布施养人，这是光明的，因此是吉的。

说到"颠颐"和"以阴养阳"，这里想到了唐人传奇《集异记》。此书记载了大诗人王维见玉真公主之事。书载王维在岐王府第一次见到玉真公主，玉真公主被他的"妙年洁白，风姿都美"迷住了，又听他一曲《郁轮袍》，更加倾倒，于是答应帮王维谋划科举应试，助其一举登第。后人根据这个记载，演绎出玉真公主强行"包养"王维，大诗人成为玉真公主床上常客的故事，还说王维最后走向空门，就是因为这一段经历给他留下了一生的心理阴影，其诗"一生几许伤心事，不向空门何处销"，即说此事。这一个绯闻故事虽然是杜撰，但大致可以用来解释"以阴养阳"的"颠颐"。

六五爻："拂经，居贞吉，不可涉大川。"非正道之养，应安居其位不轻举妄动，不可涉大川。《周易浅述》认为六五爻以阴爻居尊位，不能养人，反而求上九爻之养，故而违背了颐养之正道。不过，"居尊位能够顺阳刚之德以为养，又艮体之中，故有静安于正而得吉象。阴柔不可以大有作为，故又有不利涉大川之象"。

上九爻："由颐，厉，吉，利涉大川。"被人帮助颐养，虽然有风险，但还算是吉的，有利于涉大川。高亨先生认为这是指君主对臣民辅助养之，则遇危险之事，可得臣民之支持，从而转危为安，化险为夷，虽厉也吉。另有解释认为，这里指或依托上九爻来养人，或跟随着上九爻养人，但上九爻位高，需谨慎为好；这样虽然有危险，也还算吉。

从《颐》卦的各爻辞来看，颐养之道大有讲究。"求养者多不正，故多凶"，就是说我们不要乞求别人的包养，乞求别人包养是靠不住的;"己得其养,然后可以及人也",我们如果能自养自立,随后还可以帮助别人,这就是"养人者多得正,故多吉"。

简单归纳起来就是:自养者吉,养人者吉,求养者凶。也就是前面那句话说的:"流自己的汗,吃自己的饭。"这样做人最心安,最自在。

# 每一次艰难前行都有收获

君子以反身修德。

——蹇·象

我们在这个世界上生活得越久，越会发现人生是那么不同。有的人似乎天生运气很好，生活总是顺顺当当，家庭事业都很成功；有的人却很坎坷，总是需要不停地拼搏、奋斗，而且也不一定能够得到相应的回报。中国人一般会讲这就是"命"，命好或者命不好嘛。不过，什么是"命"呢？这是个很复杂的问题。中国人讲"命"或"天命"的时候，既指客观的自然，也指不可捉摸的神灵；既指先验，也指经验。故而中国人一方面相信"命"，相信人总是处于这个世界不可把握的偶然性之中；另一方面又相信人在这个偶然性的世界中，通过自身努力可以去调适、影响偶然，从而能够在一定程度上摆脱偶然的控制。这就是"改命"和"转运"。

读《蹇》卦，我们可以发现这一点：不管信或不信"命"，通过自身的努力和坚持，总会得到世界的眷顾。

《蹇》上为坎，为水，为险；下为艮卦，为山，为止。所以《象传》讲："难也，险在前也，见险而能止，知矣哉！"就是说危险或者风险就在前面，但察觉到险况而能停止，这就是智慧。不过要注意，这里的"停止"，并非指滞留不动、毫无作为，是讲发现了危险不能乱来，此时需要根据实际情况考虑周全之后再前行。按高亨先生的解释，就是告诉人们，当无冒险之必要，且冒险为必败之道，则见险而止；当有冒险之必要，且冒险有成功之望，见险而止则非也。懂了这层意思，才能明白《象传》为什么会说"蹇之时用大矣哉"这句话。这个有点像打仗，如果前方有危险，将帅则需要仔细谋划前进的胜败概率，如果胜利的把握较大，则遇险而上；如果胜利基本没有希望，则见险而止。

《象传》："山上有水，蹇。君子以反身修德。"就是讲《蹇》卦的象如同山上有水，水要穿越层层叠叠之山石，绕过弯弯曲曲的山谷，其流淌道路艰难；《蹇》卦以水比喻人之美德，象征着君子身上的美德需要克服种种艰难始得光大，君子观此卦象，即可明白反求诸己，以修其德。

佛家有个讲法，就是说每个人皆有佛性，每个人都可以成佛。但为什么每个人都还不是佛呢？是因为人的佛性被各种障碍遮蔽着不能显现，只有将这些障碍除去，方能成佛。就如同蒙上尘垢的铜镜，唯有磨掉这些尘垢，才能显现光明。当初释迦牟尼佛菩提树下证悟以后，便说："奇哉奇哉，一切众生皆具如来智慧德相，只因妄想执着，不能证得。"在《蹇》卦里面讲"君子反身修德"，也就是类似的道理，它要求反求自身，努力将藏在自己身上的美德显露出来，才能成就自己，也就是"证得"。

初六爻："往蹇，来誉。"意思是讲，去的时候很艰难，回来的时候很安适。"誉"通"与"。《论语·乡党》讲"与与如也"，就是徐徐安行之意。这里讲某人去的时候艰难而行，回来的时候徐徐安详。为什么去的时候显得很艰难，回来去很安适呢？有人认为这一爻讲的是商人出去做生意之事。古人做生意没有现在这么简单便捷，除了怕买卖亏本，还怕路程难行、盗贼侵害，来去一次很不容易。因此商人出去的时候感觉有点风险，不知道能不能赚钱、能不能安全回来，比较担忧，所以是"往蹇"；结果这次出门很顺利，赚了钱，很开心，所以他回来时安适自在，是"来誉"。

六二爻："王臣蹇蹇，匪躬之故。"大臣们的处境难上加难，不过这不是他们自身的原因，而是环境所致。这里是讲有身份和地位的人，正处于一个不利的境遇中，但这种境遇不是自身的原因造成的，而是别的原因造成的，因此人依然要坚持信念，克服艰难并继续前行。另外一种解释认为，这是指大臣们都忠于职守，不为一己之私，不顾自身安危，敢于犯颜直谏，指出君主的过失，如此行事便会得罪君主，所以处境很艰难。如果是后一种解释，历史上的例子太多了。如《汉书·循吏传》记载，龚遂在昌邑王刘贺手下当差的时候，正直不阿，常常直言犯谏，搞得刘贺下不了台。有时候他毫不客气地直言刘贺的过失，搞得刘贺只好站起来捂住耳朵溜掉，说："你也太不给人面子了。"后来刘贺被立为皇帝，但仅仅过了二十多天便被废黜。前段时间考古学者挖掘出来的海昏侯墓就是这个刘贺的。刘贺被废黜后，他的群臣被处斩者有二百多人，龚遂和中尉王吉因为多次劝谏而免除一死，处以髡刑、罚苦役。龚遂这境遇就是"王臣蹇蹇，匪躬之故"。

九三爻："往蹇，来反。"意思是说，去的时候艰难，回来的时候很喜悦而沉稳。"反"借为"反反"，喜悦美好、庄重沉稳的样子。《诗经·宾之初筵》"其未醉止，威仪反反"，即是此意。这是讲某人出行之时，尚有艰难险阻在前，但他克服了这些不利因素，最后获得胜利，故而回来时有喜悦盛大之貌。在日常生活中，有的人做事情喜欢吹牛皮，所以常常是"往反来蹇"，去的时候扬扬得意，回来的时候垂头丧气。这个九三爻刚好相反，不喜欢吹牛皮，做事情之前，先把不利的因素考虑周全了，结果反而是好的，因此去的时候垂头丧气，回来的时候扬扬得意。

六四爻："往蹇，来连。"去的时候很艰难，（因为成功了）回来的时候坐车回来。"连"，《集解》引虞翻："连，辇也。"为"负车"的意思，就是富贵人家所乘的人力小车。这就像刚开始出去做生意的人，钱没有多少，实力也不强，做什么都比较艰难，在一线大城市只能租地下室，平常挤地铁，骑个共享单车。后来发达了，财大气粗，买了个豪车开回家，"往蹇来连"了。

九五爻："大蹇，朋来。"大困难，后来获得很多钱财。比如在做生意之时遇到了极大的困难，资金链快断了，银行贷款到期了，生意伙伴撤资了，宏观调控加码了，反正最困难的事都遇到了，然后坚持过来了，获得了很大的回报。有位朋友曾和我聊他的过往故事，说他刚到上海的时候，有一阵子困难得连盒饭都吃不起，骑着黄鱼车在三十六七度的大夏天帮人去送货，那个时候人都快绝望了。后来终于挺过了这一段时间，事业慢慢顺利起来，发展到现在这个规模，赚了不少钱。这就是"大蹇朋来"。

上六爻："往蹇，来硕，吉，利见大人。"去的时候很艰难，回来有大收获，吉，利于见大人。这一爻为什么"利见大人"呢？《象传》解释说，因为"以从贵也"，是跟从了贵人，追随尊贵的君主去建功立业。

从上可以看出，《蹇》卦从头到尾，都在讲开始时比较艰难，但后来都大有收获。《周易通义》讲："《屯》卦说许多难事，主要记事；《蹇》卦说由难变不难之理，主要说理。"这就是讲事物对立转换的辩证关系。《蹇》卦讲从艰难变为不难，里面有这样的逻辑：

第一，艰难前行，必定会有危险，对待危险要有智慧，要懂得"知险而能止"，不可以贸然而行，这就是"知矣哉"。但这个"知险而能止"并不是要求停滞不动，而是"以待时也"，要懂得时机的选择，这样才能由艰难转为不艰难。王安石写过一首《浪淘沙》，其中有几句是：

伊吕两衰翁，历遍穷通。一为钓叟一耕佣。若使当时身不遇，老了英雄。

里面讲了两个历史人物，一个是夏朝末年商朝初期的伊尹，是商朝的开国元勋。他小时候被有莘国的厨师收养，耕于莘野，这就是"耕佣"的意思。他很有治国才能，商汤王听说后多次去聘请他。当时伊尹居住在有莘国，有莘国的君王拒绝了商汤王的请求。商汤王没有办法，干脆迎娶有莘王的女儿为妃，请求把伊尹作为陪嫁的奴隶一起送来商汤。后来伊尹帮助商汤灭了夏桀，立下大功。另外一个"钓叟"就是大家都熟知的姜子牙，他辅助周武王灭了商朝。王安石的意思是：这两个老头子，要是错过了辅助商汤、周武的机会，恐怕一辈子就是个终老乡野的老百姓了。不过，我们也可以从另一个角度来理解这首词的意思：连这两个七八十岁的老头子都还能辅佐君王、创下千古基业的奇功伟绩，我们为什么要早早放弃呢？永远要记住"以待时也"的道理，不能轻言失败。

第二，如果想要克服艰难、有所收获，很重要的一点是要"反身修德"，就是要练好内功，才不怕别人的挑战。这个世界变化太快，以至于很多时候我们都焦虑自己赶不上它的变化。不过，按照《蹇》卦这里的观点，这个时候不用焦虑，"反身修德"、练好内功，终究会克服这些变化、困难。这就是我们平常讲的"风雨之后有彩虹"，要相信你的每一次艰难前行，必定能带来收获。

# 心无恶念，何困之有

困而不失其所。

——困·象

公元 954 年，也就是后周显德元年，七十三岁的冯道在家中去世。这个自称"长乐老"的痴顽老头终究离开了乱哄哄的世界，去寻求自己真正的"长乐"了。他在乱世中历经四朝十代君王，在宰相的位置上常常是摇摇晃晃险象百出却从未真正倒下，故而世称"十朝元老"。他这一段神奇的人生经历给后世留下了截然不同的看法：有人对他恨之入骨，说他："忘君事雠，万世罪人，无复可论者。"元人写诗讽刺他："亡国降臣固位难，痴顽老子几朝官。朝梁暮晋浑闲事，更舍残骸与契丹。"这种刻薄的论调，几乎要将他钉在历史的耻辱柱上了。有人却为他辩解，称赞说："夫管仲降志辱身，非圣人不足以知其仁，求诸后世，狄仁杰、冯道庶几焉。"认为他处于乱世不贪不横，还尽力为百姓做实事，其仁心实属难得，对他的评价不能太苛刻。

苏辙在《历代论》中曾说："(有人以冯道)大义既亏，虽有善，不录也……虽为宰相，而权不在己，祸变之发，皆非其过也……立于暴君骄将之间，日与虎兕为伍，弃之而去，食薇蕨、友麋鹿，易耳，而与自经于沟渎何异？不幸而仕于朝，如冯道犹无以自免，议者诚少恕哉。"就是讲有人认为冯道大义有亏，所以对他持否定态度，这是不对的。冯道虽然身为宰相，但真正的权力不在他手中，国家发生动乱祸变，都不是他的过错。而且他事君之时，以恭俭劝说君主，让老百姓稍加安宁，这是很不容易的。苏辙还以管仲事桓公、晏婴事景公等为例，说明冯道事君的道义不亏，又以孔子答子贡"管仲相桓公，霸诸侯，一匡天下，民到于今受其赐"，证明圣人也会赞同冯道事君的选择。苏辙的这一见识，着实比讥讽者高明。中国虽有强调"忠君"的传统，但也有强调"闻诛一夫纣矣，未闻弑君也"的传统，认为君主的权力来自"天授"，同时顺乎"民心"，假如君主的所作所为违背了"天命"，得不到"民心"，那么君主的权力自然也不再具有合法性。《周易》讲"汤武革命，顺乎天应乎人"，就是讲"忠"的基础和前提是"顺天应人"，将这种"忠"建立在"天授民与"的条件之中，并不赞成无条件地、愚昧地效忠某一君、某一帝。假如在"君"与"天授民与"之间发生了冲突，那么"革命"或"弃"乃至"诛"都是符合天命和民心的，值得赞赏。

细思冯道的处境，其实整个就是一个《困》卦：困于乱世，困于身份，困于职责，困于俗世的褒贬，等等。尽管被这些因素所困，他能以"无才无德、痴顽老子"自嘲，正又吻合了《困》卦《象传》所说的另一层含义："险以说，困而不失其所亨，其唯君子乎！"在危险中还能愉悦，虽然所处困境但还能不失去其安身之所，故而是亨通的，这大概只有君子才能做到吧！

《困》卦辞讲："亨，贞大人吉，无咎。有言不信。"亨通，如果是大人占卜的话，是吉的，没有过失，但你说的话别人不相信。这是讲在乱世纷纷的情况下，不要多话，说了别人也不相信。在显德元年，后周世宗想要亲征刘崇，冯道极力劝他不要出征。世宗说："昔日唐太宗平定天下，都是亲自出征，我为什么不能亲自出征？"冯道说："陛下不能和唐太宗相比。"世宗又说："汉军乃是乌合之众，若遇我军，如泰山压卵。"冯道又说："陛下不是泰山。"世宗大怒，没有听从冯道的话，执意出征。这就是"有言不信"。古人如此，现在也如此。有的人很固执，在某些判断上有失误，你指出他的问题，但他坚持己见，听不进去你的建议，这个时候你就非常无奈，"有言不信"嘛！

《象传》说："泽无水，困。君子以致命遂志。"《困》卦的上卦为泽，但水隐藏于下，象征着湖泽中没有水，因此为"困"；君子应临危舍命来完成他的志愿。这是说面对困境的时候，有人会逃避，有人会变节，而有人依然会不顾危险坚持完成使命。子张讲："士见危致命，见得思义，祭思敬，丧思哀，其可已矣。"见危致命、致命遂志，这是贯通下来的同一个思路。士遇到国家危难时会献出生命；为什么要献出自己的生命？因为作为士，他的个体生命和国家、民族的大生命是融为一体的，士不能蝇营狗苟，只想到他自己。这就是梁漱溟先生讲的"廓然大公"。如果没有这一层的志向、勇气、担当，那么就不能称之为"士"。如南宋文天祥，其时政局崩坏如此，自身尚处罢官之境，仍散尽家财充军资抗元；战败后被俘至大都，元世祖亲自劝降，许以高官，不从，于大都就义。这就是"君子以致命遂志"。

初六爻："臀困于株木，入于幽谷，三岁不觌。"臀部受杖刑，关在牢狱中，三年不见天日。"株木"，指刑杖；"幽谷"，指牢狱。这就是讲一个人受困于刑狱处罚。

九二爻："困于酒食，朱绂方来。利用享祀，征凶。无咎。"困于酒醉饭饱，穿朱红衣服的贵族刚刚到来，有利于祭祀，不利于出征，否则凶，最终没有害处。这里是讲人们被生活的享乐所困。古时候，如果贵族耽于享乐，很容易会缺乏进取心，不能做开拓疆土的大事业，但过过小日子还是可以的。当然了，还有一种情况，比如中国人的酒桌文化，一杯杯的酒敬过来敬过去，最后醉倒一片，喝得第二天昏昏沉沉起不来，有的时候还喝到医院打针，好像不喝多就对不起朋友。这也是"困于酒食"。

六三爻："困于石，据于蒺藜，入于其宫，不见其妻，凶。"困于乱石之中，又被蒺藜所围困，手抓蒺藜的话会受伤。到了家里，不见妻子，凶。这是讲人们被自然环境所困，又为小人所陷害，最后有不幸的灾祸。

九四爻："来徐徐，困于金车，吝，有终。"缓缓地到来，困于贵族之阻挠，极为艰难，但最终还是有好结果的。这是讲在社会中被地位高的人所纠绊，让其难以舒展自在。当年晋高祖想派大臣出使契丹，这是个有很大风险的差事，群臣都不愿意去。正在政事堂办事的冯道听说此事，主动承担了这个任务。书吏拿着他草拟的敕令去汇报的时候，忍不住都双手颤抖，泪流满面。大家都觉得他这一去大概回不来了。冯道在契丹滞留两年后，才获准归国。这便是"困于金车"。后来契丹皇帝耶律德光攻入汴京，灭后晋。冯道再次见到了耶律德光。这个契丹的皇帝没好气地训斥他："你怎么又来见我了？"冯道则回答："无兵无城，怎敢不来？"耶律德光对冯道这种骂不还口、打不还手的态度很恼火，又训斥："你算个什么？"冯道继续没有脾气地回答："我是个无才无德的痴顽老头子。"以低姿态消掉了耶律德光的火气。后来，当耶律德光问冯道："天下百姓，如何可救？"这个时候冯道说了一句回响至今的话："此时的百姓，佛祖再世也救不得，只有皇帝您救得。"按理说，这是典型的奉承，但这个奉承不是为了自己，而是为了百姓。这就是功德，就是智慧。有人认为，此后中原百姓能不受侵害，都是冯道和赵延寿暗中庇护的结果。冯道被耶律德光的"金车"所困，又被因此而带来的骂名所困，实属无奈，但毕竟最终的结局是好的。

九五爻："劓刖，困于赤绂，乃徐有说，利用祭祀。""劓刖"，本为割鼻、削脚之刑，依《集解》此处应为"臲卼"，即危而不安之貌。这里讲一个人危而不安，被贵族所困，慢慢才得以解脱，利于祭祀。这和九四爻一样，讲某人被社会地位高的人所困，可能最后不一定有实质的危险，但必定会影响人的生活，让人心境不得宁静。

上六爻："困于葛藟，于臲卼，曰动悔有悔，征吉。"困于有刺的蔓藤之中，栗栗不安，动则悔又悔，但小小的障碍不足以困阻很长时间，出行是吉的。

从《困》卦的整体意思来看，人困于刑狱（受制于社会的制度）、困于酒食（受制于生活的物质需求）、困于遭遇（受制于自然的灾难）、困于贵人（受制于人为划分的社会等级）、困于不安（受制于精神的不安），处处受困。可以看出人的一生，都被各种不同的主客观条件制约，人生其实大不自由、大不舒适。但是人依然必须在这样的一种困境中求生活和发展，则不能不以最大的勇气、最大的努力去完成这一生的使命。在这一过程中，人唯有也应当用最大的善念来对待自己、对待他人、对待世界，才会有最具善意的回报。

所以回到前面讲到的，冯道能"险而说，困而不失其所"，和他用善念来面对困境的"立心"和"遂志"分不开的。《系辞》里面说《困》卦"穷而通"，讲人所处穷困之境而依旧能够通达顺畅，又讲"困以寡怨"，指人身处穷窘之境，但仍然多行善事，不做坏事，故而能够少结仇怨。因此遍观冯道的一生，他切切实实做到了这点。他曾经写过一首诗，即体现了这种思想：

莫为危时便怆神，前程往往有期因。

须知海岳归明主，未必乾坤陷吉人。

道德几时曾去世，舟车何处不通津。

但教方寸无诸恶，狼虎丛中也立身。

假如一个人果真能用善念对待身边的世界，又能合理处事处人，哪有什么困境能困阻他一辈子呢？

# 一分钱和隐藏的危险

行险而不失其信。

——坎·彖

我还在读小学的时候，一天放了学，我和同伴走在回家路上。在东张西望的时候，我们无意间发现了马路边阴沟里有一分钱。因为那个时候大家都还比较穷，钱还比较值钱，一分钱还可以买一颗水果糖，所以我和同伴都很兴奋，想着如何把这一分钱给取出来。我看了看一分钱的具体情况：它躺在阴沟的正下方，我们胳膊长度可能刚刚够到。阴沟上面覆盖着一块水泥挡板，挡板上有几条缝隙。我伸出手试了一下比例，我们细小的胳膊大概可以伸进去，但手握成拳头状拿出钱来可能就有些困难了。我比较谨慎，思考了一下，觉得拿到这一分钱的可能性比较小，所以决定忍痛放弃。但同伴不同意，觉得如此"大"的一笔财富，不能白白丢弃，应该坚定信心、排除万难，把这一分钱搞到手。因为"天与不取，反受其咎；时至不迎，反受其殃"嘛！（这句话是我后来帮他加上去的。当时作为小学生，我们都还没有这么高的文化水平。）

这个同伴很固执，我说服不了他，只好陪着他开始摸索起阴沟里的一分钱来。

具体过程我就不多介绍了，无非是把手尽量收缩起来，放进水泥挡板的缝隙里，然后把细细的胳膊尽量探到阴沟底部，伸开手指头，用敏感的手指去触碰冰凉的圆形金属物品，然后抓住它，收回来。直到这个时候都很顺利，然后不妙的事情发生了：同伴的手无论如何也挣脱不出水泥挡板的缝隙。刚开始，他还顽强地抓着一分钱不放，想尽各种方法，要把手从缝隙里缩回来。时间一点点过去，天色已经开始暗下来，我们都有点着急了。终于，同伴也放弃了拿到这一分钱的企图。他明白了"富贵在天"的道理。但更不妙的事来了：虽然同伴放弃了一分钱，想把手从阴沟里缩回来，但无论他采取什么样的办法，都没法把手从水泥挡板的缝隙里挣脱出来。我们都蒙了，想不通当初他是如何把手伸进去的——既然当初能伸进去，为何现在不能收回来呢？

后来我们长大了，都知道了一个道理：这个世界嘛，这种无理可讲、不可思议、莫名其妙的事情，太多了。何况一方小小的阴沟乎？何况一只细细的胳膊乎？

接下来，在我们两个瓜娃子的哇哇大哭下，引来了很多大人。看到这一情形，大人们都很热心，他们打着手电筒，拿着钢撬，合力把水泥挡板的缝隙撬开了。同学的胳膊获得了解放。

皆大欢喜。

同伴手臂获救之后的第二天，上学时，我问了他一个问题："那一分钱你拿到没有？"同伴愣了一下："哎呀，我忘记顺便拿上来了。"

由此可以看出，我和同伴其实是何等蠢笨啊。

慢慢长大了，忽然发现，这个世上和我们一样蠢笨的、为了一分钱让自己身陷险境的事，也多了去了。古人讲："天下熙熙，皆为利来；天下攘攘，皆为利往。"很多时候，我们会觉得，作为理性的动物，作为"万物之灵"，怎么可能为了"利"犯下如此低端的错误呢？可惜的是，我们大多数时候都会做出这样的傻事。

《坎》卦似乎早已看穿了人们的这种愚痴，明白人们往往会为了阴沟里的一分钱而不顾一切。

初六爻："习坎，入于坎窞，凶。"明明看到前面有一个危险的坑，依然往下跳，跳下去了，才发现里面还有一个深坑，这就让自己深陷凶险的境地。就像我们看到阴沟里的一分钱，伸出了胳膊，却发现拿着钱无法缩回来。这就是"入于坎窞，凶"。

九二爻："坎有险，求小得。"坑里有危险，人进入这个坑内，就是为了求得一点小小的利益。无非是为了一分钱而已。一分钱，是我们想要得到的利益，是"小得"，这个"小得"让我们的胳膊陷入阴沟而不能自拔。

六三爻："来之坎坎，险且枕，入于坎窞，勿用。"来到了坑里，坑又险又深，进入了坑里，才发现坑里有坑，这个时候就不要再深入进去了。这就好比说，我们这个世界上有很多的坑，人们为了一小点利益，就不顾一切地钻进了坑里。到了这个时候才发现，原来坑里有坑、坑坑相连，无坑不坑人，无坑不阴险，此时就要知道退坑而出，不要再流连一点点的利益而不顾危险。就像我的同伴，为了拿到一分钱，导致胳膊无法拿出来，后来就算放弃了一分钱，胳膊也没法缩回来了。

这一爻的《象传》说："来之坎坎，终无功也。"就是讲：来到了险地，终究还是没有功效。就好比如我的同伴，胳膊虽然和阴沟搏斗了半天，但最终还是没有拿到一分钱，这就是"终无功也"。

六四爻："樽酒，簋贰，用缶，纳约自牖，终无咎。"一个人因为贪图一点点小利，让自己身处坑里。这个时候困在险境之中没有办法脱身（或者说，被监禁在一个地方），只能依靠别人的救济。别人用瓦器装好一杯酒、两碗饭，从窗户送进来取出去，让人勉强度日。因为在险境中、在被监禁之中，还有人给你喂食，说明你还有希望，说明你的处境还不算太严重，终究还是可以解救出来的，所以是"终无咎"。

九五爻："坎不盈，祗既平，无咎。"为了从坑里出来，有人在旁边的小丘挖土，想用土来填平坑，坑还没有填满，小丘已经被挖平了。虽然还没有完成任务，尚未达到自己的目的，但也是没有害处的。

上六爻："系用徽纆，置于丛棘，三岁不得，凶。"进入了险坑，不能逃脱出来，这就像被关了起来，置身于丛棘围绕的牢狱之中，好几年不能脱身，这就麻烦了。

我们可以看出，《坎》卦从初爻到上爻，仿佛描绘了一幅生动的图景：人啊，为了一分钱，冒险进入一个深坑，忽然发现坑里还有坑，没法脱身。此时如果有人能给他食物，还算好的，还可以保全自己。但如果长时间无法解脱，就像被关进了牢狱之中，那就很麻烦了。这让人不得不感叹：人是要愚蠢到何等程度，才会为了一点点利益而让自己置身于险境不顾？

不过，《坎》卦尽管说尽了这种人性的愚痴，但它似乎还对人的自我反省留有一丝赞许，对人后天的自我修正抱有希望，所以才会说"行险而不失其信"——一个人如果出于某种原因，不得不身犯险境，这个时候必须记得不要失去诚信、信念。同时，它才会讲"君子以常德行，习教事"，希望我们用教育来完善自我，用自身德行的提升弥补这种愚不可及的蠢笨私心。就算这是一种不可靠的愿景吧，但也总比没有愿景、完全认同于纯物欲的观念好，就如西哲所说"灿烂星空，位我之上；道德律令，永留心中"，即便这种先验的道德律令不可靠，但保持对它的尊重和渴求，也远比拒绝它、否定它要好得多。

# 长寿的江湖马仔和小人的福气

刚柔分，动而明。

——噬嗑·象

中国人讲"寿，富，康宁，攸好德，考终命"五福，其中第一福就是"寿"。只有富、贵没什么了不起，你还得长寿。李贺《浩歌》里面说："王母桃花千遍红，彭祖巫咸几回死。"彭祖和巫咸都是传说中长寿之人。彭祖这个人从尧帝起，历夏朝、商朝，活了八百岁；巫咸是商朝大臣，相传他是神仙人物，寿命自然也很长。普通人能活到一百岁，就很了不起了。对长寿的老人，大家都认为他有福气。

在金庸小说里面，写了一些长寿之人，比如大宗师张三丰、桃花岛岛主黄老邪、大理国前国王一灯法师、老顽童周伯通，以及知名的残障练武之人柯镇恶，等等。有人专门考证过他们具体活了多少岁，总体来说都超过九十岁或一百岁了。其实还有一个江湖小人物，他活到一百多岁，也是长寿之人。但因为是小人物嘛，几乎没有引起大家的注意。他叫寿南山，是大反派混元霹雳手成昆的一个小马仔，虽然在江湖上混，但生性胆怯，常常畏阵脱逃，被同伙嘲笑为"万寿无疆"。成昆嫌弃他根骨太差、人品畏葸，只差他跑腿办事，从来没给他传授过什么武功。一次，他和同伙奉成昆之命派发英雄帖，在护国寺中遇到受伤的张无忌和赵敏，同伙都在杀张无忌的时候死于九阳神功的反作用力，他因为不敢下手，反而保住一命。为了不让他返回少林联系成昆，赵敏哄骗说他这一生必须居于南方，只要一见冰雪，立刻送命，叫他急速南行，住的地方越热越好，倘若受了一点点风寒，有什么伤风咳嗽，都能危及性命。寿南山信以为真，拜别二人后，出庙便向南行。他完全听信了赵敏的话，终身居于岭南，小心保养，不敢伤风，直至明朝永乐年间方死。虽然没有做到"万寿无疆"，但起码活了百岁。他这算是因祸得福，乐享天年了。

这个寿南山的故事，使我想到了《系辞》里面讲过的一段话：

小人不耻不仁，不畏不义，不见利不劝，不威不惩。小惩而大诫，此小人之福也。《易》曰：履校灭趾，无咎。此之谓也。

就是说：小人不以不仁为羞耻，不怕自己的行为不义，不看到利益不卖力，不见到威严不惩戒。他们要受到小小的惩戒才会警觉自己的过失，才会改正不良习气。所以小小的惩戒对于小人来说是福气。《周易》"履校灭趾，无咎"，讲的就是这个道理。

"屦校灭趾，无咎"来自《噬嗑》卦的初九爻。《噬嗑》卦本义讲的是诉讼刑狱之卦，卦辞："亨，利用狱。"讲的是利于诉讼。《彖》曰："颐中有物曰噬嗑。噬嗑而亨，刚柔分，动而明，雷电合而章。柔得中而上行，虽不当位，利用狱也。"讲的也是利于刑狱。《象》曰："雷电，噬嗑。先王以明罚敕法。"讲这一卦象征着雷电，看到此象，先王要明察刑狱，正其法令。

　　初九爻："屦校灭趾，无咎。"足戴脚镣，斩断脚趾，没有大问题。这里的意思就是讲：犯了错误的人受到小小的惩罚，让他有所反省，不至于继续犯下更大的罪行，可以避免未来更严重的惩罚，这是好事情。这就是《系辞》说的"小人之福也"。比如寿南山，本来是江湖社团的反派小角色，如果继续跟着社团大佬混，某一天必然会被正派人士干掉，或者就算不被正派人士干掉，在打打杀杀中也不可能全身而退。幸好被张无忌和赵敏小小惩戒了一番，让他有机会脱离社团，才能在岭南安然度过一生。

　　古代有一个名臣，一次外出被醉汉挡住了轿子无理辱骂起来，随从都很气愤，上去制服了醉汉，准备治他的罪。名臣表示自己不与他一般见识，大度地说："他不过是个喝醉酒的无知之人，放了他吧。"过了半年，名臣偶尔听说这个醉汉再一次因为喝醉而犯下大错，被抓进牢里判了重罪。他很感慨，后悔地说："早知道如此，我当时就应该治他的罪，让他知道自己的过失，也不至于到今天这一地步了。"这也是"小惩而大诫，此小人之福也"的意思。

我们小时候犯了小错误，被老师或者家长批评。批评完之后，老师或家长有时候会说："响鼓不用重槌敲，刚才只是稍微批评了你一下，以后希望你不要犯类似的错误。"现在回过头想想，这个"响鼓不用重槌敲"其实就是"小惩而大诫"。我们应该感激小时候批评过我们的老师和前辈，是他们的"小惩而大诫"，让我们受用终身。

当然，也有敲破了鼓也没用的例子。

比如东晋枭雄桓玄要造反之前，跋扈无比，晋安帝派刘牢之去讨伐他之前，就下诏训斥桓玄说："竖子桓玄，……犹冀玄当洗濯胸腑，小惩大诫，而狼心弗革，悖慢愈甚，……是可忍也，孰不可怀！"这就是警告桓玄：你注意点言行举止，不给你一点颜色看看，你就不懂得收敛。后来桓玄兵败被杀，寒门出身的刘裕逐步做大，晋安帝终究未能逃过一劫，还是被刘裕干掉。当年晋安帝下诏想让桓玄"小惩而大诫"，未想让刘裕等人反占了便宜，算是白费功夫了。

# 《周易》三卦的保健作用

慎言语，节饮食。

——颐·象

　　徐醒民先生曾经写过一篇文章，说清儒俞曲园《春在堂随笔》中记载，俞曲园曾在旧书中发现一张纸，纸上写有"读易有得方"，也不知谁写的。俞曲园读后觉得很有道理，"诚用其方，则五藏皆受其益，洵为却病延年之上剂"。就是讲他在实践之后，发现对身体健康大有裨益。该方剂的核心内容是说《艮》《损》《颐》三卦，在医学上都大有作用，每卦的象辞都隐含着保健效果。这种读易方式倒也别致，超出了两派六宗的范畴，应该可以算是"保健派"。按照徐醒民先生的意见，《周易》之为书广大悉备，医方小道也是此经含义之一，例如占卜，可以作庙算，也可以走江湖，小大之用不拘，只看需用的时候而定，这才见得《周易》的本色。所以具体到"保健派"，它的讲法也颇有一定的道理。

　　在"保健派"看来，《周易》不仅能"治心"，更能实实在在

"治病"。如《艮》卦，《彖传》说："艮，止也，时止则止，时行则行，动静不失其时，其道光明。"讲的是人需要知道什么时候该行动、什么时候该停止，这样才会有光明的道路。《象传》说："君子以思不出其位。"《中庸》则讲："君子素其位而行，不愿乎其外。素富贵，行乎富贵；素贫贱，行乎贫贱；素夷狄，行乎夷狄；素患难，行乎患难。君子无入而不自得焉。"就是说君子能在各种境遇中安然处之，都可以保持其平常之心。《读易有得方》认为此卦重点在"君子以思不出其位"，所以这一卦的保健作用在于治心。它认为，"心之官则思，多思伤心，受之以艮，则随事顺应，无入而不自得矣"。古人认为思考是由心而出，和现代医学知识不一样，现代医学知识告诉我们大脑才是负责思想的。这里的意思是说，"心"负责一个人的思虑，多思则伤心，所以要学会不要多思多虑，要顺其自然，这样才能不得而得、自在逍遥。老一辈的人会根据自己的人生经验，常常说车到山前必有路，劝解人不要太忧虑，不要想得太多，也就是这个道理。

又如《损》卦，《象传》说："山下有泽，损。君子以惩忿窒欲。"孔颖达疏："君子以法此损道惩止忿怒，窒塞情欲。"就是讲君子要学会控制自己的无名之火，减少自己的欲求奢望。《读易有得方》认为此卦重点就在"君子以惩忿窒欲"，这一卦的保健作用在于治肝治肾。为什么呢？因为"多怒伤肝，多欲伤肾，惩之窒之则肝木不致妄动，而肾水亦易滋长矣"。在它看来，一个人恼怒过多，则会伤及肝脏；欲望过多，则会伤及肾脏，所以要控制情绪，少怒少欲；因为肝属木，肾属水，所以少怒少欲则肝木不至于妄动，肾水易于生长。再从《序卦》的道理来看，一个人如果损失自己的利益来帮助别人，到一定时候后必然会得到丰厚的回报，这就是"自损不已，必当受益"，所以《损》卦之后，就是《益》卦。

再如《颐》卦，《象传》说："君子以慎言语，节饮食。"有德行的君子说话严密谨慎，吃喝饮食懂得节制，这样才是避祸求福之道。"保健派"认为这里的"君子以慎言语，节饮食"，指明了这一卦的保健作用在于治肺和治脾，因为"多言伤肺，多食伤脾，慎焉节焉，可以保肺而健脾矣"。《系辞》"吉人之辞寡，躁人之辞多"，也是提醒人不要讲太多话，尤其是没有意义的话。孔夫子也很看不惯这种说话不着边际、没有实意的人，认为这种人"群居终日，言不及义，好行小慧，难矣哉"，拿他们没有办法。普通老百姓也懂得"说话太多费力气"，也就是讲慎言语、养身心。从政的人更明白"慎言语"的重要性。西方的竞选活动，那些竞选人都有专门智囊团来研究分析怎么演讲、演讲如何讨好观众、什么该讲、什么不该讲，一套一套的。"多食伤脾"，事实证明暴饮暴食确实不利于健康，影响脾胃。所以少说话、克制饮食，有利于保肺健脾。中医里面讲收敛身心，不要乱消耗精神体力，自然对身体有好处。比如年纪大的人平常打坐、练气功，注重饮食营养，这也是"慎言语、节饮食"的表现。古人还讲"临别六字听君取：节饮食，慎言语"，把它当作劝诫人的临别忠言，可见这六个字的影响力。所以一言以蔽之，《颐》卦的含义是养，"慎言语"即养心养德，"节饮食"即养身物。从这个角度来讲，无论什么人，只要多思、多欲、多言、多食，对身体健康和道德修养都是不利的。

　　不过，相对而言，我觉得《艮》卦的养生含义更有趣。比如《艮》卦的原意为"止"，因为《艮》卦之前为《震》，为动，为不安宁，所谓的"利建侯而不宁"，要做大事业、有大动作，所以不能安宁；做大事业，总归要动脑筋、费力气，不得不努力拼搏，因为"没有人能够随随便便成功"。我们可以看到，那些创业的、做事业的人，没有一个不努力奋斗的，尤其是在创业之始——"奋斗"是好听的词语，不好听的词语就是"折腾"，折腾来折腾去，有成功的，也有失败的，总而言之，都是"震而不宁"。不过，《序卦》讲"物不可以终动，止之，故受之以《艮》"，就是万事万物不能够老是动个不停，如果总是动荡不安，那么这个世界就没有安稳的时候，万事万物也就不能安稳地生长。所以在适当的时候需要"止"，需要适当而可。如果动荡得太厉害了，折腾得太厉害了，很多人就会选择放弃，这就是"震"的后遗症。所以"动"与"不动"，"震"与"艮"，是紧随而行的，有个平衡在里面。《艮》卦在这里，就是"止"义：一阳在上，象山之止，重卦则为止之又止，不过它的互体里面有坎、有震，坎是潜伏、危险，震是行动、不宁。在某个时代，如果有太大的动荡、太多的不安，人人都压力重重，而又都不知道为什么压力重重，这个时候就应该静下心来想一想，人生到底是为了什么？为什么不能"止"？

# 朋友啊朋友

君子以朋友讲习。

——兑·象

　　我小的时候看过一部电影，名字叫《知音》，讲蔡锷与小凤仙的故事。电影中的很多具体情节都忘记了，唯一记得很清楚的就是插曲中的一句歌词："人生难得一知己。"当时不知道为什么，就被这一句歌词深深打动了，再也忘不去。后来读大学，很是下力气看过一阵子小说。品位不高，乱七八糟的都看。《追忆似水年华》记不住，《战争与和平》记不住，古龙的《欢乐英雄》倒记住了。记住了的原因，是觉得里面几个大侠的友谊太感人了。当时想：人生在寂寞的时候，有这样的几个好朋友畅谈，该是多么地美好啊！

　　后来看到《兑》卦里面讲"君子以朋友讲习"，顿时让我联想起了读《欢乐英雄》时的感觉：志同道合的朋友在一起交流感悟、互相启迪，可以让这个琐碎而无趣的人生变得更有意义；如果再有一杯浊酒，与好友畅怀对饮，则更加快意。"绿蚁新醅酒，红泥小火炉。晚来天欲雪，能饮一杯无？"此时此刻，还有什么蜗角虚名、蝇头小利放不下、舍不去的？再遥想二十世纪三十年代，西南联大的诸先生在敌机轰炸声中求学，沉浸在学术与理想之中，相互勉力前行，其事迹流传至今，其光芒耀射至今。这也就是"君子以朋友讲习"，让人钦佩至今。

《兑》卦的"兑"，大致有二解，一为悦，一为说。这里取"悦"解。《兑》卦之中，有吉利之爻，有不吉之爻。吉利之爻，皆是愉悦之象。如"和兑"，就是讲一个人如果喜颜悦色，友善地帮助别人，那么必定可以与人相处甚好。"孚兑"，就是讲一个人如果以诚信待人，让人信任而喜悦，必定能够让人愿意和他相交相识。"商兑"，一个人与人友好协商，与人相谈甚欢，那么也必定会令人喜悦。以上几个"兑"，讲的都是人们相处很融洽、很喜悦。这就有些像是我们平素说的，知心好友相逢，大家在一起对饮畅叙，谈理想、谈人生、谈未来，不管谈什么，都能相互理解、相互鼓励，再阴霾的世界也会因此变得美好、明亮起来。

现代社会交通便捷、通信发达，和朋友见面、联系都很方便，但古时候可不容易，尤其是社会变动时期，朋友见面都是随缘碰巧。唐人韦应物诗云："江汉曾为客，相逢每醉还。浮云一别后，流水十年间。欢笑情如旧，萧疏鬓已斑。"朋友之间匆匆一别，便是十年，再相见时已经是头发斑白。这种欣喜和伤感，我们生活在今天的人大概是很难理解了。

《彖传》说："刚中而柔外，说以利贞，是以顺乎天而应乎人，说以先民，民忘其劳；说以犯难，民忘其死。说之大，民劝矣哉。"这是从帝王治理国家的角度来谈的。就是讲统治者处理政事、治理国家，都能顺应世道人心，能够真正服务于百姓，让老百姓安居乐业、生活喜悦，他的功绩就很伟大，老百姓也就能忘却辛劳、乐于贡献。

不过《兑卦》也有不好的爻，比如"来兑"，就是讲刻意去讨好别人，让别人开心，这个是不好的。按照佛家的讲法要"随缘而不攀缘"，"来兑"就是攀缘，别人不理睬自己，自己带着各种目的、功利心，想尽办法要去搭讪。比如一些做生意的人，见到有实权的领导，就开动脑筋、开足马力，想和领导建立友谊。友谊是次要的，真实目的是想在今后的生意场上得到领导的帮忙。酒桌上和你畅饮，奉承你是了不起的领导，有魄力、有能力，是天下最有才干的人、是他心目中最佩服的人，等等。说的人一脸真诚，听的人要真相信了这些话，就等着后面被围猎吧。所以，"来兑，凶"。

比如北齐权臣和士开，与皇帝高湛那可不是一般的好。他"倾巧便僻，又能弹胡琵琶"，与皇帝老哥亲狎无间。他曾经对高湛说："殿下非天人也，是天帝也。"高湛听得心里乐开怀，便投之以桃、报之以李，说："卿非世人也，是世神也。"这种对话听下来，感觉就像两个热恋中的情侣互相吹捧，连史书都忍不住感叹"其深相爱如此"。不过高湛大概想不到，和士开居然偷偷与他的皇后有染——大家虽然是好兄弟，但这样做就有些过头了。北齐王朝上行下效，一些朝廷官员、市井商人为了求得升迁或好处，纷纷依附和士开。史书说"富商大贾朝夕填门，朝士不知廉耻者多相附会，甚者为其假子，与市道小人同在昆季行列"，就是讲什么人都来巴结和士开，想搭上他这个权贵，甚至认他做干爹。有一次，一个人听说和士开生病了，忙去探望，恰好听到医生说和士开的病很厉害，只有喝黄龙汤才能痊愈。所谓黄龙汤，就是大小便之物。这种药方也太富有创意了。和士开犹豫不决之时，来探望的人忙抓住这个千载难逢的拍马屁机会，说："我先为您尝尝。"当即喝下了这一份丰盛浓郁的黄龙汤，让和士开大为感动。这就是"来兑"。不过，和士开一生玩弄权谋，最终也死于别人的圈套之中。那些"来兑"之人，虽然平时对他毕恭毕敬、曲意奉承，面对他的灭亡，其实心中并不会悲伤，因为这些人并不会把和士开当作真心朋友。

还有"引兑"，《象传》解释为："引兑，未光也。"指故意去讨好别人，其人则不会光明正大，或者是心地不宽广。这与"来兑"有相似之处。不过，"引兑"更在于引诱别人喜悦，不一定有什么太大的恶意，可能仅仅单纯想让自己表现出讨人喜欢的模样，就像有些明星要建立"亲切和蔼的人设"一个道理。有的时候，在一些特定的环境下说一些吉利的话、让人开心的话，也是正常，也不必上纲上线地批评，这与"引兑"要区别开来。当年苏东坡也写过"淡月疏星绕建章，仙风吹下御炉香。侍臣鹄立通明殿，一朵红云捧玉皇"这样的诗歌，难道就以此认为东坡居士是个马屁精？当然不能这么绝对。

# 吹牛大王和"自我致戎"

其来复吉，乃得中也。

——解·象

小时候看过童话故事《吹牛大王历险记》，对里面那位吹牛不脸红的男爵深感佩服：每次身临绝境，他都能以出乎意料的方式脱险，实在让人拍案叫绝。我那时候虽然还只是小学生，但也分辨得出它基本是在胡扯，在现实中当不得真。

在现实生活中有不少人和男爵一样，也喜欢吹牛，但他们往往还希望别人当真。吹牛的时候，虽然他们自己未必脸红，听的人却往往会脸红。这就是人们常说的"只要你不尴尬，尴尬的就是别人"。周星驰的电影《少林足球》里面的三师兄，落魄不堪，却很嫌弃其他队员，拒绝和他们一起聚餐："我一秒钟几十万，跟你们去吃杂碎面？"此牛皮吹得铿锵有力、自信无比，但掩饰不了他生活窘迫、人生失意的现状。

人生失意窘迫不要紧，关键是还不愿意承认，或者要用牛皮来掩饰，这就有些麻烦了。毕竟人不是生活在童话中，不可能像男爵那样吹牛结束后还可以安然无恙，大部分人吹牛结束后或多或少都要为自己吹的牛付出代价。《解》卦六三爻，我觉得讲的就是这个道理。

《解》卦，大体说的是解放、解脱之意。上卦为震、为雷，下卦为坎、为水，所以《周易浅释》讲："动于险外，出乎险也，故为患难解散之象。又震雷坎雨，阴阳交感，和畅解散，故为《解》。"就是说它总体来看是脱乎险境、和谐畅通的卦象。在这一卦的六爻，除了六三爻，其他五个爻都是好的。比如初六爻"无咎"，是没有问题；九二爻"田获三狐，得黄矢，贞吉"，是吉的；九四爻"解而拇，朋至斯孚"，解开脚、迈步走，因而得到钱财，是好的，这有点像我们常说的"胆子再大一点，步子再快一点"，能够在不断前进中得到效益；六五爻"君子维有解，吉，有孚于小人"，战俘愿意归顺而成为奴隶，是吉的；上六爻"公用射隼于高墉之上，获之，无不利"，也是吉。卦辞说"有攸往，夙吉"，是劝人赶早不赶晚，早点去早有利益。《彖传》又说"险以动，动而免乎险"，在险中行动，在行动中脱离险境。这是教人要选择行动，离开险境而得到解放，因为"树挪死，人挪活"，人要动起来才有机会。这些都是讲如何得以解放、解脱，但唯有六三爻在这里提出警告，要注意"贞吝"的不利情况。

六三爻："负且乘，致寇至，贞吝。"背着贵重的东西，大摇大摆地乘着车子，又不把东西安全地放在车上，不招致盗贼来打劫才怪。因此六三爻的象辞说："负且乘，亦可丑也。自我致戎，又谁咎也？"背负着贵重东西乘车炫耀，生怕别人不知道你有值钱的东西在身上，这样做令人嗤之以鼻。自己显摆招来盗贼打劫，又怪得了谁呢？《系辞》在解释这一爻时，就说："慢藏诲盗，冶容诲淫。《易》曰：负且乘，致寇至。盗之招也。""慢藏诲盗"，就是讲贵重的东西不好好藏起来，而是到处炫耀，肯定会引诱盗寇的觊觎；"冶容诲淫"，大概意思是讲妖艳的装扮容易招致坏人起淫邪之心。不过，"冶容诲淫"这个观点在今天有点不合时宜，受到批评，此处不展开谈。

总而言之，六三爻就是讲因为显摆、炫耀招来祸事，不可以怪别人，要怪只能怪自己。就像三师兄吹牛说自己一秒钟几十万，嫌弃周星驰饰演的五师兄请他吃杂碎面。还好五师兄知道他其实很落魄，换个不知底细的，听到他一秒钟几十万上下，起码会向他借几十万用，如果借不到，可能就会摇身变成打劫的，三师兄就会"致寇至"了。

当然了，三师兄吹牛的损失至多是吃不到杂碎面，还没有什么麻烦。但有的人吹牛就差点让自己完蛋，这就不划算了。

明代笔记小说《艾子后语》，有几个故事就是关于吹牛的，很有意思。其中一个故事讲艾子遇到一个喜欢吹牛皮的赵国方士，艾子开玩笑地问他："先生你高寿？"方士神气活现地回答："我已经忘记自己几岁了。我只记得小时候与小朋友们一起看伏羲画八卦，看他长得蛇身人首，吓得我回去生了一场病，还好伏羲用草药把我治好了。还有女娲的时候，天地倾斜，我刚好住在中央平稳之处，所以没有受到什么大影响。神农氏种植稻谷之时，我早就开始修炼辟谷了，所以一粒米都没有吃过。蚩尤用各种高端兵器打我，我都没事，但我用一根手指头就把他打得血流满面，落荒而逃。仓颉不认识字，想来求教我，我觉得他太笨了，懒得理他。在庆都的尧母怀孕十四个月生下尧时，她邀请我出席汤饼会，我欣然前往。

"舜被他的父母虐待，在他郁闷痛哭的时候，我亲手为他擦眼泪，再三鼓励他：风雨中，这点痛算什么，擦干泪，不要问为什么……大禹治水经过我的门，我犒劳他，给他敬酒，他推辞没有喝。孔甲送给我龙肉酱一块，我不小心吃了一点，到了现在嘴巴里还有腥臭味。成汤捕捉猎物的时候网开一面，我讽刺他一方面网开一面，一方面还是想吃野味，这也太虚伪了。夏桀这个暴君强迫我像牛一样喝水，我坚强不屈，他就对我处于炮烙之刑，整整七个昼夜，我谈笑自若、毫发无损，他拿我没辙，只得把我放了。

"后来叫姜太公的那个小朋友，钓到鱼后，趁新鲜之时送给我品尝，我不好意思不收，但懒得吃，拿去喂了山中的黄鹤。周穆王赴瑶池之宴，推让我坐首席，徐偃王乘机出兵，穆天子忙乘着八骏马车回去处理军情。西王母留我一直到酒席结束。我因为喝桑落酒太多了，醉倒起不来，幸好有董双成、萼绿华两个仙女丫头扶着我回家。从那个时候起，我一直处于醉的状态，到现在还没有完全醒，不知今日世上是什么时候。"

艾子听了这一通牛皮，惹不起，赶紧溜。

方士的这个牛皮吹得可谓经典。中国神话传说中大名鼎鼎的人物全都出现了，不但和他认识，而且还都很崇拜他、服气他，比"我的朋友胡适之"这样的牛皮不知要高出了多少等级。现在某些应酬场合，也常常会遇到某个喝多了的人，说到某大人物时，会拍着胸口说："某某啊，好兄弟，经常一起聚来着。"这就有点像赵国方士的风格了。

不久之后，赵王从马上摔下来，摔伤了肋骨，医生说要用千年的血来敷才能好。赵王便号召大家一起寻找千年血为他疗伤。艾子趁机说："我认识一个方士，他活了几千年，他的血药效应该很不错哦。"赵王很高兴，马上派人去抓方士，准备杀掉。方士跪下哭着求饶，坦白说："我的父母其实才五十岁，邻居老太来拜寿，我喝多了一点，说了些醉话。艾子最喜欢说谎，大王您千万不要听他的。"赵王听了他的解释，很不高兴，但又无可奈何，训斥了一通把他放了。

方士的这一通牛皮，就是"负且乘，亦可丑也。自我致戎，又谁咎也？"

不过，《象传》又讲："君子以赦过宥罪。"意思是说：虽然百姓犯了法、有了过错，但执政者需要反思一下，执政是否有所不妥，或者此事是不是情有可原，要根据实际情况给予宽大处理。比如，仅仅因为吹牛皮而失去了和朋友吃杂碎面的机会，那就没必要追究了。

# 没有句号的世界和人生

君子以慎辨物居方。

——未济·象

《未济》卦是《周易》中的最后一卦。慢慢把《周易》读下来，到了这一卦，心里面就会有很多的感慨。

读完一本有趣的书之后，心里面充满了收获、喜悦，又恋恋不舍、惆怅，有点说不出的失落。这就是《未济》卦读后的第一个感观。清代才子龚自珍在《己亥杂诗》里面就说过类似的感慨：

未济终焉心缥缈，百事翻从缺陷好。
吟道夕阳山外山，古今谁免余情绕。

读完了《未济》卦，心里面充满了难以言说的感叹，世间的事情并非完美的，夕阳晚照，青山缥缈，满怀惆怅，古往今来所有人都心同此理罢。

然而我们要看到这种不完美并非无奈和绝望，它背后还隐藏着希望、进取。今日即将过去，夕阳即将落下，世界就要堕入黑暗，但要知道第二天必定会来临，朝阳又将升起。这就是《未济》卦的真谛：无论是这个宇宙还是人生，都不会轻易画上句号。

佛家讲我们这个世界是"娑婆世界"。娑婆亦即堪忍，就是充满各种不完美，有着很多缺点。我们只能在这种有很多缺点的环境下生活，所以是"忍耐着"生活。这个"堪忍"的世界，就是所谓的"五浊恶世"，都是不好的。但人没有办法，只能"堪忍"，借用小说家福克纳的话来讲，就是"endurance"，大意是"苦熬"。但这个娑婆世界亦是修行的世界，是有利于让人追求更好境界的世界，所以才是"百事翻从缺陷好"。福克纳在演讲词中说"我拒绝认为人类已经走到了尽头，人类能够忍受苦难，也终将获胜"，某种意义上亦即这个意思。

《未济》卦第一个层面就是讲，事物的成功和完美只是相对的，而"尚未成功""不完美"才是时刻伴随着我们的。第二个层面就是讲，万事万物永无止境，并没有我们想象的"画上句号"那么简单。

《未济》卦辞："未济，亨，小狐汔济，濡其尾，无攸利。"象征事物没有完成，但勉力而行，就能使其亨通。如同小狐狸渡河，近乎完成了，但被打湿了尾巴，则无所利。《未济》之前的一卦为《既济》，告诉人们目标总有达到的时刻。但在达到之前，就有尚未到达的时刻，这个时候勉力前行则亨通；但同时要看到，这一时刻又如同小狐狸渡河，要达到目的须老成决断、首尾一致，否则就像小狐狸渡河打湿其尾巴，则无所利。我们看野生动物的纪录片，里面有小动物过河的场景，有的小动物游到河中间被湍急的河流吓住了，重新游回来，湿漉漉地返回岸上，大致就是这个形象。

《象传》说："火在水上，未济。君子以慎辨物居方。"比如本来烧水，水壶应该在火的上面，但现在火在水的上面，难以将水烧开，这就是"未济"，没能达到预定的目标。这是提醒君子，一定要注意根据周边的环境情况，谨慎地安置好各种事物。比如水能制火，但也能灭火；火能制水，但也能烧干水；水火能养人，但也能害人。水养育万物，但太多了就是水灾；火能帮助人，但火蔓延开了就是火灾。一切事物都是如此。这就是君子要辨物居方的道理。

初六爻："濡其尾，吝。"小狐狸打湿了它的尾巴，有点遗憾。为什么会有遗憾？正是因为不知道谨慎持重。就像我们年轻时候，觉得整个世界都是自己的。像有些电影展现的那样，年轻时充满了迷茫，但又无所畏惧。如《古惑仔》里面那些年轻人，这个世界怕它什么呢？了不起和兄弟一起拎着刀子打打杀杀，就能杀出一条光明大道。可等过了许多年回过头一看，才觉得自己年轻时挥霍了太多的青春，"飞沙风中转"嘛，或多或少有些遗憾。这就有点"濡其尾，吝"了。又有点像李宗盛的歌词里面唱的："越过山丘，虽然已白了头，喋喋不休，时不我予的哀愁，还未如愿见着不朽，就把自己先搞丢。"这个时候才发现，真正的人生并不像自己想象的那样，年轻时候的打打杀杀，原来都是"小狐汔济"——这个时候回过头去看自己，自己仍然站在河的这一边，还没有过河呢。

九二爻："曳其轮，贞吉。"向后拽着车轮，不让它急行，是吉利的。这里的意思是强调不急不缓、中正而行，才会吉祥。这就是讲在人需要在合适的地方、合适的时候且以合适的方式前进。如果说第一爻象征着人们二十来岁的年轻岁月，这个时候讲的就是三十来岁的人，思想慢慢开始成熟，生活开始步入正轨，也算得上"前浪"了，但还没有被"后浪"拍在沙滩上。这个时候如果中正而行，则是贞吉的。就像现在人们常说的，这个时候处理得好自己的事业和生活，就会打出一手人生的好牌。年轻时候急躁、做事冲动，动不动就要和人家单挑，就像一辆横冲直撞的车子；这个时候稍微明白事理了，做事没有那么冲动了，就像把横冲直闯的车子稍微拉了拉刹车，不让它那么无厘头地行驶下去，所以是"贞吉"的。

魏晋南北朝时候的戴渊，年轻时候是个有名的古惑仔，劫人车船、抢人财物。后来在一次抢劫时遇到了陆机，陆机见他虽是一个劫匪，但气定神闲、风度不俗，就劝说他："看你堂堂大丈夫气质，为什么要做古惑仔呢？"这一言点醒梦中人，戴渊猛然醒悟，及时刹车，不再当古惑仔，人生于是一路开挂，做到征西大将军。这就是"曳其轮，贞吉"。

六三爻："未济，征凶，利涉大川。"事未成功，或者说准备工作没有完成，就急于出去征伐他国、出去做大事业，是危险的。不过，如果能凭借舟楫的力量，依靠乘舟坐船，则可以渡过大江大河。这个意思就是说做事匆忙、没有准备就急于求成，是危险的；但如果凭借着其他的工具和他人的帮助力量，不贸然行事，则可以远行获得利益。

东晋时候桓温为了树立自己的威信，以便以后篡夺皇权，准备第三次北伐。他的参军郗超力劝他不可贸然在春天行军，应该等秋收之后，军粮充足了再行师。但桓温心里念念不忘他那句知名的格言"大丈夫若不能名垂千古，不如遗臭万年"，执意北进，结果大败而归。这就是"未济，征凶"。同样，现在很多人做事，或者是不自知，或者是好大喜功，或者是为了别的目的，也常常做出"未济，征凶"的事情，等到后面出现问题了，才想起来要补救，那时候能不能做到"利涉大川"，那就很难说了。

九四爻："贞吉，悔亡，震用伐鬼方，三年有赏于大国。"占问吉利、没有遗憾，周人去征伐鬼方之国，三年成功，并且从殷商大国那里得到了奖赏。这里的"震用伐鬼方"，有几个不同的解释：第一种解释是，以雷霆万钧之势去征伐鬼方。"震"为雷霆万钧，所谓迅雷不及掩耳之势，形容征伐极为猛烈、迅速。第二种解释是，高宗命令叫震的周人率兵讨伐鬼方。这里的"震"为人名。第三种解释是，高宗命令周、震两个小国家去讨伐鬼方。我们这里采取"周人征伐鬼方"这个解释。高亨先生认为这里的震，大概为周君或周臣，而且这个人大概和殷高宗武丁同时代。因为《竹书纪年》记载说，"武丁三十二年伐鬼方，次于荆，三十四年王师克鬼方"。当时商朝鼎盛时，征伐周边小国，鬼方之国便属于其中。根据爻辞，当时殷商征伐鬼方大概很艰难，打了三年的仗，才获取胜利。

六五爻："贞吉，无悔，君子之光，有孚，吉。"占卜吉利，没有悔恨，此乃君子的光芒、荣耀；因为君子诚信，才有此光芒荣耀，这是吉祥的。这里主要强调君子是因为诚信，才显示出让人敬仰的光芒。换成我们今天喜欢说的一个词，就是君子很有"气场"或"自带光环"。说到这里，看到我们身边的娱乐新闻常常说：某某明星很有气场，很有光芒。他这个光芒和《周易》这里的光芒绝不一样。《周易》讲的光芒，是由君子之诚信由内而出，即古人所谓正心诚意而至人心悦诚服。有诚意，一心不乱、一心不惑，不随心转，自然做得到"富贵于我如浮云，贫贱于我如浮云"，居庙堂如此自信、居陋室亦如此自信，这才是真正的光芒。某些明星的光芒，大多数由公司助理、保镖、粉丝、消费市场等形成，一旦剥夺这些，所谓的气场哪里还能得到？他这个气场就像古人说的"镜花水月"，不但是浮夸的，也全然是虚妄的。

上九爻："有孚于饮酒，无咎，濡其首，有孚失是。"这句话也有很多种解释。我们取其中一个，大意是说：有诚信而饮酒，没有什么坏处。比如大家都是至交好友，平时相互信任、相互帮助，有时候聚在一起饮酒相谈、交流心得，自然不会有什么坏处；但如果纵酒过度，没有节制，比如觥筹交错和手忙脚乱之间，酒水洒掉，不小心弄得头上身上湿淋淋的，就算大家都是好友，聚会也是诚心诚意，但失去了应有的礼仪，也是不对的。尤其是一些纯属应酬性质的饭局，大家相互搂着肩头称兄道弟，拼命表现讲义气、友谊天长地久，有的人喝得醉醺醺的，站也站不稳，酒杯也拿不住，身上、头上、桌子上，到处都是打翻的酒水，一片狼藉。第二天早上醒过来一想：昨天晚上我喝了酒说了什么？全记不得了。即便有诚信，这个诚信也要打几分折扣。这就是"濡其首，有孚失是"。

从下到上看完所有的爻辞，这个时候可以发现《未济》卦最有意思的地方出现了：

初六爻，濡其尾，是未济。没有成功，不圆满。

九二爻，曳其轮，是既济。成功了，圆满了。

六三爻，先是未济，然后又既济。先是不圆满，然后圆满了。

九四爻，伐鬼方，是既济。圆满了。

六五爻，君子之光有孚，是既济。圆满了。

上九爻，有孚失是，又是未济。又不圆满了。

《未济》卦的整个变化，就是从未济、既济、既济、未济，从不圆满到圆满，又从圆满到不圆满。这个说明了什么？说明整个世界、整个人生，都是不断地圆满、不圆满、圆满、不圆满，完结、未完结、完结、未完结……都在这样的情况中前进。事物的变化总是无穷无尽，它不会停留在一个终极状态上，就某一件事来讲可能是结束了，但从整个事物的变化来讲，它又没有终结，仍然在变化持续中。《未济》卦真正的含义也就是像卦名所提醒的那样：没有完成，没有结束。

我们一般认为，事物从开始到结束是正常的，所以照我们的想法，《周易》从《乾》《坤》开始，最后应该是《既济》卦结束，这样才符合逻辑。哪想到《周易》竟然以《未济》卦结束。这就有点像有人和我们开了个玩笑：我们兴致勃勃地做一件事，以为差不多了，准备洗洗睡了，哪想到他忽然告诉我们，别偷懒，赶紧地，事情刚刚来了。或者有点像这样的情况：早上起来，经过一天的劳作，到了晚上，这一天就算结束了；但真结束了吗？其实没有，一天其实刚刚又开始了。再举个例子来讲：宇宙有没有尽头？尽管今天外太空的探索已经很了不起了，但根据卫星传回来的信号，我们还没有看到宇宙的边际。这就像《未济》卦：刚刚看到太阳系的情况，银河系又来了；银河系还没有看清楚，更大的星系又来了。时间和空间，永远没有边际。人生亦如此。或许这一段短暂的生命周期，是另一个更加漫长的生命周期的开端；在漫长的未来中，它不知道会发生多少次的变化。所以《序卦》才会说："物不可穷也，故受之以《未济》。"事物是不可能穷尽的，无论是宇宙还是我们的人生，所以《周易》最后才以《未济》卦来结束；而这个结束，其实也表明了永远没有结束的时刻。

清人诗云：

何有乎日月之循环，宇宙之始终。

而况人世之得失穷通，一一归虚空。

天地无穷、宇宙浩渺，日月循环、万物更替，哪里看得到开始与结束？人世间小小的一段历程，那些所有的得意、失落、无奈、荣耀，最后还不是融化在这个无穷无尽的时空周期之中？所以我们是平凡人也好，是高门权贵也好，都不要太过于在意自己这一个极微小的世界。"纵浪大化中，不喜亦不惧，应尽便须尽，无复独多虑"，在圆满和不圆满、完结与未完结、"既济"与"未济"这样一个博大无边的循环中，我们都应该也能够找到自己的安身立命之处，坦荡而自在地生活，这才是关键所在。

# 不知不觉中，一切都安排妥当了

万物生焉。

——序卦

《易传》十篇，各有各的意味，每一篇都值得深入探讨。如《序卦》一篇，孔颖达认为是"各序其相次之义"。它娓娓道来，揭示六十四卦次序，又对各卦贯通呼应之义进行了简要概述，文字简约，也较容易理解。不过《序卦》未必都按照《易》的本意来进行解说，主要依卦名为说，有时只取卦的某一侧面来进行讲解。所以韩康伯说它是"因卦之次，托象以明义"，苏东坡则讲"《序卦传》之论《易》，或直取其名而不本其卦者多矣"。

我们读《序卦》，按照它的解释一卦接一卦地读下来，感觉就像听一个睿智的老人在聊天，很多深奥的道理被他娓娓道来，显得如此亲切、如此贴近自己的生活，身边很多原本不理解、不察觉的现象被他这样一讲，让人豁然开朗。这种睿智的老人在中国古老的大地上很多地方都有，他们历经风霜，对人生和世界有着自己的认识，这种认识不是建立在某种理论基础之上，而是建立在自己的生活经历之上。这种由生活积淀下来的睿智，虽不能形成什么体系，却足以让人受到启发。今日常讲"人民群众是最有智慧的"，就隐含着这种道理。

《序卦》开篇名义，说：

> 有天地，然后万物生焉。

就是说有了我们的这个天地，现代人称之为"宇宙"之后，才出现了万事万物。宇宙究竟是如何出现的，有很多种解释，如有的科学家认为是起源于一个单独的无维度的点，大爆炸之后形成了今日的宇宙；宗教徒认为宇宙起源于他们所信仰的上帝或神灵，是上帝或神灵创造了这个宇宙；中国神话则讲盘古开天辟地，从而有了这个世界。不管这个宇宙是如何形成的，总之在它形成之后，宇宙间的万物才开始生长、发展。天地乃是由乾天坤地而来，但《序卦》这里为什么不直接讲乾坤呢？按照俞琰的观点，是因为"天地乃乾坤之形体，乾坤乃天地之性情；不言乾坤，而言天地，以见乾坤为易之蕴"。

> 盈天地之间者唯万物，故受之以《屯》。屯者，盈也。

古人认为天地之间充盈了万物，不过万物盈满在这天地之间是自然自发的状态，这种盈满而自然自发的状态，就以《屯》卦来表达。古人不知道物质的构成有原子、分子、质子、中子这些东西，但根据古人表达的意思，看得出他们认为充盈在天地之间的万物也包含了现代人所说的原子、分子等物质。天地之间充盈了这些元素，故而万物之多，不可胜数——借用释家的话，就是"遍覆三千大千世界"。古诗说"大钧播万物，无言自功成"，便是这个道理：天地创始，万物生发，自然而然就创造了我们现在这个世界、形成了当下这个社会，一切都安排得那么精妙。

> 物生必蒙，故受之以《蒙》。

万物处于自然自发的状态，肯定是蒙昧的。拿人来做比喻，就像小孩子刚刚出生，还不懂后天的各种规范，没有被社会的各种习俗制约，就是还没有开窍的时候，肯定是"懵懵懂懂"的，这就是"物生必蒙"，就是"蒙也，物之稚也"。我们的幼儿园，有的地方叫"幼稚园"，取义就是《蒙》卦的"物之稚也"。《蒙》卦认为所有幼小的事物，不管是动物还是植物，都需要养育；同时除了养育，还需要给予教育。我们今天讲"启蒙教育"，即有此意。不管是西方的"启蒙"，还是《蒙》卦的"物之稚也"，都意味着需要将人"从自我导致的不成熟状态中觉醒"。

> 物稚不可不养也，故受之以《需》。需者，饮食之道也。饮食

*必有讼，故受之以《讼》。*

物质基础是上层建筑的基础，仓廪实才能知礼节，所以紧接着《蒙》卦而来的就是《需》卦。"需"在这里的含义是滋养，是"饮食之道"。孔夫子说"饮食男女，人之大欲存焉"，讲的就是获取物质与繁衍是人的原始动力。因为大家都需要"饮食"，需要获取生活的物质资源，但大自然的资源是有限的，为了有限的资源，包括人类在内的各物种之间往往会发生争执、矛盾。不但动物如此，植物也如此，在热带雨林中，植物间有绞杀现象，一种植物为了获得生长的养分而绞杀另一种植物。有了矛盾，就会发生争讼，这就是"饮食必有讼，故受之以《讼》"。

*讼必有众起，故受之以《师》。*

如果在发生矛盾和争执之后，大家都控制不住，就有可能进一步激化局面，变成斗争、战斗了，这时就是《师》卦，讲的是要聚集人来斗争了。所以"师"隐含着众人积聚的意思。宋人有诗"出师自古尚张皇"，自古以来行军打仗都很"张皇"，一方面声势浩大，一方面也很麻烦。声势浩大也好、麻烦也好，斗争总归让人不得半点消停。

上面的《讼》和《师》二卦，按照《序卦》的解释，就好比说：两家人都想过好日子，都想扩大自家的田地、开拓门前的道路、挖水井取水，但资源就那么一点点，没法都照顾到，所以两家人就有了矛盾，吵架了、打架了，闹得不可开交。再比如目前的国际环境，为什么会发生这么多的争讼和局部战争？说到底都是为了争夺自然资源，为了让自己过得好一点。提倡命运共同体也好，提倡只有一个地球也好，呼吁环保也好，绿色发展也好，削减核武也好，就是要人类知道自然资源就这么一点，大家都住在这么一个星球上，如果不能妥善处理好共同发展的道路，人类的未来就大有问题。

众必有所比，故受之以《比》。比者，比也。比必有所畜，故受之以《小畜》。

因为人们在一起，一定会根据各自的性格脾气，根据工作分工，成为不同的团体，即今天所讲的各类组织。军队也好，群众团体也好，就是大家根据不同的组织原则"比辅"在一起。这么多人聚集在一起，就是"蓄积"。这种"蓄积"，应当包含两个方面的意思，一个是人群的蓄积，一个是物质的蓄积。也有人认为，《小畜》是秋天之卦，言外之意是秋天到了，人们将收获的粮食储存起来准备过冬，《小畜》卦就是讲"仓廪实"的一卦。

物畜然后有礼，故受之以《履》。

这个"礼"不仅仅是礼貌，而且是礼制、礼法，是规矩。因为大家聚在一起，没有规范则要乱套，所以一定要有规矩。《履》卦，即代表礼制。履是鞋子，代表走路，有一种观点认为礼仪需要人去践行、实施，因此以履代礼。

*履而泰，然后安，故受之以《泰》。泰者，通也。*

小至一个人、一个家庭，大至一个国家、一个民族，若能够依礼法而行，必定达到安然通泰的境界，所以接下来的就是《泰》卦。《泰》卦就是表达通泰亨通的意思。《论语》里面，颜渊问孔子什么是"仁"，孔子说"克己复礼"，颜渊进一步问如何理解这话，孔子回答说："非礼勿视，非礼勿听，非礼勿言，非礼勿动。"即不符合礼制的行为言语，都不要去做，这样最终就能达到"仁"的境界。孔子这里将外在的约束自己行为的规范作为个体自主选择的内在的道德要求（克己复礼），以此获得通往超道德的人生境界（仁）。我们若能达到这种人生境界，则我们的生命必然是"通泰而安"的。

*物不可以终通，故受之以《否》。*

任何一个事物，不可能永远是通泰的；因为事物不可能永远通泰，所以必然会有"闭塞不通"的时候，此时就是《否》卦。

我们民族的历史很长，我们民族的历史观和智慧也建立在漫长的历史视野之上，因此我们看待任何事物，都会从漫长的历史经验来分析。西方有学者提出"历史的终结"，认为人类的政治发展到今天，西方国家实行的政治制度便是典范，概是"人类意识形态发展的终点"和"人类最后一种统治形式"，并因此构成了"历史的终结"。而以"物不可以终通"的观点来看，这种"历史的终结"未免也说得太绝对。况且从中国漫长的历史来看，西方政治制度不过几百年的实践经验，哪里够得上"终结"这个词？

物不可以终否，故受之以《同人》。与人同者，物必归焉，故受之以《大有》。

万物总不会永远是闭塞不通的。就像前段时间国际上有一种宣扬着"脱钩"的理论，但事实上这不可能。要把国家间的经贸往来封堵住、闭塞起来，事实上在全球化的时代很难做到。有人认为今后可能是"非全球化时代"，或者"去全球化时代"，可能会同原来的全球化进程不一样。但人类社会走到了今天，就算再"反全球化"，也不过是暂时的。人类历史一路下来，民族与民族之间、国家与国家之间，主潮流是交流与融合，就算有战争和灾难，过去之后依然是交流与融合，从这个角度来讲，根本不用担心"脱钩论"和"去全球化"。中国人讲"天下大势合久必分，分久必合"，有人批评这是中国历史观中僵化的循环论，但放在长远的历史进程中来看，事实上就是如此。比如欧盟，多个国家千辛万苦组建了，现在英国却脱欧了，接下来可能还会有继续脱欧的国家。但从更加长远的时期来看，必然还会有重新的融合。所以真正的脱钩不可能，回过头来，还是要加强交流沟通。

《序卦》这里讲闭塞不通了，走不下去了怎么办？那就必须想办法走出来，与人沟通、与人协调，要和同于人，才有可能摆脱困境，所以这里就是《同人》卦。既然要和同于人，那么外物必然来归附。外物纷纷来归附，就能蓄积众多的人才、丰足的物质，这就是象征着归附依顺、收获满满的《大有》卦。

有大者，不可以盈，故受之以《谦》。有大而能谦，必豫，故受之以《豫》。

有了大收获、大成就，不可以骄傲自满，所以随之来的就是《谦》卦，提醒人们要注意谦虚谨慎，"骄傲使人落后，谦虚使人进步"。一个人有成就又虚怀若谷，必定是愉悦自在的人，所以这个时候接着来的是代表着愉悦的《豫》卦。

豫必有随，故受之以《随》。以喜随人者必有事，故受之以《蛊》。蛊者，事也。

一个和悦、有趣的人，必然有很多的"粉丝"；在生活中，我们都喜欢和这样的人相处，这种人仿佛自带光环，有着很大的吸引力，让人忍不住要追随他。

梁任公在《学问之趣味》里面讲："我是个主张趣味主义的人，倘若用化学划分'梁启超'这件东西，把里头所含一种元素名叫'趣味'的抽出来，只怕所剩下的仅有个0了。我以为凡人必须常常生活于趣味之中，生活才有价值；若哭丧着脸挨过几十年，那么，生活便成沙漠，要他何用？"如此看来，梁任公有很多粉丝，大概与他的有趣也有很大关系吧。

有了跟随的人，有了大量的粉丝，振臂一呼万人响应。人做到这个份上，真的了不起。但总不能啥事也不做吧？否则如何对得起热情的粉丝？因此要振奋而起，做某项事业。做事业必须铲除弊端，所以紧接着的就是整弊治乱的《蛊》卦。《蛊》卦有着整治收拾、处理事务的意思：

有事而后可大，故受之以《临》。临者，大也。

整弊治乱而后便可大兴事业，此时就需要有领导者从宏观筹谋，监临全局，这个时候就是《临》卦。《临》卦含有功业盛大且由上而下的监临之意。我们平常到吃饭的地方、娱乐的地方，服务员都会说"欢迎光临"。这个"欢迎光临"，颇得《临》卦的古意。临，即监临；光临，作敬辞解。因为他们觉得自己的事业做得很不错，所以欢迎我们去监临他们的大事业。

> 物大然后可观，故受之以《观》。

　　事物盛大之后值得人们观瞻，因此接着就是意味着观瞻、敬仰的《观》卦。我们说的"大有可观""参观"，都是要"观"，就是要好好地看、好好地想、好好地参照。《观》卦有一爻讲"观国之光，利用宾于王"，就是说作为贵宾，你去参访、观察、学习进步国家的光芒、伟大之处，则有利于自己改进治理能力。《左传·庄公二十二年》里面记载陈厉公请周史为儿子完占筮，周史筮得《观》之《否》，即"观国之光，利用宾于王"之爻。周史解释说："这个小娃娃不得了，以后他会搞出一个国家来。不过他的国家应该不在这里，是在异国。这个国家也不是在他这一生成立的，而是在他的后代身上。若在异国，必定是姜姓。"后来陈完避难逃到齐国，在当地慢慢发展壮大，几代之后，他的子孙果真取代姜氏统治了齐国。

> 可观而后有所合，故受之以《噬嗑》。嗑者，合也。

　　因为大有可观而受人瞻仰，因此必然会与人沟通、融合、合作，因此这个时候就是《噬嗑》卦。"嗑"即"合"的意思。不过，任何人、事都不可以随随便便合作，任何器物也不可能任意交合，就像甲、乙双方进行合作，总需要一些文字条款。因此《序卦》

接下来就说："物不可苟合而已，故受之以《贲》。贲者，饰也。"这个时候象征文饰的《贲》卦就出现了。

致饰然后亨则尽矣，故受之以《剥》。剥者，剥也。

过分地追求文饰，顺利的道路反倒会被堵塞，本来亨通的进程便完结了。这个时候就是《剥》卦。比如一个人写文章，重在雕琢文字，却把自己的真情实感、生活体验放在了不重要的位置，这样的文章必定是"感发力不强"。古人就认为过分讲究文藻，文章虽然写得漂亮，但这样会违背自己的本性，并不是好现象。孔夫子说："质胜文则野，文胜质则史。文质彬彬，然后君子。"认为过于质朴、逊于文采就难免显得粗野，而过于追求文采、逊于质朴又难免流于虚浮，只有文采和质朴完美地结合在一起，这才能"文质彬彬"。前面一种人，我们常常批评是"粗野"；后面一种人，我们则常常斥为"假得很"。粗野和虚假，都讨人厌。

物不可以终尽剥，穷上反下，故受之以《复》。

事物剥落穷尽到了极点便会反复于下，开始慢慢恢复元气，因此《复》卦就出现了。宋人诗云"阴云剥落天日明"，就有点这个意思：阴云开始弥漫天际，然后慢慢地剥落散开，到了最后太阳就出来了，照耀天空，一片明亮。

　　复则不妄矣，故受之以《无妄》。有无妄，然后可畜，故受之以《大畜》。

　　《复》卦还有回到正道的意思，要回到正道，就不能肆意妄为，所以此时就是象征不妄为的《无妄》卦。因为不妄为，稳妥行事，因而财务可以逐步积蓄，由少而多、由小而大，所以接着是象征"大有积蓄"的《大畜》卦。也有人认为，这里所蓄积的不是别的东西，而是美德。所谓"小畜以财，大畜以德"，前者指物质财富，后者指精神财富。古谚"富润屋，德润身"，贤人志士更看重精神财富，钱财再多，毕竟有用光的时候，唯有精神财富才是最宝贵且不可穷尽的。

　　物畜然后可养，故受之以《颐》。颐者，养也。不养则不可动，故受之以《大过》。

　　财物慢慢蓄积起来，有了厚实的物质基础，然后就可以用以颐养，所以《颐》卦就是颐养之意。我们讲"颐养天年"，即是此意。以前生活条件不好，人们往往担心没有足够的钱财养老，现在经济发展上去了，又遇到了老龄化时代，养老院床位不够，人们担心的是没有地方养老。因此"颐养"的问题，在当代依然值得深入探讨。邵康节先生说："时时醇酒饮些些，颐养天和以代茶。"不管时代和社会怎么样变化，老百姓最大的需求不过是闲适自在的生活。

有充足丰厚的颐养为基础，然后可以兴动以应大事。但是兴举大事有可能出现太过的程度，就像程颐所说："凡物养而后能成，成则能动，动则有过。"所以《颐》之后接着就是《大过》。

物不可以终过，故受之以《坎》。坎者，陷也。陷必有所丽，故受之以《离》。离者，丽也。

万事万物总不会永远处于过分、过头的状态，过其必有险，因此接着是象征着危险的《坎》卦。另外，《坎》卦还有陷落之意，"陷必有所丽，故受之以《离》。离者，丽也"，因为陷落下去，需要有所攀附才能脱离险境，所以接着是《离》卦。《离》卦在这里就是附着的意思。打一个比方，就好比一个人落到洞穴中，或者不小心陷入了沼泽中，这个时候就需要有一个能攀附的东西，如绳子或者树枝，借助这一个东西才能离开困境。这就是《坎》和《离》相随出现的原因。

从《序卦》上经可以看出，各卦相随而来，有的是"相因"，就是事物的规律相伴随而来，朝着某一个方向发展；有的是"相反"，就是事物发展到了极致，朝着反向发展。不管"相因"还是"相反"，都可以看出其实在不知不觉之中，人事之规律已经安排妥当，在发展中前进。我们今日讲"把握机会"，其实就是讲要敏锐地察觉这种发展方向，在"相因"和"相反"的不同趋势中，找到合适的应对方法。

# "道"就在日常生活中

有万物然后有男女。

《序卦》上经到《坎》《离》而止，下经从《咸》《恒》开始。上经讲有天地之后，万物充盈天地之间，然后要启蒙、滋养，等等。这是侧重讲事物发展的规律。而下经则讲，有了天地万物之后，便有了男女之别；有了男女，便有了夫妇；有了夫妇，便有了父母子女；有了父母子女，便有了君臣；有了君臣，便有了上下之名号、礼仪之规范。这是侧重从社会伦理的角度来谈问题。

夫妇之道不可以不久也，故受之以《恒》。恒者，久也。

男女之间因为"交感"而成为夫妇。现在的男女谈恋爱，都要对另一方有"感觉"，才可能成功。这个"感觉"，就是《咸》卦的"交感"之意。但是仅仅靠"感觉"来维持夫妇的关系，未

298　　　　　　　　　　　　　　　　　　　　闲坐小窗读《周易》

必靠得住。这一段时间"感觉"好，过一段时间未必好；或者遇到一个更中意的人，"感觉"会转移。宋词说：

> 双桨浪花平，夹岸青山锁。你自归家我自归，说着如何过。　　我断不思量，你莫思量我。将你从前与我心，付与他人可。

这首词描绘了情人之间分手的场景。以前不管如何情深意浓，现在一拍两散，罢了罢了。

古今中外都一样。一对恋人，不管以前有多甜蜜，要是某人变了心，或是出于各种原因必须分手，忽然就不同了，比陌路人还要冷淡。二十世纪六七十年代欧美有很多反映婚姻家庭的小说，大多讲述了人们在日复一日的上班下班、穿衣吃饭中丧失了激情，最后婚姻疲惫、家庭破碎。当前我们进入小康社会之后，婚恋关系与以往也有了较大变化，夫妇之间的感情也因为外在的诱惑而容易发生变化。故而夫妇之道，除了最初的"感觉"，更要想办法使之持久，用当下流行的话语来讲就是"婚姻也需要用心经营"。这就是象征恒久的《恒》卦之意。

> 物不可以久居其所，故受之以《遁》。遁者，退也。

凡是事物都不可能长久不动居于某处，也不可能一成不变。

官场曾流行一句话："不进步就是退步。"你升不了官，相比其他同路人，你就是退步，大致也有点这个意思。所以这个时候就是象征着退隐、躲避的《遁》卦。

物不可以终遁，故受之以《大壮》。物不可以终壮，故受之以《晋》。晋者，进也。

事物不可能永远都在隐退，人也不可能总是躲避不前进，在某一阶段必定会重新振作强盛起来，这个时候就是象征强盛的《大壮》卦。比如东晋赫赫有名的谢安，一直隐居东山不出，与王羲之等悠游度日。后来其弟谢万因出兵北伐战败被免官，谢家在朝廷的权势受到极大威胁，有逐步没落的趋势，谢安便不再避居东山，应征担任桓温之司马。谢安出山之后，周旋于东晋政权中心，后来在淝水之战中作为东晋军队的总指挥，以八万兵力打败了号称百万的前秦军队，使得晋室转危为安，功名达到极致。这就是"物不可以终遁，故受之以《大壮》"。既然强盛，便必然要有所进取，接着就是象征进取的《晋》卦。

进必有所伤，故受之以《明夷》。夷者，伤也。伤于外者必反于家，故受之以《家人》。

前进和发展总不会一帆风顺，"前进的道路是曲折的"，在这

　　　　　　　　　　　　　　闲坐小窗读《周易》

个进程中必定会遇到困难、阻碍乃至伤害。《明夷》六五爻"箕子之明夷"，所讲之事就是箕子被商纣王囚禁起来并当作奴隶一样羞辱。箕子是纣王叔父，贵为太师，但因为屡次谏劝纣王而不成，眼见国势一天天沦落，只能披发佯狂，鼓琴以自悲。纣王将其囚禁羞辱，这还只是身体上的，内心看不到希望的悲痛更是难以对人诉说，难以排解。"夷"就是伤的意思，在外受到了伤害，总会回到家中寻求家人的安慰。我们常说"家庭是生活的港湾"，一个人在外面打拼、奋斗，有挫折、有悲伤、有伤害，这时候最想得到的就是家人的温暖。这就是"伤于外者必反其家"。

家道穷必乖，故受之以《睽》。睽者，乖也。乖必有难，故受之以《蹇》。蹇者，难也。

但每一个家庭都有它的难处，当代核心小家庭还比较好办，古时候的一大家子住在一起，那就是个微型的社会，各种情况、各种麻烦，层出不穷。像《红楼梦》《金瓶梅》，还有巴金的《家》，讲的就是大家族里面的各种故事，管理这样一个大家族不但需要很多的精力，也需要很大的智慧。如果家道沦落、陷于困境，必然会出现很多乖蹇之事。老话讲"贫贱夫妻百事哀"，这种"哀"不仅仅是贫穷带来的物质压力，更在于它带来的人生的悲观、绝望，以及对善、美、真等观念的冲击和扭曲。在这种种压力和扭曲之下，必然给人带来种种蹇难，这就是"乖必有难"。

物不可以终难，故受之以《解》。解者，缓也。缓必有所失，故受之以《损》。

事物都不可能总受到蹇难，人也不会总是在窘迫的困境中，总会有舒缓、解放的一天。比如改革开放之后，有不少穷人家的孩子通过读大学、做生意，经过努力，不但自己的生活得到了提高，甚至整个家庭乃至家族都因此而得到兴盛。福克纳在他的小说中经常提及的一个词就是"忍受"（endurance），或者称之为"熬"，我们可以把这个忍受看作类似有"蹇难"的含义在里面。但福克纳的这个忍受，隐藏在后面的是：它在西方宗教观念中是人生而必须承受的原罪，当经受住这种考验之后，就可以得到拯救。中国儒家没有这种宗教观，但认为在经受磨难之后，接下来必定会有舒缓而愉悦的境地出现。这就是"纾解"，就是《解》卦。《说文解字》里面讲"判也，从刀判牛角"，《康熙字典》说"险难解释，物情舒缓，故为解也"，包括我们常说的"化解"，其实就是这个"解"，意思就是使得险难舒缓，所以是"难之散也"。

"缓必有所失"，可以有两种解释：第一种，从原来蹇难的境地中解脱出来，然后过于舒缓，完全松懈下来，什么都不管，所以必然有所损失。第二种，从原来蹇难的境地中解脱出来，这种解脱需要付出人力物力，不能不有所损失，不管是努力拼搏也好、用财物换取也好，都是一种损耗，所以是"缓必有所失"。这个时候就是象征着损失、减损的《损》卦。我们知道股市里面有个用语叫"止损"，就是指当某一个投资的股票亏损到一个数额，不及时止住可能就会有更大的损失，这个时候就要当机立断，把损失控制在较小的范围内。这就是从股市危险状态中"解脱"出来的必要的"损失"。

损而不已必益，故受之以《益》。益而不已必决，故受之以《夬》。夬者，决也。

损失到了一定程度，必然就会有所增益。就像上面说的，股市止损之后，把损失控制到一定程度，接着看准了投资的方向，必然就会有所收益。因为有了收益，钱越来越多，怎么办？于是继续想办法赚更多的钱。不过我们都知道，资本都是贪婪的——其实不是资本贪婪，而是控制资本的人贪婪，是人心贪婪。可以想见，那么多的钱被资本者控制，先不要说资本者人品之好坏、行事之正邪，只要稍微不注意，那些巨量资本必定会流向所有可能赚钱的领域，但有的领域不应当是以赚钱为目的的，起码主要的目的不应当是赚钱，比如我们常讲的一些良心行业，只要资本一旦涌进这些行业，必然会带来负面的影响。此刻就需要"决断"——反对垄断也好，禁止不正当竞争也好，就是要将盈满肆意的资本控制在一个合理的范围。这种"决断"就是《夬》卦之意。

决必有遇，故受之以《姤》。姤者，遇也。物相遇而后聚，故受之以《萃》。萃者，聚也。

决断之后行事，必然会经历很多事、遇到很多人，这就是象征相遇的《姤》卦。人们出于种种原因相遇，不管是"天下熙熙，皆为利来"的利益相遇，还是"君子以朋友讲习"的学友相遇，总之都要聚集在一起。这个时候的聚集与《师》卦的聚集性质不一样。后者是因为某种目的而号召、呼吁人们在一起，然后去完成一件任务；前者则主要指因为相遇在一起而自然形成的聚集形态。《师》如同强势的、必须的聚集，《萃》如同随意的、自然的聚集。

聚而上者谓之升，故受之以《升》。升而不已必困，故受之以《困》。困乎上者必反下，故受之以《井》。

汇聚在一起，然后能一起进步、升迁，或者说能获得更大的成就，能有更大的发展空间，就是象征上升的《升》卦。比如那些创业的互联网公司，很多时候几个人拿到一笔投资，在一起做事业，做着做着，忽然就成功了，专利有了，市场有了，上市也成功了。这就是"升"的意味。然后不断地上升、再不断地上升，上升到一定程度，忽然发现：糟糕，升到一个极限了，前面是穷途末路了。这个时候就是"升而不已必困"。开悟的人是"行到水穷处，坐看云起时"，一般人是"行到水穷处，愁眉苦脸来"，陷入穷困之境，总归会不开心。这个时候就不会只想到一味地追求上升、发展空间，而是觉得：身心安稳的平淡生活也很不错啊。于是反过头来，觉得人生要从安稳日子开始。古时候有人家住户的地方，一般会挖口水井提供生活的水源，这个时候就是象征着返回来安居过日子的《井》卦。

井道不可不革，故受之以《革》。革物者莫若鼎，故受之以《鼎》。主器者莫若长子，故受之以《震》。震者，动也。

到一定的时间，水井就需要浚通，浚通之后，水流更加清澈和畅快。这就是"井道不可不革"。这个"革"，就是革新、变革、革命之革。《革》卦的《彖》辞说："天地革，而四时成。汤武革命，顺乎天而应乎人。革之时大矣哉！"就是讲，从自然规律而言，《革》卦的意义是成就了四季的变革；从社会规律而言，它成就了时代的变革，比如商汤、周武的革命，就是顺应了时代要求和人心向背。有时候这种变革是很剧烈的，整个时代的人们都会卷入其中，整个社会都会发生巨大的变化。这种剧烈的变化，古人用一种形象来描述，就像用鼎器来烹饪，使食物由生到熟，这就是《鼎》卦之象。我们常说的"鼎革之变"，比如改朝换代、百年未有之大变局，即是此意。古人讲"鼎"有获取政权、统治管理之意，如"问鼎""主鼎""鼎国"等，如唐代刘知几说："论逆臣则呼为问鼎，称巨寇则目以长鲸。"元代杨维桢说："东风一信江上发，从此鼎国曹孙刘。"古代家族一般都是长子继承父辈之权益，主器者为长子，所以接着就是象征长子的《震》卦。《震》卦又有震动的意思。

物不可以终动，止之，故受之以《艮》。艮者，止也。物不可以终止，故受之以《渐》。渐者，进也。

《震》卦代表着震动、动荡，是鼎革之变后的震动及余波，但世间往往是"动极思静"，人心也往往是"乱而思安"，因此不可能一直动荡下去，总需要安顿下来的时候，这个时候就是象征着停止、安顿的《艮》卦。停止下来，不是说不要发展、不要前进，就这样"躺平"算了，而是说经过合理地调停，要继续往前发展。这个时候就是象征着逐步前进的《渐》卦。这一卦的爻辞讲鸿渐于岸、鸿渐于磐、鸿渐于木、鸿渐于陵、鸿渐于陆等情况，讲大雁从河岸边慢慢飞到山旁大石上，再飞到树上、山陵之上，表示事物在前进的道路上，需要有循序渐进的态度和过程。

进必有所归，故受之以《归妹》。得其所归者必大，故受之以《丰》。丰者，大也。

国外文学流派"垮掉的一代"有代表作《在路上》，讲几个年轻人反抗权威、反抗传统，他们流浪在路上，用他们荒诞不经的生活状态，反映了"二战"后人们普遍的精神空虚。但这种"在路上"到底能持续多久呢？最终如何才能安放自我呢？这些人最后的散场，也算暗示了"在路上"只能是反叛一时的状态，而不能够成为持续的常态。在《序卦》这里，大雁不可能一直远翔不归来，人也不可能永远在路上，前进之后一定有所归依，所以接着是象征女孩子出嫁的《归妹》卦。古人把女孩子出嫁叫作"归"，《诗经》描绘女孩子出嫁"桃之夭夭，灼灼其华。之子于归，宜其室家"，展现了一幅喜悦、温暖的婚嫁情景。其中"之子于归"就是嫁女孩子。出嫁之后，一个家庭的人口会增加，家庭必然会壮大，这个时候就是象征着壮大的《丰》卦；从另一个角度来看，人有归宿，安居乐业，必定会发展壮大，这也如象征壮大的《丰》卦。

穷大者必失其居，故受之以《旅》。旅而无所容，故受之以《巽》。巽者，入也。

盛大之后，如果穷奢极侈，必定会丧失其安居乐业之所。我们看现在很多曾经的富翁，刚开始的时候事业做得很大，发展很顺利，但随着极速地扩张，公司或多或少会伴随着官僚主义、奢靡主义兴起，此风一旦没有控制住，很有可能公司由此败落，富翁也会变得落魄。这就是"穷大者必失其居"。一个人落魄，无处容身，只能四处寻找能够接纳自己的人，这就是《旅》卦之象。一旦遇到愿意接纳自己的人，当然会听人家的话，服从人家的安排，俗话说"在人屋檐下，怎敢不低头"。这个时候就是象征顺从的《巽》卦之象。《巽》卦含有被接纳的意思，所以说，"巽者，入也"。

入而后说之，故受之以《兑》。兑者，说也。说而后散之，故受之以《涣》。涣者，离也。

一个人在历经磨难、落魄之时，能够被人接纳、收容，心情当然是喜悦的。所以这个时候是象征着喜悦的《兑》卦。一个人充满喜悦，这样的心情也会多多少少传达给别人，这个时候就是扩散、散发之意的《涣》卦之象。《象传》说"风行水上"，风从水上吹过，将水波拂动，一圈圈波纹散开。这种形态，把一个人喜悦的心情传达给别人的过程形象地表现了出来。不过，"涣者，离也"，就是讲《涣》卦还有离散之意。

物不可以终离，故受之以《节》。节而信之，故受之以《中孚》。有其信者必行之，故受之以《小过》。

再好的心情，不可能总是持续，也不可能总是与别人分享。

每次见到老朋友，也不管人家有没有空、高兴不高兴，拉住人家就说："大哥，前次那件事，我再告诉你一次，你再陪着我乐呵乐呵。"就怕你说得兴起，人家听得火起。还有的人在台上讲话发言，从秦始皇到亚历山大，从华尔街到人工智能，无所不谈，但就不知道他究竟想说什么，浪费他自己的时间，也浪费别人的时间。所以凡事要有所节制，不能过于离散。这个时候就是象征节制的《节》卦。人有所节制、严格要求自己，必然会有诚信、讲信用，所以接着就是象征内心诚信的《中孚》卦。一个人讲诚信，坚守自己的内心准则，为人做事必然有原则，言必行行必果，这个是优点。但值得注意的是，有时候这种决意推进事业的行为，可能会坚持得有些过头，会留下一些小遗憾或者小失误，所以接着是象征小有过越的《小过》卦。此卦的《象传》说："君子以行过乎恭，丧过乎哀，用过乎俭"，就是讲君子处理各种事务，需要注意不能太过度，否则就走向另一面了。

有过物者必济，故受之以《既济》。物不可穷也，故受之以《未济》，终焉。

能够改正小错误，必然能够越过阻碍完成任务而获得成功，所以接着是象征事情已经完成的《既济》卦。《杂卦》讲"既济，定也"，也就是完成的意思。但事物的发展不可能完全穷尽，因此接着是象征事物没有完成、没有止境的《未济》卦，以此卦来作为《周易》的最后一卦，表示自然和人道的周而复始——人事更替没有止境，自然更替没有止境，宇宙人生都在广袤无垠的"未济"中流淌不止，生生不息。

读完《序卦》的文字，我们会觉得它没有什么很深奥的说辞，说的就是我们平常生活中的道理，不过就是在这种简单和平常中，才深刻地反映了中国传统文化"道在日常伦用中"。中国人传统观念中没有如同西方基督教那样，有一个彼岸天堂和上帝，人需要通过上帝的拯救洗刷原罪之后，才能从这一个世界到达彼岸的天堂获得永生。中国的儒家文化认为，人只有也必须在这一个世界中完成人之所以成为人的使命，所以才有"天行健，君子自强不息"，才有"君子以致命遂志"，才有"乐天知命，故不忧"，在这些出发于此世界又落实于此世界的思想脉络中，实现着、建立着人的主体性。借用李泽厚先生在《情本体、两种道德和"立命"》访谈中的观点：儒家赋予天地以情，也因为"天道""人道"只是一个"道"，"天道"没有人格神的明确谕示，它只呈现在"善人"的行为活动，即"人道"中。我们可以发现，这种"天道"体现在"人道"行为活动中的旨趣，亦是《序卦》呈现的内容和主旨。

最后用一首诗来结束这个话题，此诗据说是吕洞宾写的。从诗中也可以看到在这种"天道"和"人道"之间，人即便要追求超越这个世界之外的"天堂"，也离不开他对这个世俗生活所采取的态度和行为。如何处理好他在这个世界的行为活动，是达到另一个世界所需要的基本条件。

世上何人会此言，休将名利挂心田。

等闲倒尽十分酒，遇兴高歌一百篇。

物外烟霞为伴侣，壶中日月任婵娟。

他时功满归何处？直驾云车入洞天。

# 后 记

这些文字大多是和朋友、同学闲聊之后记下来的。三四年持续下来，零零碎碎地积累了十几万字，倒有一点点"积小以高大"的味道。有的文字比较严谨，有的可能比较轻松，不管轻松还是严谨，都是有感而发。在具体的讲解上，主要依卦爻辞，多据朱熹夫子、高亨先生、周振甫先生等人的解释，其他前圣时贤的高论自然很好，只因不是作专门的论文，也就不必一一参考。又很少用到象数的观点，主要是象数较为繁杂，又未必说得清楚。人到一定年龄，就怕又麻烦又搞不清楚的事，很多朋友大概对此深有体会。另外，八八六十四卦和十翼没有全部涉及，顺序也没有按照卦序。因为我最初的意图不是易学研究，易学研究大有人在，不敢有僭越之嫌，故而只对感兴趣的部分内容写了点杂想，不是对《周易》的完整解读和分析。如果要真正系统地了解《周易》，那是不能以此为准的。这点要讲清楚，以免误会。

2022 年 9 月

图书在版编目(CIP)数据

闲坐小窗读《周易》/ 刘轶著 .— 上海 ：上海社
会科学院出版社，2023
　ISBN 978－7－5520－4115－6

　Ⅰ. ①闲… 　Ⅱ. ①刘… 　Ⅲ. ①《周易》—通俗读物
Ⅳ. ①B221－49

中国国家版本馆 CIP 数据核字(2023)第 069836 号

**闲坐小窗读《周易》**

著　　者：刘　轶
责任编辑：刘欢欣　邱爱园
封面设计：周清华
出版发行：上海社会科学院出版社
　　　　　上海顺昌路 622 号　邮编 200025
　　　　　电话总机 021－63315947　销售热线 021－53063735
　　　　　http：//www.sassp.cn　E-mail：sassp@sassp.cn
照　　排：南京理工出版信息技术有限公司
印　　刷：上海展强印刷有限公司
开　　本：787 毫米×1092 毫米　1/32
印　　张：10.25
插　　页：4
字　　数：210 千
版　　次：2023 年 7 月第 1 版　2024 年 1 月第 2 次印刷

ISBN 978－7－5520－4115－6/B・114　　　　　　定价：69.00 元